Alex Callinicos

Die revolutionären Ideen von Karl Marx

edition aurora

Originalausgabe:
Alex Callinicos: „The revolutionary ideas of Karl Marx",
5. Auflage, London 1995

Aus dem Englischen übersetzt von:
Elke Anweiler, Andreas Berlin, Stefanie Haenisch, Eva Kowalski,
Volkhard Mosler, Christian Schröppel, Stefan Subroweit

Deutsche Erstausgabe, März 1998

- edition aurora -
Umschlagentwurf: Yaak Pabst
Druck: Pollinger, Frankfurt
Vertrieb über: Tobias ten Brink, Basaltstr. 43, 60487 Frankfurt
ISBN: 3-9806019-2-7

Alex Callinicos

Die revolutionären Ideen von Karl Marx

edition aurora

Vorbemerkung zur englischen Ausgabe 1995:

Mit diesem Buch möchte ich eine Lücke in der Literatur über Marx füllen und eine zugängliche, moderne Einführung in sein Leben und seine Gedanken liefern, geschrieben von jemandem, der seine grundlegenden Überzeugungen über die Geschichte, die Gesellschaft und die Revolution teilt. Ich bin einer Reihe von Leuten für ihre Hilfe und ihre Ermutigung dankbar: Peter Clark und Tony Cliff, die diese Idee zuerst hatten; Tony Cliff für seine gründliche und tiefgehende Kritik des Manuskripts. Peter Goodwin und Peter Marsden, die dieselbe Aufgabe erfüllten und die noch schwierigere, nämlich den Versuch, das Buch lesbar zu machen. Auch wenn der allgemeine Standpunkt, den ich in diesem Buch einnehme, der der Socialist Workers Party ist, sind die Irrtümer, die es zweifellos enthält, meine eigenen. Ich möchte „Karl Marx" Joanna Seddon widmen, der ich, unter anderem, mein Wissen über die utopischen Sozialisten schulde.

Alex Callinicos ist ein führendes Mitglied der Socialist Workers Party. Er lehrt Politik an der Universität von York und hat unter anderem geschrieben *Marxism and Philosophy* (1983), *Making History* (1987), *Against Postmodernism* (1989), *The Revenge of History* (1991) und *Theories and Narratives* (1995).

Hinweise zur Benutzung:

Das Buch enthält nur Verweise auf die Schriften von Marx und Engels. Folgende Abkürzungen wurden benutzt:

MEW	Karl Marx, Friedrich Engels: Werke, Dietz Verlag, Berlin
Grundrisse	Karl Marx, Grundrisse der politischen Ökonomie, Dietz Verlag, Berlin 1953
Resultate	Karl Marx, Resultate des unmittelbaren Produktionsprozesses, Dietz Verlag, Berlin 1988

Zitate anderer Autoren wurden aus dem Englischen übersetzt bzw. aus deutschen Ausgaben übernommen.

Inhalt

Vorwort zur deutschen Ausgabe

Die Veröffentlichung von *Die revolutionären Ideen von Karl Marx* in deutscher Sprache ist ein begrüßenswertes Ereignis. Nicht nur deshalb, weil Marx aus Deutschland kam und weil seine Ideen gerade hier ihre erste Massenbasis fanden. Die politischen und intellektuellen Verteidiger der Bundesrepublik Deutschland haben seit deren Gründung 1949 unermüdlich behauptet, daß die Marxschen Ideen für die moderne deutsche Gesellschaft bedeutungslos seien. Sogar ein so kluger Denker wie Jürgen Habermas argumentiert, daß der Marxismus ein veraltetes „Produktionsparadigma" repräsentiere und daß seine Konzentration auf wirtschaftliche Krisenzyklen und den Klassenkampf nicht hilfreich bei der Beschäftigung mit den besonderen Probleme der „Moderne" sei.

Seit 1990 weist Deutschland jedoch Merkmale auf, die Marx leicht wiedererkannt hätte. Eine Serie von Rezessionen, unterbrochen von schwachen Erholungsphasen, hat die Arbeitslosigkeit auf den höchsten Stand seit Hitlers Machtübernahme im Januar 1933 getrieben. Unterdessen haben die deutschen Unternehmer, getrieben von einer tiefen Krise ihrer Konkurrenzfähigkeit, viele Errungenschaften angegriffen, die sich die organisierte Arbeiterbewegung seit dem Zweiten Weltkrieg erfolgreich erstritten hat. Das Resultat ist eine in dieser Stärke seit der Weimarer Republik nicht mehr dagewesene Klassenpolarisierung, da die Arbeiter sich dieser Offensive widersetzt haben. Es stehen Ideen im Raum, die im Nachkriegskonsens unbekannt waren. Einige knüpfen an die barbarische „Endlösung" des Nationalsozialismus an; andere aber weisen auf eine demokratisch geplante sozialistische Wirtschaft hin, die es den Arbeiter erlauben würde, sich von den Unsicherheiten und der Ungerechtigkeit des Marktes zu befreien.

Dies ist daher ein guter Zeitpunkt, sich auf Marx zu besinnen und eine Analyse und ein Aktionsprogramm zu entdecken, das bemerkenswert aussagekräftig bleibt für die Welt, in der wir jetzt leben. *Die revolutionären Ideen von Karl Marx* wurden Anfang der achtziger Jahre in Großbritannien verfaßt. Auf einigen Seiten des Buches ist etwas davon zu spüren, wie unterschiedlich die britischen Verhältnisse damals im Vergleich zu denjenigen im heutigen Deutschland waren. Aber die deutschen Leserinnen und Leser werden, wie ich hoffe, in dem Buch eine nützliche Einführung in das Denken von Marx finden. Mit etwas Glück wird es einen kleinen Beitrag zur Entwicklung einer sozialistischen Bewegung leisten, die beginnen kann, sich der Krise der deutschen Gesellschaft entgegenzustellen.

Alex Callinicos, März 1998

Vorwort zur zweiten englischen Ausgabe (1995)

Die revolutionären Ideen von Karl Marx erschienen zuerst im Jahr 1983, hundert Jahre nach Marxens Tod. Das politische Klima war damals ganz anders als heute. Ronald Reagan war gerade erst Präsident der Vereinigten Staaten geworden, Margaret Thatcher befand sich noch in ihrer ersten Amtszeit als britische Premierministerin. Die Offensive der rechten Verfechter der freien Marktwirtschaft, die von ihnen angeführt wurde, begann sich gerade erst in der Arbeiterbewegung bemerkbar zu machen.

In Großbritannien war die Labour Party zerrissen durch die Spaltungen, die ihre katastrophale Regierungszeit von 1974 bis 1979 geschaffen hatte. Die Abspaltung der Social Democratic Party zog die Partei nach rechts, und der von Tony Benn geführte linke Flügel war in Auflösung begriffen. Der große Bergarbeiterstreik von 1984/85 lag noch in der Zukunft. Seine Niederlage sollte dann den Triumph der Rechten innerhalb Labour Party unausweichlich machen.

International war die Welt noch in jenem Zustand gefangen, der manchmal als zweiter Kalter Krieg bezeichnet wurde, der Periode erneuter Spannungen zwischen den Blöcken der Supermächte, die Ende der 70er Jahre begann. NATO-Pläne, eine neue Generation von Atomraketen in Westeuropa zu stationieren – ausgeführt schließlich im Herbst 1983 – provozierten die Wiederbelebung der Friedensbewegung in einem enormen Ausmaß. Nach der Zerschlagung der großen polnischen Arbeiterbewegung Solidarnosc im Dezember 1981 erschienen die stalinistischen Regime in Osteuropa zugleich verknöcherter und gefestigter denn je. In Rußland selbst ging Michail Gorbatschows Stern im Politbüro gerade erst auf.

Heute sieht die Welt vollkommen anders aus. Im wesentlichen ist dies eine Folge der sogenannten „doppelten Revolution" von 1989 und 1991 – der Revolutionen von 1989, die den stalinistischen Regimes in Osteuropa ein Ende machten, und des Sturzes der Kommunistischen Partei der Sowjetunion, der 1991 zur Auflösung der UdSSR selbst führte. Diese gewaltige Umwälzung beendete die Aufteilung Europas zwischen den Blöcken der Supermächte und damit den Kalten Krieg zwischen diesen Blöcken.

Aber ebenso bedeutsam wie diese geopolitischen Veränderungen sind die ideologischen Folgen von 1989 und 1991. Der Zusammenbruch der kommunistischen Regime wurde weithin als endgültige Widerlegung der Marxschen Ideen verstanden. Die rechten Marktradikalen nahmen den Sturz des Stalinismus zum Anlaß, den Triumph des Kapitalismus zu auszurufen. Francis Fukuyama, seinerzeit Beamter im US-Außenministerium unter Präsident George Bush, verkündete das „Ende der Geschichte„. Der liberale Kapitalismus hatte, so behauptete Fukuyama, den Marxismus entscheidend besiegt und damit jede ernstzunehmende Herausforderung seiner Vorherrschaft. Der Menschheit würde ein Jahrhundert des Kapitalismus nach dem anderen bevorstehen.

Es war nur zu verständlich, daß die Rechte 1989 und 1991 in dieser Weise ausschlachtete. Überraschender war, daß viele auf der Linken Fukuyama zumindest teilweise folgten. Darin spiegelte sich wider, daß sie (wie die Rechten) die UdSSR und die anderen stalinistischen Regime mit dem Sozialismus gleichgesetzt hatten. Der Sturz dessen, was bis dahin als „real existierender Sozialismus" bezeichnet worden war, wurde deshalb als Niederlage für die Linke im Weltmaßstab interpretiert.

Die daraus entstehende pessimistische Stimmung, die bei vielen Sozialisten zurückblieb, wurde von dem Historiker Eric Hobsbawm zusammengefaßt. In seinem jüngsten Buch *Das Zeitalter der Extreme* (1994) zeichnet Hobsbawm das düstere Bild einer Welt, die einem dynamischen und zunehmend internationalen Kapitalismus und zugleich verschiedenen Formen der politischen Reaktion ausgeliefert ist – religiösem Fundamentalismus und dergleichen. Über den Marxismus schreibt er: „Doch selbst wenn Marx weiterhin als bedeutender Denker gelten sollte, was kaum bezweifelt werden kann, wird wohl keine Version des Marxismus, die seit den 1890er Jahren als Doktrin für politische Aktion und als Hoffnung für sozialistische Bewegungen formuliert worden war, in ihrer alten Form überleben."

Der Marxismus als politische und intellektuelle Tradition wurde auf diese Weise in die Defensive gedrängt. Der akademische Marxismus, bereits durch seine Isolation in den Universitäten der 80er Jahre geschwächt, trat in ein neues Stadium des Niedergangs ein. Die 80er Jahre hatten den Aufstieg des Postmodernismus gebracht, der das Ende aller umfassenden Wahrheiten und besonders der „großen Geschichtsbetrachtungen" verkündete, zuallererst der marxistischen, die alle menschliche Geschichte in einem einzigen Entwicklungsprozeß zusammenzuknüpfen suchten. Während die akademische Linke in Verwirrung gestürzt wurde, erklärten sich die Postmodernisten zu den wahren Radikalen, auch wenn sie jeden Versuch verurteilten, die Welt durch politische Aktion zu verändern.

In politischer Hinsicht stärkten die Ereignisse von 1989 und 1991 das Lager derjenigen auf der Linken, die behaupten, daß es keine wirkliche Alternative zum Marktkapitalismus gebe. Die britische Labour Party bewegte sich stark in diese Richtung. Für sie läuft Sozialismus auf das hinaus, was der frühere polnische Dissident Adam Michnik als „Markt mit menschlichem Antlitz" bezeichnete. Das ist ziemlich genau die Botschaft Labours, seit Tony Blair im Juli 1994 ihr Führer wurde. Blairs erfolgreicher Angriff auf Artikel Vier der Parteistatuten, der die Verpflichtung zur Verwirklichung des Gemeineigentums an den Produktionsmitteln enthält, sollte unterstreichen, daß „new Labour" keine wirkliche Veränderung der Struktur des Kapitalismus in Großbritannien im Schilde führt.

Das Merkwürdige an dieser Umarmung des Marktes besteht darin, daß sie zu einer Zeit stattfindet, in der der Kapitalismus eher schlecht läuft. Nach einer Welle spekulativer

Euphorie während der Reagan-Thatcher-Ära in den 80er Jahren trat die Weltwirtschaft zu Beginn der 90er Jahre in eine tiefe Rezession ein. Das war die dritte große weltweite Krise seit den frühen 70er Jahren. Mitte der 90er sollten diejenigen Wirtschaften, die zuerst in die Rezession kamen – insbesondere die Vereinigten Staaten und Großbritannien – ungleiche und instabile Erholungen erleben, aber Japan, die erfolgreichste größere Wirtschaft der Nachkriegszeit, steckte in den Tiefen eines Abschwungs, der eher noch schlimmer wurde.

Darüber hinaus ist jetzt klar, daß die rechten Marktradikalen mit ihrer Forderung nach einer Rückkehr zum ungebändigten, unregulierten Kapitalismus keine Lösung für die Krise anbieten. Großbritannien, das von allen größeren Marktwirtschaften die Politik der Rechten am weitesten trieb, befindet sich nach wie vor im seit Beginn des Jahrhunderts andauernden Prozeß des relativen Niedergangs. Die wichtigsten Auswirkungen der Neuen Rechten an der Macht waren eine gewaltige Umverteilung von Reichtum und Einkommen von den Armen zu den Reichen und das allgemeine Anwachsen sozialer und wirtschaftlicher Ungleichheit. Die daraus folgende gesellschaftliche Polarisierung legte die Lunte für Explosionen wie die Unruhen um die Wahlsteuer („poll tax") von 1990, die Thatcher zu Fall brachten, und die Rebellion von 1992 in Los Angeles. Es ist schwer vorstellbar, daß die neue Generation rechter Politiker – dargestellt durch Newt Gingrich in den USA sowie Michael Portillo und John Redwood in Großbritannien – irgend etwas anderes hervorbringt.

All dies legt nahe, daß der rote Faden in Marxens Ideen – seine Kritik des Kapitalismus als System, das grundlegend auf Ausbeutung beruht und chronisch anfällig für Krisen ist – auch heute gültig bleibt. Das wirft die Frage auf, ob die marxistische Wirtschaftstheorie überleben kann, wenn die ganze Tradition, deren Bestandteil sie ist, durch große historische Ereignisse widerlegt wurde. Aber wurde sie widerlegt?

Die Antwort auf diese Frage kann man, so glaube ich, in den Seiten dieses Buches finden. Der Leser wird einen Marx entdecken, der das genaue Gegenteil des Symbols eines verachteten und jetzt gescheiterten Despotismus ist. Das ist der wirkliche Marx, für den Sozialismus die Selbstbefreiung der Arbeiterklasse ist – nicht etwas, was der Masse der Leute aufgezwungen wird, sondern etwas, was sie nur für sich selbst erreichen können, durch ihre eigenen Kämpfe und Organisationsformen.

Man muß deshalb die wirkliche marxistische Tradition – die manchmal als klassischer Marxismus bezeichnet wird – von ihren verschiedenen Verfälschungen unterscheiden. Der politische Eckpunkt dieser Tradition ist die Idee des „Sozialismus von unten" (wie es der amerikanische Sozialist Hal Draper ausdrückte), eines Sozialismus, der von Natur aus demokratisch ist, weil er von der Masse der Arbeiter selbst gemacht wird. Der klassische Marxismus wurde, wie ich in Kapitel Eins beschreibe, von Marx und seinem großen Freund und Mitstreiter Friedrich Engels ins Leben gerufen und von späteren Generationen revolutionärer Sozialisten fortgeführt, vor allem von Wladimir Lenin, Leo Trotzki und Rosa Luxemburg. Dem entgegengesetzt sind rivalisierende, verfälschende „Marxismen", die aus ihm wahlweise eine Doktrin der schrittweisen Reform (die westliche Sozialdemokratie), die Staatsreligion der stalinistischen Gesellschaften (der offizielle „Marxismus-Leninismus"), oder eine von der politischen Praxis abgekoppelte gelehrte Forschungstätigkeit (der akademische „westliche Marxismus") machten.

Insbesondere die Entfernung zwischen den in diesem Buch umrissenen Ideen und der Wirklichkeit des „real existierenden Sozialismus„ in der Sowjetunion und anderswo sollte offensichtlich sein. Das ist eine der Hauptfragen, die ich zusammenfassend in Kapitel Acht anspreche. Bezugnehmend auf Tony Cliffs Analyse des Stalinismus stelle ich die These auf, daß die UdSSR und ihresgleichen in marxistischen Begriffen nicht als irgendeine Art Sozialismus verstanden werden können, sondern als Beispiele für bürokratischen Staatskapitalismus, eine Variante des selben ausbeuterischen Gesellschaftssystems, das im Westen existiert. Ich schließe – mit Worten, die sieben Jahre vor den Revolutionen in Osteuropa geschrieben wurden:

Aus dieser Perspektive war der Sturz des Stalinismus ein Anlaß zum Feiern, nicht zur Trauer. Er bezeichnete, wie ich in *The Revenge of History* (1991) darlege, nicht die endgültige Widerlegung des Marxismus, sondern einen Zeitpunkt, um eine unvollendete Arbeit wiederaufzunehmen. Befreit von der ungeheuerlichen Hypothek des Stalinismus könnte die wirkliche marxistische Tradition beginnen, sich aus der politischen Randexistenz zu befreien, in die sie in den 20er Jahren gedrängt wurde, und einem Kapitalismus die Stirn bieten, der barbarischer und irrationaler als sogar zu Marxens Zeiten ist.

Die revolutionären Ideen von Karl Marx mögen deshalb als nützlicher Wegweiser in einem Gedankengebäude dienen, das noch so wichtig ist wie zu der Zeit, als es geschaffen wurde. Ich habe den Text dieser Neuauflage fast vollständig unverändert gelassen. Kein Zweifel, daß ich das Buch anders schreiben würde, wenn ich es heute tun müßte (das ist immer so), aber so wie es dasteht, hat es einen inneren Zusammenhalt, der durch Herumpfuschen am Text beschädigt werden könnte. Es gibt einige Abschnitte, besonders in Kapitel Acht, bei denen der Leser die unterschiedliche politische Lage in Rechnung stellen sollte – zu Anfang dieser Einführung skizziert –, in der sie geschrieben wurden. Um dabei eine Unterstützung zu leisten, habe ich die Vorschläge für weiterführende Lektüre am Ende dieses Buches um marxistische Schriften ergänzt, die seit den frühen 80er Jahren erschienen sind.

Marx zu verstehen, das sollte ich betonen, ist nicht einfach eine intellektuelle Übung. Seine Ideen sind unverzichtbar, um einen Sinn in einer Welt zu finden, die täglich chaotischer und irrationaler zu werden scheint. Aber was nützt es, eine tiefere Einsicht in die Triebkräfte der gegenwärtigen Welt zu gewinnen, wenn sie nicht zum Mittel wird, die Welt zu verändern?

Die kapitalistische Krise ist nicht nur ein unpersönlicher ökonomischer Prozeß. Sie bedeutet Massenarbeitslosigkeit in den reichen Ländern sowie Hunger und Seuchen in vielen

Teilen der „Dritten Welt“. Die schrecklichen Leiden, die dadurch verursacht werden, können politische Reaktionen erzeugen, die die Menschheit auf der schiefen Ebene weiter nach unten zur nackten Barbarei stoßen. Die 90er Jahre haben in Westeuropa schon das Wiederaufleben faschistischer Parteien auf breiter Front gesehen, auf dem Balkan einen sinnlosen Bürgerkrieg und in vielen afrikanischen Ländern die Auflösung ganzer Gesellschaften, die von kriegführenden Banden zerrissen werden.

„Sozialismus oder Barbarei„, erklärte die große polnische Revolutionärin Rosa Luxemburg während des ersten Weltkrieges. Die Barbarei können wir überall wachsen sehen. Die Zukunft des Sozialismus hängt davon ab, ob die in diesem Buch umrissenen Ideen, wie Marx es ausdrückte, eine materielle Kraft werden, die Millionen von Arbeiter gegen ein kapitalistisches System in Bewegung setzt, das für seine Ablösung überreif ist.

Vorwort zur ersten englischen Ausgabe (1983)

Karl Marx starb vor hundert Jahren, am 14. März 1983. Seitdem ist so vieles geschehen – zwei Weltkriege, Auschwitz, die Atombombe, der Verbrennungsmotor, Fernsehen, der Mikrochip. Welchen Grund gibt es, jetzt ein Buch über das Leben und Denken dieses Mannes zu schreiben?

Es gibt drei Antworten auf diese Frage. Erstens war Marx einer der ganz wenigen Denker, die unsere Sicht der Welt grundlegend verändert haben. Insofern steht er in einer Reihe mit Platon, Aristoteles, Kopernikus, Galileo, Newton, Darwin, Freud und Einstein. Die materialistische Konzeption der Geschichte – die „die bisher unter ideologischen Überwucherungen verdeckte einfache Tatsache“, wie Marxens lebenslanger Mitstreiter Friedrich Engels es an seinem Grab ausdrückte, „daß die Menschen vor allen Dingen zuerst essen, trinken, wohnen und sich kleiden müssen, ehe sie Politik, Wissenschaft, Kunst, Religion usw. treiben können“ – ist so kraftvoll, daß auch Marxens Kritiker und Gegner nicht daran vorbeikommen.

Jedoch, und das ist die zweite Anwort auf unsere Frage, war Marx „vor allem Revolutionär„ (MEW 19, S. 335), wie Engels sagte. Theorie war für Marx ein Mittel, um die Welt um ihn herum zu verstehen, aber nur als ein Schritt zur Veränderung dieser Welt. Sein Lebenswerk – die materialistische Geschichtsauffassung und die gewaltigen ökonomischen Studien, die im *Kapital* ihren Höhepunkt finden – war einem einzigen Ziel gewidmet: der Selbstbefreiung der Arbeiterklasse.

Man vergißt leicht die Opferbereitschaft, die Marxens selbst gesteckte Aufgabe erforderte. Er besaß enorme und offensichtliche Brillanz. Ein Zeitgenosse beschrieb ihn um die Mitte seiner Zwanziger: „Man stelle sich Rousseau, Voltaire,

Holbach, Lessing, Heine und Hegel in einer Person verschmolzen vor ... und man hat Dr. Marx." Hätte er sich politisch angepaßt und eine herkömmliche akademische Laufbahn eingeschlagen, dann wäre er zur Spitze des seinerzeitigen akademischen Establishments aufgestiegen. Er hätte reich und berühmt sterben können.

Statt dessen widmete Marx sein Leben der Sache der sozialistischen Revolution. Die Folge war, daß er und seine Familie von den Polizeikräften halb Europas verfolgt und bespitzelt wurden. Sie lebten in elender Armut, den Gerichtsvollzieher ständig auf der Türschwelle, und überlebten nur dank der Selbstaufopferung Engels. Als Marx starb, wurde sein Fortgang in seiner Wahlheimat England ignoriert. Die Times erfuhr von seinem Tod erst aus der französischen Presse. Vergleiche diese Karriere mit der eines der verwöhnten Gelehrten unserer Tage, Bernard Levin zum Beispiel, der von den bewundernden Medien ständig seiner Brillanz versichert wird.

Marx verdient unsere Aufmerksamkeit, weil das Verständnis seines Denkens grundlegend ist für alle, die sich als Sozialisten und Sozialistinnen verstehen, die – wie Marx – der Ausbeutung, dem Leiden und der Gewalt, Bestandteilen jenes kapitalistischen Systems, dessen Bewegungsgesetze er aufzudecken bestrebt war, ein Ende machen wollen. Denn die Fragen, die Marx aufwarf, stehen auch heute noch. Es gibt 30 Millionen Menschen ohne Arbeit allein in der westlichen industrialisierten Welt. Eine Anzahl wichtiger sozialistischer Experimente hat in den entwickelteren Ländern stattgefunden – Chile 1970 bis 73, Portugal 1974/75, Frankreich heute. Alle sind gescheitert. Keines wagte den Schritt, den Marx für entscheidend hielt: die organisierte Macht der kapitalistischen Klasse gewaltsam zu brechen und an ihrer Stelle eine neue, radikal demokratische Form der Arbeitermacht zu errichten. Kein ernsthafter Sozialist kann an Marxens Denken vorbei, weil darin alle Fragen zu finden sind, die uns heute bedrängen – Krisen und Arbeitslosigkeit, Revolution und Reform.

Unglücklicherweise ist es nicht immer ganz einfach, Marx zu verstehen. Nicht in erster Linie, weil – wie es die Legende wissen will – Marxens Schriften unklar, schwerfällig und germanisch sind – er war im allgemeinen ein klarer Schreiber, und seine Werke sind gewöhnlich nur dann schwer zu verstehen, wenn der behandelte Gegenstand selbst vielschichtig ist. Die Hauptschwierigkeit – und der dritte Grund, dieses Buch zu schreiben – besteht darin, daß Marxens Ideen unter den gewaltigsten Verfälschungen gelitten haben.

Der Frevel wurde zum Teil natürlich von Marxens Gegnern begangen, den Verteidigern der bestehenden Ordnung, den „gekauften Preiskämpfern" des Kapitalismus, wie er sie nannte. So viele Lügen wurden über Marx geschrieben. Viele Dinge wurden ihm nachgesagt – Fanatismus, Antisemitismus, ein Vorläufer Hitlers sei er gewesen (obwohl er Jude und Internationalist war), sogar, daß er ein „fundamental religiöser" Denker gewesen sein (Marx war Zeit seines Lebens Atheist!). Sein umfangreicher Briefwechsel ist von bürgerlichen „Gelehrten" in der – gelegentlich erfüllten – Hoffnung durchwühlt worden, eine Unanständigkeit oder eine rassistische Bemerkung zu erwischen.

Diese Verleumdungen sind jedoch vergleichsweise einfach zurückzuweisen. Schwieriger ist der Umgang mit den Verfälschungen, die Marxens Denken von seinen Anhängern zugefügt wurden. „Alles was ich weiß, ist, daß ich kein Marxist bin", sagte er gegen Ende seines Lebens – „Gott schütze mich vor meinen Freunden!"

Es gibt zwei Ursprünge dieser „freundlichen" Fehlinterpretation der Marxschen Ideen. Der erste und weitaus wichtigere besteht darin, daß der „Marxismus-Leninismus" die offizielle Ideologie einer Anzahl bedeutender und mächtiger Staaten geworden ist, allen voran der Sowjetunion und der Volksrepublik China. Marxens Sozialismus war, wie ich zu zeigen versuchen werde, Sozialismus „von unten". Er sieht vor, daß die Arbeiterklasse sich durch ihre eigene Tätigkeit befreit und die Gesellschaft nach ihren eigenen Vorstellungen erneuert. Der „real existierende Sozialismus" im Ostblock dagegen gründet sich auf Verleugnung der Selbsttätigkeit der Arbeiter und Verweigerung der Volksdemokratie. Der Aufstieg und Fall von Solidarnosc in Polen hat das ohne jeden Zweifel gezeigt. Eine Frage, mit der ich mich im letzten Kapitel beschäftigen will, ist die, ob Marxens Ideen die Verhältnisse in jenen Staaten erklären können, die in seinem Namen regieren.

Die andere Quelle der Verfälschung ist der Umstand, daß Marx von den Akademikern entdeckt wurde. Nicht nur, daß seine Arbeiten zum Gegenstand hunderter Kommentare und Doktorarbeiten geworden sind. Eine neue Spielart des Marxismus ist entstanden, die nicht in der Arbeiterbewegung begründet ist, sondern in den Universitäten und Hochschulen, und deren Ziel nicht der Sturz des Kapitalismus ist, sondern das Studium des Marxismus selbst.

„Westlicher Marxismus" ist der höfliche Name für diese Spielart, weil ihre Vertreter hauptsächlich in Westeuropa und Nordamerika zu Hause sind. „Akademischer Marxismus" wäre eine treffendere Bezeichnung. Seine Betreiber erinnern an den Narziß der griechischen Legende, der sich in sein eigenes Spiegelbild verliebte. Nicht alles, was diese akademischen Marxisten produzieren, kann von vornherein übergangen werden. Manchmal ist es notwendig, Zeit darauf zu verwenden, um die Konzepte, die wir verwenden, zu klären und zu entwickeln, aber für den westlichen Marxismus ist diese Tätigkeit zum Selbstzweck geworden. Das Ergebnis ist eine Menge Schrifttum, die für alle, außer einer kleinen Minderheit hochqualifizierter Intellektueller, unverständlich ist.

Das Ziel dieses Buches besteht also darin, Marx vor den Verfälschungen zu bewahren, denen er ausgesetzt war; seine grundlegenden Ideen so klar und einfach wie möglich darzustellen. Es sollte schon deutlich geworden sein, daß dies keine einfache Aufgabe ist. Vor allem, weil Sozialisten jeder Richtung Marx so lesen, daß ihre politischen Ansichten gerechtfertigt werden – Sozialdemokraten, orthodoxe Kommunisten, Maoisten, verschiedene Sorten Trotzkisten und so weiter. Es sollte von Anfang an klar gemacht werden, daß dieses Buch von einem revolutionären sozialistischen Standpunkt geschrieben wurde. Mit anderen Worten, ich teile mit Marx den Glauben, daß der Kapitalismus ein ausbeuterisches Gesellschaftssystem ist, dessen innere Widersprüche entweder zum Sozialismus oder zur Barbarei führen müssen, und daß die einzige Hoffnung für die Menschheit darin liegt, daß die Arbeiterklasse den kapitalistischen Staatsapparat zerschlägt und ihn durch ihre eigene Herrschaft ersetzt. Das bedeutet nicht, daß dieses Buch keinerlei Kritik an Marx übt. Der Mann, dessen Lieblingsmotto „Bezweifle alles!" war, hätte den sowjetischen Kult, der ihn zum unfehlbaren Weisen macht, verachtet. Aber das Buch ist vor allem und zuerst eine Darstellung und Verteidigung der Marxschen Ideen.

Zweitens wird jede Wiedergabe der Ideen von Marx Widerspruch hervorrufen. Seine Schriften sind von einer solchen Unmenge gegensätzlicher Interpretationen umgeben, daß es einem Gang durch ein Minenfeld gleichkommt, wenn man erklärt, was sie aussagen. Hinzu kommt, daß auch Marx nur ein Mensch war, manchmal zweideutig und inkonsistent, und er änderte seine Meinung zu großen und kleinen Fragen. Auf dem Weg durch diese Schwierigkeiten bewegt man sich auf einem schmalen Grat. Es ist leicht, von „Was Marx tatsächlich meinte ..." abzurutschen zu „Was Marx hätte sagen sollen, aber nicht tat ...". Ich hoffe, daß mir das letztere nicht unterlaufen ist. Die einzige Stelle, wo man mir mit Recht vorwerfen kann, daß ich so verfahre, ist in Kapitel Fünf über Marxens Geschichtstheorie. Hier glaube ich, daß Marxens Ansichten sich zwischen der *Deutschen Ideologie* und dem *Kapital* veränderten und entwickelten, und ich habe meine Darstellung auf das spätere – und reifere – Werk gegründet.

Drittens gibt es die Frage, inwieweit Engels Schriften als verläßlicher Führer zu Marxens Gedanken genommen werden können. Nachdem er von der Zweiten Internationale und im Ostblock als Prüfstein der Orthodoxie behandelt wurde, wird Engels jetzt von vielen westlichen Marxisten als Marxens böser Geist angesehen, der dessen Gedanken verfälscht hätte. Beide Sichtweisen über Engels müssen zurückgewiesen werden. Engels selbst hätte niemals behauptet, ein ebenso großer oder origineller Denker wie Marx zu sein. „Marx war ein Genie", schrieb er, „wir andern höchstens Talente." (MEW 21, S. 292, Fußnote) Nichtsdestoweniger leistete Engels einen selbständigen Beitrag zum Marxismus, sowohl als Autor über wissenschaftliche, philosophische, politische und militärische Themen, als auch als Popularisierer der Marxschen Ideen. Er verdient es, selbständig untersucht zu werden. Ich werde seine Schriften zitieren, soweit sie Marxens eigene Anschauungen vervollständigen, verdeutlichen oder weiterentwickeln.

Dieses Buch ist ein Beitrag zum Kampf gegen den Kapitalismus und für den Sozialismus. In dem Maße, in dem es Erfolg dabei hat, das Denken einiger Menschen zu verändern und sie zu überzeugen, daß Marx recht hatte, muß es auch ihre Praxis verändern. Denn man kann nicht Marxens wissenschaftliche Theorie akzeptieren und seine revolutionäre Politik ablehnen: Die zwei gehören zusammen. Das ist der grundlegende Punkt des Marxismus – er ist, in Antonio Gramscis Worten, die Philosophie der Praxis.

Wenn dieses Buch nur einen Menschen von der Notwendigkeit überzeugt, für die Selbstbefreiung der Arbeiterklasse zu arbeiten, werde ich zufrieden sein.

Kapitel I

Das Leben eines Revolutionärs

Karl Marx wurde am 5. Mai 1818 in Trier, einer alten Bischofsstadt im Rheinland, geboren. Beide Eltern waren Juden, Nachkommen vieler Generationen von Rabbinern: Der Familienname lautete erst Mordechai, dann Markus, schließlich Marx. Marxens Vater Heinrich war jedoch 1817 zum Protestantismus übergetreten, um einem Erlaß zu entgehen, der Juden von öffentlichen Ämtern ausschloß. Das Rheinland war 1815 zwar von der reaktionären preußischen Monarchie annektiert worden, blieb aber der wirtschaftlich und politisch fortgeschrittenste Teil Deutschlands, stark beeinflußt von der Französischen Revolution.

Heinrich Marx, ein erfolgreicher Justizrat, war ein gemäßigter Liberaler mit tiefem Vertrauen in die Macht der Vernunft. Seine Enkelin Eleanor nannte ihn einen „richtigen Franzosen des achtzehnten Jahrhunderts, der seinen Voltaire und Rousseau auswendig kannte". Die Beziehung zwischen Vater und Sohn war eng: Marx trug bis zu seinem Tode ein Bild Heinrichs bei sich und wurde damit begraben.

Der zukünftige Autor des **Kapital** wuchs in einem durchaus wohlhabenden bürgerlichen Haushalt auf. Auf der Oberschule in Trier empfing er eine liberal geprägte Ausbildung mit starker Betonung der Klassiker. Er scheint kein herausragender Schüler gewesen zu sein, und seine erhalten gebliebenen Schulaufsätze lassen wenig von seiner späteren Größe spüren. Bedeutenden Einfluß auf den jungen Marx nahm ein preußischer Beamter, Baron Ludwig von Westphalen, der ihn mit Homer und Shakespeare bekannt machte und dessen Tochter er später heiraten sollte.

1835 ging Marx an die Bonner Universität, um Recht zu studieren. Eine herkömmliche bürgerliche Laufbahn in den Fußstapfen seines Vaters schien ihm bevorzustehen. Wie seine Mitstudenten betrank er sich, häufte Schulden an, focht Duelle aus und verbrachte sogar wegen Ruhestörung eine Nacht im Gefängnis. Eine Neigung zum Verfassen schlechter Liebesgedichte (von denen glücklicherweise nur einige wenige erhalten blieben) verschlimmerte sich noch, als er sich während der Sommerferien 1836 heimlich mit Jenny von Westphalen verlobte. Jenny war vier Jahre älter als er, aus einer höheren gesellschaftlichen Schicht und eine Art Stadtschönheit. Als Marx viele Jahre später, 1862, wieder nach Trier kam, wurde er „täglich von allen Seiten nach dem ehemals 'hübschesten Mädchen in Trier' und nach der 'Ballkönigin' gefragt".

Beide Elternpaare waren gegen die Verbindung. Einige der von Westphalen waren extreme Reaktionäre (Jennys Bruder wurde in den 1850er Jahren preußischer Kabinettsminister), während Heinrich Marx befürchtete, das „dämonische Genie" seines Sohnes würde beide in die Katastrophe führen: „Ob du je – und das ist für mein Herz nicht der weniger peinigende Zweifel – je für wahrhaft menschliches – häusliches Glück – empfänglich sein wirst …" Dieser elterliche Widerstand hilft vielleicht zu erklären, warum es sieben Jahre dauerte, bis Karl und Jenny am 19. Juni 1843 heirateten.

Im Oktober 1836 ging Marx an die Berliner Universität. Seine ursprüngliche Absicht war, sein Jurastudium fortzusetzen, aber er wurde bald davon abgelenkt, wie er seinem entsetzten Vater in einem berühmten Brief vom 10. November 1837 erklärte. Unzufrieden mit seiner Liebeslyrik als „breit und formlos … aus dem Mond konstruiert", wandte sich Marx ernsthaftem Studium zu. Es zog ihn zuerst zur Rechtsphilosophie, dann zur Philosophie an sich. Unvermeidlich mußte er sich mit dem Werk Georg Wilhelm Friedrich Hegels, des einflußreichsten Philosophen jener Zeit, auseinandersetzen.

Zunächst abgestoßen von der „grotesken Felsenmelodie“, fand Marx sich bald zu seiner großen Verärgerung bekehrt.

Diese Bekehrung war mehr als ein bloß intellektueller Vorgang: Die deutsche Philosophie der 30er und 40er Jahre des neunzehnten Jahrhunderts war ein hochpolitisches Geschäft. Deutschland war damals ein politisch geteiltes, wirtschaftlich und gesellschaftlich rückständiges Land, ein Flickenteppich kleiner Fürstentümer, die absolute Macht über ihre jeweiligen Untertanen beanspruchten, beherrscht von der Heiligen Allianz Österreichs, Preußens und Rußlands. Aber in intellektueller Hinsicht blühte das Land auf. Die ersten Jahrzehnte des neunzehnten Jahrhunderts waren das goldene Zeitalter der deutschen Philosophie. Es war beinahe, als ob diese Überentwicklung des abstrakten Denkens einen Ausgleich für Deutschlands politische Schwäche und wirtschaftliche Rückständigkeit darstellte. „In der Politik *dachten* die Deutschen, was andere Nationen taten“, wie Marx es später ausdrückte.

Die Widersprüche der deutschen Gesellschaft spiegelten sich in Hegels Denken wider. Obwohl er zunächst für die Französische Revolution und für Napoleon schwärmte, wurde Hegel später ein Pessimist und Reaktionär, der den absolutistischen preußischen Staat als Verkörperung der Vernunft betrachtete. In den 30er und 40er Jahren war er in jeder Hinsicht der offizielle preußische Staatsphilosoph, und seine Anhänger wurden an die staatlich kontrollierten Universitäten berufen.

Das sollte nicht so bleiben. Eine Anzahl jüngerer Philosophen begann, Hegel auf zunehmend radikale Weise zu interpretieren. Hegel setzte Vernunft mit Gott gleich und nannte sie die „absolute Idee“. Geschichte war für ihn einfach die schrittweise Selbst-Bewußtwerdung der absoluten Idee, eine Entwicklung, die mit der protestantischen Reformation ihren Höhepunkt erreichte. Für die Jung- oder Linkshegelianer, wie sie später genannt wurden, war die absolute Idee einfach die Menschheit. Gott verschwand von der Bildfläche. Sie stimmten mit Hegel überein, daß der Staat die Verkörperung der

Vernunft sein sollte; aber sie bestritten, daß der preußische Staat dieser Aufgabe gerecht werde. Sie waren Atheisten, Rationalisten und Liberale. Zunächst hofften sie, daß der preußische Kronprinz die von ihnen geforderten demokratischen Reformen einführen würde. Nachdem er 1840 als König Friedrich Wilhelm IV. den Thron bestiegen und sich als ebenso reaktionär wie seine Vorgänger gezeigt hatte, radikalisierte sich die Opposition der Junghegelianer zum Status Quo in Deutschland mehr und mehr.

Zu dieser intellektuellen und politischen Szene wurde Marx hingezogen, nachdem er begonnen hatte, sich mit Philosophie zu beschäftigen. Die hegelianische Linke traf sich im Berliner Doktorklub. Marx wurde bald ein bekanntes Mitglied des Klubs und enger Freund Bruno Bauers, eines der ersten Junghegelianer. Sie waren ein trunkener, leichtlebiger Haufen. Heinrich Marx klagte: „Als wären wir Goldmännchen, verfügt der Herr Sohn in einem Jahre für beinahe 700 Taler, gegen alle Abrede, gegen alle Gebräuche, während die Reichsten keine 500 ausgeben."

Marxens Verbindung zu seiner Familie riß nach dem Tod seines Vaters im Mai 1838 praktisch ab. Er scheint sich nicht gut mit seiner Mutter verstanden zu haben, auch wenn sie ihn über die Jahre mit ziemlich großen Geldbeträgen versorgte. In einem Spottgedicht, das der junge Engels zusammen mit Brunos Bruder Edgar Bauer verfaßt hat, wird Marx zu dieser Zeit folgendermaßen dargestellt: „Ein schwarzer Kerl aus *Trier*, ein markhaft Ungetüm. / Er gehet, hüpfet nicht, er springet auf den Hacken / Und raset voller Wut … / Geballt die böse Faust, so tobt er sonder Rasten, / Als wenn ihn bei dem Schopf zehntausend Teufel faßten."

Marx scheint auf eine Karriere als berufsmäßiger Philosoph gehofft zu haben. Er wandte viel Zeit für das Studium der frühen griechischen Denker auf und erhielt im April 1841 den Doktortitel für eine Arbeit mit dem Titel „Differenz der demokritischen und epikureischen Naturphilosophie". Obwohl diese Arbeit schwer verständlich und sehr hegelianisch geschrieben war, zeigte sie doch Marxens wachsende Ungeduld mit der hochgradig idealistischen Philosophie seines Freundes Bruno Bauer, der alles auf das menschliche Bewußtsein reduzieren wollte. Der anwachsende Konflikt zwischen dem preußischen Staat und den Junghegelianern beendete Marxens Hoffnungen auf eine akademische Laufbahn. Friedrich Wilhelm IV. unterdrückte die wichtigste Zeitschrift der linken Hegelianer, Arnold Ruges **Hallische Jahrbücher**, und ernannte Hegels alten Gegner Schelling zum Professor der Philosophie in Berlin, mit dem Auftrag, die „Drachenbrut des Hegelianismus“ auszurotten. Schließlich wurde Bruno Bauer im Mai 1842 aus seinem Lehramt an der Bonner Universität entlassen.

Marx, der 1841 nach Trier zurückgekehrt war, warf sich nun auf den politischen Journalismus. Die **Rheinische Zeitung** war von Industriellen des Rheinlands gegründet worden, um Druck für ihre wirtschaftlichen Interessen zu machen. Zur Verwirrung ihrer bürgerlichen Eigner geriet sie jedoch bald unter die Kontrolle der Junghegelianer, angeführt von Moses Heß, einem der ersten deutschen Kommunisten. Marx begann im April 1842 für die Zeitung zu schreiben, im Oktober zog er nach Köln, um ihr Chefredakteur zu werden. Er war zu dieser Zeit ein radikaler bürgerlicher Demokrat, der auf eine Republik und das allgemeine Wahlrecht in Deutschland hoffte, wie es in Frankreich nach der Revolution von 1789 erreicht worden war. Als eine andere Zeitung der **Rheinischen Zeitung** Kommunismus vorwarf, antwortete er, daß die Rheinische Zeitung „den kommunistischen Ideen in ihrer jetzigen Gestalt nicht einmal *theoretische Wirklichkeit* zugestehen, also noch weniger ihre *praktische Verwirklichung* wünschen oder auch nur für möglich halten kann“ (MEW 1, S. 108).

Dennoch stellte die **Rheinische Zeitung** einen Wendepunkt dar. Zu jener Zeit, so erinnerte Marx sich später, „kam ich zuerst in die Verlegenheit, über sogenannte materielle Interessen mitsprechen zu müssen“. Marx folgte wie die anderen Junghegelianer seinem Lehrer in dem Glauben, daß der Staat über den Klassen stand oder stehen sollte: Als Vertreter des von allen Bürgern geteilten Gesamtinteresses bestand die

Aufgabe des Staates darin, die Interessenunterschiede und Konflikte zwischen den Klassen auszugleichen.

Bei der Verfolgung der Debatten im Rheinischen Provinziallandtag über Vorschläge zur Verschärfung der Gesetze gegen Holzdiebe erkannte Marx, daß sowohl die industriellen Kapitalisten, die seine Zeitung finanzierten, als auch die feudalen Landbesitzer, die den preußischen Absolutismus unterstützten, ein gemeinsames Interesse an der Aufrechterhaltung des Privateigentums hatten. Eine Untersuchung der elenden Lebensumstände der Weinbauern an der Mosel machte ihm die Auswirkungen des Privateigentums deutlich. Wie Engels fünfzig Jahre später erklärte: „Ich hörte Marx wieder und wieder sagen, daß es genau die Beschäftigung mit dem Gesetz gegen Holzdiebstahl und mit der Lage der Moselwinzer war, die ihn von der reinen Politik zu den ökonomischen Bedingungen brachte, und auf diese Weise zum Sozialismus."

Es war nicht nur die „reine Politik", die Marx während seiner Zeit bei der **Rheinischen Zeitung** aufgab. Die Erfahrung der politischen Verfolgung führte bei Bauer und dem Doktorklub zu immer größeren Auswüchsen des Verbalradikalismus. Isoliert in Berlin, dem Bollwerk der preußischen Bürokratie, und fern vom wirtschaftlich weiter entwickelten und liberaleren Rheinland, sahen sie ihre Aufgabe weiterhin als eine rein intellektuelle an: den Irrtum zu widerlegen. Ihre hauptsächliche Zielscheibe war die Religion, die von den „Freien", wie sie sich jetzt nannten, unablässig angegriffen wurde. Unterdessen verurteilten sie jeden Kompromiß, den der bedrängte Marx einging, um die preußische Zensur davon abzuhalten, die **Rheinische Zeitung** zu schließen, als Verrat. Marx lernte eine Lektion für das ganze Leben – daß Theorie, die den Kontakt mit der Wirklichkeit verliert, kraftlos wird.

Marx hatte Bruno Bauer und seine anderen alten Kumpanen aus Berlin im Sinn, als er wenig später schrieb:

Hier finden wir die Ursprünge für Marxens spätere Haltung zur Arbeiterklasse. Die Aufgabe der Theoretiker besteht nicht darin, den Arbeitern die Gebote zu überbringen, sondern ihr

Verständnis zu wecken für das, wofür sie kämpfen, zu zeigen, wie sie es erreichen können.

Marx mußte die Arbeiterklasse allerdings erst noch entdecken. Daß dies bis dahin noch nicht geschehen war, zeigt ein Manuskript, das er Mitte 1843 während der Flitterwochen mit Jenny in Kreuznach verfaßte (er hatte die **Rheinische Zeitung** verlassen, kurz bevor die Zensur sie im März 1843 endgültig unterdrückte). Es hieß **Zur Kritik der Hegelschen Rechtsphilosophie** und sollte erst 1827 veröffentlicht werden.

Hier machte sich Marx daran, Hegels Auffassung zu widerlegen, daß der Staat über den Klassen stehe. Er stand erkennbar stark unter dem Einfluß des radikalsten der Junghegelianer, Ludwig Feuerbach, als er das Manuskript schrieb. Feuerbach, dessen **Wesen des Christentums** bei seinem Erscheinen 1841 eine Sensation darstellte, ging viel weiter als Bruno Bauer. Feuerbach trat dafür ein, daß Hegels Philosophie vollständig zurückgewiesen werden sollte: Den Ausgangspunkt der Philosophie dürften nicht Gott oder die Idee bilden, sondern die Menschen und ihre materiellen Lebensbedingungen. Natürlich zog das Leute wie Marx, Engels und Heß an, die zu glauben begannen, daß nur eine soziale Revolution einen radikalen politischen Wandel in Deutschland hervorbringen könnte. Aber Marx hatte noch nicht die Arbeiterklasse als Subjekt dieser Revolution ins Auge gefaßt. Er zielte noch auf „wahre Demokratie„ – das allgemeine Wahlrecht – als Mittel, um den Staat unter die Leitung nicht nur der besitzenden Minderheit, sondern der Masse der Bevölkerung zu bringen.

Ein Jahr, nachdem er die **Kritik** geschrieben hatte, war Marx ein offener Befürworter einer Arbeiterrevolution, ein Kommunist. Auslöser für diesen Wandel war sein Umzug nach Paris. Die preußische Zensur hatte die Arbeit in Deutschland unmöglich gemacht. Marx und Arnold Ruge beschlossen, eine junghegelianische Zeitschrift im Ausland zu produzieren, die **Deutsch-Französischen Jahrbücher**. Im Oktober 1843 folgte Marx Ruge nach Paris.

Paris war ganz anders als Berlin oder Köln. Es war die kulturelle Hauptstadt der westlichen Zivilisation des neunzehnten Jahrhunderts, aber auch die Metropole eines Landes, das sich rasch industrialisierte, unter der Herrschaft einer korrupten Clique von Höflingen und Bankiers, die sich um das „Bürgerkönigtum" Louis Philippes sammelte. Ein Schwarm von kommunistischen und sozialistischen Sekten – einige davon mit Massenanhang – existierte in Paris nebeneinander und zankte sich. Es gab auch 40.000 Deutsche im Exil, meistens Handwerker, viele unter dem Einfluß einer revolutionären Geheimgesellschaft, des Bundes der Gerechten.

Marxens Kontakte mit den französischen und deutschen kommunistischen Gesellschaften in Paris waren seine erste Erfahrung mit einer organisierten Arbeiterbewegung. Die Wirkung war enorm

Seine neue Sicht der Arbeiterklasse kam in zwei Beiträgen für die **Deutsch-Französischen Jahrbücher** zum Ausdruck. Die Ausgabe vom März 1844 war die einzige, die überhaupt erscheinen sollte (mit zerstrittenen Herausgebern, von der preußischen Regierung verboten, von der französischen ignoriert, ging die Zeitschrift spurlos unter, als der Verleger seine Unterstützung zurückzog). In der Schrift „Zur Judenfrage" vertrat Marx gegen Bauer die Auffassung, daß eine rein politische Revolution wie die von 1789 in Frankreich den Menschen nur befreien würde als „... auf sich, auf sein Privatinteresse und seine Privatwillkür zurückgezogenes und vom Gemeinwesen abgesondertes Individuum" (MEW 1, S. 366). Nur eine soziale Revolution, die das Privateigentum und den Individualismus beseitigen würde, könne „menschliche Emanzipation" in Aussicht stellen.

In dem zweiten Aufsatz, der als Einleitung zu Marxens unveröffentlichter **Kritik der Hegelschen Rechtsphilosophie** gedacht war, argumentierte er, daß nur eine solche Revolution in Deutschland möglich sei. Die deutsche Bourgeoisie – die Mittelklasse – war zu schwach, um jene Rolle zu spielen, die ihr französisches Gegenstück 1789 erfüllt hatte: das ganze

Volk gegen die Monarchie zu führen. Nur das Proletariat – die industrielle Arbeiterklasse – konnte diese Rolle spielen,

> „eine Klasse mit *radikalen Ketten* ... welche sich nicht selbst emanzipieren kann, ohne sich von allen übrigen Sphären der Gesellschaft und damit alle übrigen Sphären der Gesellschaft zu emanzipieren, welche mit einem Wort der *völlige Verlust* des Menschen ist, also nur durch die *völlige Wiedergewinnung des Menschen* sich selbst gewinnen kann." (MEW 1, S. 390)

Wie dieser letzte Abschnitt deutlich macht, war Marxens Herangehensweise an die Politik immer noch geprägt durch die Philosophie. Er dachte an eine Art Bündnis zwischen Philosophie und Arbeiterklasse, in dem allerdings die Philosophie die führende Rolle spielen würde. Er nannte die Arbeiter das „*passive* Element" der Revolution, und er schrieb: „Der *Kopf* dieser Emanzipation ist die *Philosophie*, ihr *Herz* das *Proletariat*„ (MEW 1, S. 391). Die Arbeiter sollten eine revolutionäre Rolle spielen, weil sie die elendste aller Klassen waren, nicht – wie er später meinte – die mächtigste.

Diese ziemlich herablassende und elitäre Haltung änderte sich bald – aus zwei Gründen. Erstens begann Marx in Paris zum ersten Mal mit dem ernsthaften Studium der Schriften von Adam Smith, David Ricardo und der anderen politischen Ökonomen. Das Ergebnis waren die zwischen April und August 1844 verfaßten **Ökonomisch-Philosophischen Manuskripte**. Diese erst 1932 veröffentlichten Schriften enthalten eine frühe Version von Marxens materialistischer Geschichtstheorie. Vor allem wird die revolutionäre Rolle der Arbeiterklasse aus ihrer Rolle in der Warenproduktion erklärt, die sie zum Kampf gegen den Kapitalismus zwingt. „Aus dem Verhältnis der entfremdeten Arbeit zum Privateigentum folgt ferner, daß die Befreiung der Gesellschaft vom Privateigentum etc., von der Knechtschaft, in der *politischen* Form der *Arbeiteremanzipation* sich ausspricht." (MEW 40, S. 521)

Der zweite Grund, der Marx zur Änderung seiner Haltung veranlaßte, bestand darin, daß die deutsche Arbeiterklasse den schlagenden Beweis dafür lieferte, mehr als nur ein „passives Element" zu sein. Im Juni 1844 rebellierten die schlesischen Weber gegen ihre Herren, und die Armee mußte gerufen werden, um die Ordnung wiederherzustellen. Ruge veröffentlichte einen anonymen Artikel in einer deutschen Emigrantenzeitung in Paris, worin er die Revolte verurteilte und die Weber angriff. Er sprach vermutlich für die meisten Junghegelianer. Der Artikel wurde Marx zugeschrieben, der eine wütende Antwort schrieb, in der er Ruge verurteilte und die Arbeiter für ihren Mut und ihren hohen Grad an Organisation und Bewußtheit feierte. Er betrachtete die Arbeiterklasse nicht länger als das passive, sondern als das „tätige Element" der deutschen Revolution. Marx war endlich zum revolutionären Kommunisten geworden.

Freundschaft und Revolution

Ende August 1844 verbrachte Friedrich Engels zehn Tage in Paris. Während dieses Aufenthalts besuchte Engels Marx, ein Zusammentreffen, aus dem sich eine lebenslange Partnerschaft entwickeln sollte.

Engels war damals dreiundzwanzig, fast drei Jahre jünger als Marx, aber er hatte bereits eine brillante Karriere als radikaler Journalist und Junghegelianer erlebt. Obwohl Engels an der **Rheinischen Zeitung** mitgearbeitet hatte, hatte Marx ihm mißtraut, weil er zu den Berliner „Freien" zählte, deren Revolutionsspielerei er geringschätzen gelernt hatte. Im November 1842 jedoch zog Engels nach Manchester, um im Familienunternehmen Ermen und Engels zu arbeiten, wo ihm neben der industriellen Revolution und der Armut der Arbeiterklasse auch der Chartismus begegnete, die erste Massenbewegung der Arbeiterklasse in der Geschichte, die sich gerade von der Niederlage des Generalstreiks im August 1842 erholen mußte. Diese Erfahrung, in denkwürdigster Weise in der Schrift **Die Lage der arbeitenden Klasse in England** aufgezeichnet, brachte Engels dazu, wie Marx die revolutionäre Rolle der Arbeiterklasse anzuerkennen. Mit einem in den **Deutsch-Französischen Jahrbüchern** veröffentlichten Aufsatz „Umrisse zu einer Kritik der Nationalökonomie" nahm er Marxens spätere Schriften vorweg.

Marx und Engels waren demnach natürliche Partner. Ihre erste gemeinsame Arbeit war ein Angriff auf Bauer und die „Freien", die auf die Unterdrückung, die sie durch den preußischen Staat erlitten hatten, durch das Einnehmen einer zunehmend elitären und antidemokratischen Haltung reagierten. Bauer, der später Antisemit und Unterstützer der zaristischen Autokratie in Rußland werden sollte, schrieb, daß man „in den Massen und nur dort den wahren Feind des Geistes suchen soll". Die Antwort von Marx und Engels, **Die Heilige Familie**, war ursprünglich als eine kurze Streitschrift gedacht. Jedoch wurde Marx von seinem eigenen Eifer überwältigt, und das nicht zum letzten Mal. Sein Beitrag ließ es zu einem 200-Seiten-Buch anschwellen, das von der Philosophie bis zur Literaturkritik reichte und das Prinzip der Selbstbefreiung der Arbeiterklasse verteidigte. Engels protestierte vorsichtig dagegen, daß sein Name auf der Titelseite erschien („ich habe ja fast nichts daran gemacht"), und gegen den Umfang. „Sonst aber ist das Buch prächtig geschrieben und zum Kranklachen."

Marx war zu dieser Zeit eine bekannte Figur unter den Exilrevolutionären, die Paris in den 1840er Jahren bevölkerten. Er verstand sich mit den Vätern des Anarchismus, mit Pierre-Joseph Proudhon und mit Michail Bakunin, mit dem er Hegel diskutierte. Die Marxens waren auch gut bekannt mit dem Dichter Heinrich Heine, den sie überzeugen konnten, eine Zeitlang seine Furcht vor den Massen zu überwinden und sozialistische Verse zu schreiben. Es waren Marx und Engels, über die Heine später schrieb: „Die mehr oder weniger verdeckten Anführer des deutschen Kommunismus sind große Logiker, von denen die kraftvollsten aus der Schule Hegels kommen, und sie sind zweifellos Deutschlands fähigste Denker und energischste Charaktere."

Marxens Bekanntheit mag dazu beigetragen haben, die französische Regierung unter preußischem Druck zu überzeugen, ihn aus Frankreich auszuweisen. Im Februar 1845 zog er von Paris nach Brüssel, wohin ihm bald Engels nachfolgte, der seinen Job in der Firma seiner Familie aufgegeben hatte, um Berufsrevolutionär zu werden. Hier bestand ihre Partnerschaft die Feuertaufe. Sie besuchten zusammen England im Sommer 1845 und zogen sich dann zurück, um eine Abrechnung mit Bauer und Co. zu verfassen.

Die „Freien" waren jetzt zu extremen Individualisten geworden, eine Haltung, die Max Stirner in der Schrift **Der Einzige und sein Eigentum** zusammenfaßte, worin er vertrat, daß nichts außerhalb des individuellen Selbst existiere. **Die deutsche Ideologie**, von Marx und Engels zwischen September 1845 und August 1846 geschrieben, war als Zertrümmerung Stirners geplant. Auf 600 hauptsächlich von Marx stammenden Seiten ist es das auch geworden, und noch viel mehr. Der erste Teil über Feuerbach enthält die erste systematische Beschreibung des historischen Materialismus. Es gelang ihnen nicht, einen Verleger für das Buch zu finden. Später sagte Marx: „Wir überließen das Manuskript der nagenden Kritik der Mäuse um so williger, als wir unsern Hauptzweck erreicht hatten – Selbstverständigung."

Die deutsche Ideologie lieferte die theoretische Grundlage der Politik von Marx und Engels. In dem Buch vertraten sie die Auffassung, daß die Möglichkeit einer sozialen Revolution von den materiellen Bedingungen abhinge, die der Kapitalismus selbst hervorbrächte. Die wichtigste dieser Bedingungen war die Arbeiterklasse. „Kommunismus„, schrieb Engels in dieser Zeit, „ist die theoretische Zusammenfassung der Bedingungen der Befreiung des Proletariats." (MEW 4, S. 322)

Nachdem sie so ihre Revolutionstheorie formuliert hatten, stürzten sich Marx und Engels in politische Aktivitäten. Sie konzentrierten ihre Aufmerksamkeit auf den Bund der Gerechten, eine internationale Geheimgesellschaft, die hauptsächlich aus im Ausland lebenden deutschen Handwerkern bestand.

Beherrschenden Einfluß im Bund hatte Wilhelm Weitling, ein Schneider, dessen Ansichten über den Sozialismus ziemlich wirr waren. Er glaubte, daß die Masse der Arbeiter nicht für den Kommunismus gewonnen werden könne und es die Aufgabe der revolutionären Minderheit sei, im Namen der Massen die Macht zu ergreifen. Diese elitäre Haltung teilte er mit dem großen französischen Revolutionär Auguste Blanqui, und der Bund wurde in Frankreich verboten, nachdem er 1839 an Blanquis gescheitertem Aufstand teilgenommen hatte. Der Bund verlegte sein Hauptquartier nach London, wo er sich zwischen den Gefolgsleuten Weitlings und denjenigen, die glaubten, daß der Sozialismus durch allmähliche und friedliche Erziehungsarbeit erreicht werden könne, spaltete.

Im Februar 1846 gründeten Marx und Engels ein kommunistisches Korrespondenzkomitee mit dem Ziel, die Kontrolle über den Bund der Gerechten zu erlangen. Bei einem stürmischen Treffen des Komitees sagte Marx zu Weitling, daß „an die Arbeiter zu appellieren ohne irgendwelche wissenschaftliche Ideen oder konstruktive Doktrin … gleichbedeutend sei mit eitlem unehrlichen Spiel beim Predigen, wo auf der einen Seite ein erleuchteter Prophet und auf der anderen nur staunende Ärsche vorausgesetzt seien." Er begegnete Weitlings Versuch, sich mit Angriffen auf Theorie und Theoretiker zu verteidigen, mit den Worten: „Niemals noch hat die Unwissenheit jemandem genützt!"

Paul Annenkow, ein russischer Bekannter von Marx, der auf diesem Treffen anwesend war, hat ein lebendiges Bild von Marx im Alter von Ende Zwanzig hinterlassen:

> „Er selbst stellte den Typus eines Menschen dar, der aus Energie, Willenskraft und unbeugsamer Überzeugung zusammengesetzt ist, ein Typus, der auch der äußeren Erscheinung nach höchst merkwürdig war. Eine dichte, schwarze Mähne auf dem Kopfe, die Hände mit Haaren bedeckt, den Rock schief zugeknöpft; hatte er dennoch das Aussehen eines Mannes, der das Recht und die Macht hat, Achtung zu fordern, wenn sein Aussehen und sein Tun auch seltsam genug erscheinen mochte. Seine Bewegungen waren eckig, aber

kühn und selbstgewiß; seine Manieren liefen geradezu allen gesellschaftlichen Umgangsformen zuwider. Aber sie waren stolz, mit einem Anfluge von Verachtung, und seine scharfe Stimme, die wie Metall klang, stimmte merkwürdig überein mit den radikalen Urteilen über Menschen und Dinge, die er fällte."

Ein anderer Zeitgenosse schreibt über Marx zu dieser Zeit:

„Marx war zum Volksführer geboren. Seine Rede war kurz, bündig und von zwingender Logik. Er machte keine überflüssigen Worte; jeder Satz – ein Gedanke, und jeder Gedanke – ein notwendiges Glied in der Kette seiner Beweisführung. Marx hatte nichts Träumerisches an sich."

Dieser ungeheure Intellekt machte sich an die Arbeit, um zu widerlegen, was Marx und Engels als die Strömung der falschen Versionen des Sozialismus in der deutschen Arbeiterbewegung betrachteten. Eine Zielscheibe bildeten die „wahren Sozialisten„, Intellektuelle, die nach dem Weberaufstand die „soziale Frage" entdeckt hatten und glaubten, daß die Gesellschaft durch die moralische Bekehrung der Masse der Menschen verändert werden könne. Eine andere Zielscheibe war Proudhon. Marx schrieb ihm im Mai 1846 und lud ihn ein, Pariser Korrespondent des Brüsseler Komitees zu werden. Proudhon antwortete mit einem herablassenden Brief, worin er seinem „lieben Philosophen„ erklärte, daß er ein Gegner der Revolution sei und statt dessen vorziehe, „das Eigentum auf kleiner Flamme zu verbrennen". 1847 veröffentlichte Marx **Das Elend der Philosophie**, worin er Proudhons Schrift **System der ökonomischen Widersprüche** – mit dem Untertitel **Die Philosophie des Elends** – vernichtete.

Nach langwierigen Manövern gelang es Marx und Engels, die Kontrolle über den Bund der Gerechten zu gewinnen. Ein Kongreß im Juni 1847 verwandelte den Bund von einer konspirativen Geheimgesellschaft in eine offen revolutionäre Organisation, den Bund der Kommunisten. Sein Motto war nicht mehr „Alle Menschen sind Brüder" (Marx sagte, es gebe jede Menge Menschen, deren Bruder er nicht sein wolle), sondern „Arbeiter aller Länder, vereinigt Euch!“ Der zweite Kongreß des Bundes der Kommunisten, abgehalten im Dezember 1847, beauftragte Marx und Engels, ein Manifest zu verfassen, das seine Prinzipien festhielt. Das Ergebnis war das **Manifest der Kommunistischen Partei**, von Marx und Engels im Februar 1848 geschrieben und im gleichen Monat in London veröffentlicht. Es beginnt mit den Worten: „Ein Gespenst geht um in Europa – das Gespenst des Kommunismus.“ (MEW 4, S. 461) Es war die erste populäre Darstellung des Marxismus und ist bei weitem die berühmteste aller sozialistischen Schriften.

Zu der Zeit, als das **Manifest** erschien, wurde Europa von der Revolution erschüttert. Im Februar wurde Louis Philippe von Frankreich gestürzt und die Zweite Republik ausgerufen; im März brachen in Wien und Berlin Aufstände aus. Das reaktionäre Europa der Heiligen Allianz war plötzlich zerbröselt. Die verängstigte belgische Regierung wies Marx Anfang März aus. Nach kurzem Aufenthalt in Paris kehrte er nach Deutschland zurück, um Chefredakteur der **Neuen Rheinischen Zeitung** zu werden, die wie ihre Vorgängerin in Köln beheimatet war. Nach Engels' Aussage „war das Redaktionsstatut einfach die Diktatur Marxens.“ Werner Blumenberg schreibt über die **Neue Rheinische Zeitung**, sie sei mit ihren „301 Nummern nicht nur die beste Zeitung jenes Revolutionsjahres, sondern sie ist auch die beste deutsche sozialistische Zeitung geblieben.“

Die Revolutionen von 1848 bezeichneten den Moment, in dem der Kampf zwischen Kapital und Arbeit größere Bedeutung gewann als der zwischen der Bourgeoisie und den alten feudalen Grundbesitzerklassen. Das wurde durch die Ereignisse des Juni 1848 in Paris bestätigt, als ein Arbeiteraufstand von der republikanischen Regierung brutal niedergeschlagen wurde. Dazu schrieb Marx: „Die *Fraternité*, die Brüderlichkeit der entgegengesetzten Klassen, von denen die eine die andere ausbeutet, diese *Fraternité*, im Februar proklamiert, mit großen Buchstaben auf die Stirne von Paris geschrieben, auf jedes

Gefängnis, auf jede Kaserne – ihr wahrer, unverfälschter, ihr prosaischer Ausdruck, das ist der *Bürgerkrieg* in seiner fürchterlichsten Gestalt, der Krieg der Arbeit und des Kapitals.“ (MEW 5, S. 134)

Marx und Engels glaubten jedoch weiterhin, daß im rückständigen Deutschland die Bourgeoisie unter Druck gesetzt werden könne, wie ihre englischen und französischen Vorfahren eine revolutionäre Rolle zu spielen. Der Bund der Kommunisten mit seinen wenigen hundert Mitgliedern wurde von der Massenbewegung überrollt, die auf die Märzrevolution in Berlin folgte. Anstatt, wie Engels es viele Jahre später formulierte, „Kommunismus in einem kleinen Winkelblättchen [zu] dozieren und statt einer großen Aktionspartei eine kleine Sekte [zu] stiften“, entschloß er sich, „die Rolle ... des vorantreibenden, äußersten linken Flügels der Bourgeoisie [zu] übernehmen.“ (MEW 21, S. 16) Der Bund löste sich praktisch auf, und die **Neue Rheinische Zeitung** wurde zum Mittelpunkt der politischen Aktivität von Marx und Engels. Ihr „politisches Programm“, erklärte Engels, „bestand aus zwei Hauptpunkten: Einige, unteilbare, demokratische deutsche Republik und Krieg mit Rußland ...“ (MEW 21, S. 19).

Rußland unter Zar Nikolaus I. war der mächtigste konterrevolutionäre Staat in Europa, und seine Armeen sollten bei der Wiederherstellung der Ordnung 1848/49 eine entscheidende Rolle spielen. Marx und Engels hofften, ein republikanisches Deutschland könne wie die französischen Jakobiner in den 1790er Jahren Europa durch einen revolutionären Krieg gegen die reaktionären Mächte befreien. Diese Hoffnung sollte zerstört werden. Die deutsche Bourgeoisie, erschreckt durch die aufsteigende Arbeiterbewegung, suchte eine Übereinkunft mit der preußischen Monarchie. Die **Neue Rheinische Zeitung** mußte den Triumph der Konterrevolution in einem Land nach dem anderen verzeichnen – in Österreich, Böhmen, Ungarn, Frankreich und in Deutschland selbst.

Marx führte einen immer aufreibenderen Kampf, um die Zeitung aufrechtzuerhalten. Im Februar 1849 wurden er und andere Redakteure der Neuen Rheinischen Zeitung zweimal vor Gericht gestellt, aber von wohlwollenden Richtern freigesprochen. Im Mai schließlich unterdrückte die preußische Obrigkeit die Zeitung und wies die Redakteure aus. Die letzte Ausgabe vom 19. Mai 1849 wurde ganz in Rot gedruckt. Der von Marx verfaßte Leitartikel schloß mit den Worten: „Die Redakteure der Neuen Rheinischen Zeitung danken Euch beim Abschiede für die ihnen bewiesene Teilnahme. Ihr letztes Wort wird überall und immer sein: *Emanzipation der arbeitenden Klasse!*" (MEW 6, S. 519)

Exil und das „Elend der Existenz"

Nach seiner Ausweisung aus Deutschland begab sich Marx zunächst nach Paris und dann, im August 1849, nach London. Zunächst erwartete er, daß sein Exil von kurzer Dauer sein würde, da er annahm, daß die Revolution nur eine vorübergehende Niederlage erlitten hätte. Bald darauf folgte ihm Engels, der an der mißlungenen Verteidigung der letzten republikanischen Bastion in Deutschland, der Pfalz, gegen die preußische Invasion teilgenommen hatte.

Die beiden Freunde spielten eine aktive Rolle bei der Wiederbelebung des Bundes der Kommunisten, dessen Zentralbehörde ihren Sitz in London hatte, und brachten eine neue Zeitschrift heraus, die **Neue Rheinische Zeitung. Politisch-Ökonomische Revue.** Auf ihren Seiten veröffentlichte Marx **Die Klassenkämpfe in Frankreich**, eine Analyse der Revolution von 1848/49. Im März 1850 entwarf er eine Ansprache der Zentralbehörde, worin er erklärte: „... die Revolution ... steht ... nahe bevor" (MEW 7, S. 245), und im folgenden Monat schloß der Bund ein Bündnis mit den Anhängern Blanquis, die Weltgesellschaft Revolutionärer Kommunisten organisiert waren. Sein Ziel war „der Sturz aller privilegierten Klassen, ihre Unterwerfung unter die Diktatur der Proletarier in welcher die Revolution in Permanenz erhalten wird bis zur Verwirklichung des Kommunismus" (MEW 7, S. 553).

Dieser revolutionäre Optimismus begann im Laufe des Jahres 1850 allmählich zu schwinden. Im Juni erhielt Marx eine Einlaßkarte für den Lesesaal des Britischen Museums.

Nachdem er sich dort eingerichtet hatte, stürzte er sich in intensive ökonomische Studien, wobei er insbesondere den **Economist** auswertete (wie viele andere nach ihm auch). Seine Schlußfolgerung, die er in der letzten Ausgabe der **Revue** ausführlich darstellte, bestand darin, daß es keine unmittelbare Aussicht auf eine Revolution gebe. Die Umwälzungen von 1848 hatten die allgemeine Wirtschaftskrise zum Hintergrund, die Europa nach 1845 ergriffen hatte. Um 1850 war die Weltwirtschaft jedoch in eine neue Phase der Ausdehnung eingetreten, angeregt durch Entwicklungen wie die Goldfunde in Kalifornien und die durch den verbreiteten Einsatz von Dampfschiffen bewirkte Verbesserung der Kommunikation:

> „Bei dieser allgemeinen Prosperität, worin die Produktivkräfte der bürgerlichen Gesellschaft sich so üppig entwikkeln, wie dies innerhalb der bürgerlichen Verhältnisse überhaupt möglich ist, kann von einer wirklichen Revolution keine Rede sein. Eine solche Revolution ist nur in den Perioden möglich, wo diese beiden Faktoren, die *modernen Produktivkräfte* und die *bürgerlichen Produktionsformen*, miteinander *in Widerspruch* geraten. … *Eine neue Revolution ist nur möglich im Gefolge einer neuen Krisis. Sie ist aber auch ebenso sicher wie diese.*“ (MEW 7, S. 440)

Diese pessimistische Analyse verärgerte und erschreckte die anderen Führer des Bundes der Kommunisten. Nach einer scharfen Auseinandersetzung auf der Sitzung des Zentralkomitees am 15. September 1850 zogen sich Marx und Engels praktisch aus dem Bund zurück, der im folgenden Mai durch Massenverhaftungen in Preußen ohnehin zerschlagen wurde. Als Mitglieder des Bundes vor Gericht gestellt wurden, unterstützte Marx ihre Verteidigung mit einer Schrift, die (typischerweise) zu einem kleinen Buch wurde: **Enthüllungen über den Kommunisten-Prozeß zu Köln**.

Im Grunde jedoch nahm Marx nicht mehr an politischen Aktivitäten teil, außer daß er gelegentlich gegen einige der zahlreichen Emigranten stichelte, die sich nach der Niederlage der Revolutionen von 1848 in London sammelten. So schrieb er an Engels im Februar 1851: „... gefällt mir sehr die öffentliche, authentische Isolation, worin wir zwei, Du und ich, uns jetzt befinden. Sie entspricht ganz unserer Stellung und unseren Prinzipien. Das System wechselseitiger Konzessionen, aus Anstand geduldeter Halbheiten, und die Pflicht, vor dem Publikum seinen Teil Lächerlichkeit in der Partei mit all diesen Eseln zu nehmen, das hat jetzt aufgehört." (MEW 27, S. 185)

Der Rückzug aus den Aktivitäten ermöglichte es Marx, sich auf seine ökonomischen Studien zu konzentrieren. Er nahm die Arbeit an dem großen Buch über „Ökonomie„ wieder auf, das er schon 1845 zu schreiben beschlossen und dann zugunsten der politischen Arbeit aufgegeben hatte. Einen großen Teil des Jahres 1851 verbrachte er im Britischen Museum und füllte vierzehn Notizbücher mit Exzerpten aus den Werken der politischen Ökonomie, die er las. „Wenn man zu ihm kommt," schrieb ein Bekannter, „wird man, statt mit Komplimenten, mit ökonomischen Kategorien empfangen." Im April 1851 teilte Marx Engels mit: „Ich bin so weit, daß ich in 5 Wochen mit der ganzen ökonomischen Scheiße fertig bin. Und wenn das getan ist, werde ich zu Hause die Ökonomie ausarbeiten und im Museum mich auf eine andere Wissenschaft werfen. Das beginnt, mich zu langweilen."

Als er 32 Jahre später starb, war die „Ökonomie„ immer noch unvollendet: Marx hinterließ für zwei von drei Bänden des **Kapital** nur Manuskripte, die Engels redigieren sollte. Ein Grund für diese Verzögerung bestand darin, daß Marx ein Perfektionist war, der seine Manuskripte ständig umschrieb und erweiterte, der noch mehr Bücher und Aufsätze las, bis seine Forschungen endlos erschienen. Ein anderer Grund war die Notwendigkeit, aktuelle Entwicklungen zu untersuchen und zu kommentieren. 1852 veröffentlichte Marx eines seiner brillantesten Werke, **Der achtzehnte Brumaire des Louis Bonaparte**, das zu erklären versuchte, warum die Zweite Französische Republik durch das Zweite Kaiserreich Napoleons III. abgelöst wurde.

Alles beherrschend waren in diesen Jahren jedoch die nackten Zwänge, die durch die Armut hervorgerufen wurden. Die Familie Marx war ständig in Geldnot. Von 1850 bis 1856 wohnten sie in der Dean Street in Soho, zuerst in Nr. 64, dann in Nr. 28. Drei ihrer sechs Kinder starben dort. Das Leben war ein ständiger Kampf mit Gläubigern – Vermieter, Fleischer, Bäcker, Lebensmittelhändler, Milchmann. 1852 scheint in vieler Hinsicht das schlimmste Jahr gewesen zu sein. Als ihre Tochter Franziska an Ostern starb, konnte Jenny Marx das Geld für ihren Sarg nur auftreiben, indem sie es von einem französischen Emigranten lieh. Im Dezember berichtete Marx einem Briefpartner, daß er das Haus nicht verlassen könne, weil er seinen Mantel und seine Schuhe versetzt habe. Aber der härteste Schlag kam im April 1855, als der achtjährige Sohn der Marxens, Edgar, an Tuberkulose starb. Einige Monate später schrieb Marx an Ferdinand Lassalle:

> „Bacon sagt, daß wirklich bedeutende Menschen so viel Relationen zur Natur und der Welt haben, so viele Gegenstände des Interesses, daß sie jeden Verlust leicht verschmerzen. Ich gehöre nicht zu diesen bedeutenden Menschen. Der Tod meines Kindes hat mir Herz und Hirn tief erschüttert, und ich fühle den Verlust noch so frisch wie am ersten Tag. Meine arme Frau ist auch völlig am Boden zerstört."

In diesen schrecklichen Jahren brachte Helene Demuth, eine Bedienstete der Familie von Westphalen, die seit 1845 bei Marxens Hausmädchen war, einen unehelichen Sohn zur Welt, Friedrich, dessen Vater mit ziemlicher Sicherheit Marx war. Der Skandal wurde vertuscht. Engels war bereit vorzugeben, daß er der Vater des Kindes sei, und lüftete das Geheimnis erst 1895 auf seinem Sterbebett gegenüber Eleanor Marx. Die Affäre machte deutlich, daß Marx selbst den Konventionen bürgerlicher Ehrbarkeit nicht vollständig feindlich gegenüberstand. Tatsächlich suchten er und Jenny ständig, einen bürgerlichen Haushalt aufrechtzuerhalten, vervollständigt durch Helene als treues Faktotum. Sie erzogen ihre drei überlebenden Töchter Jenny, Laura und Eleanor soweit irgend möglich in gutbürgerlichem Sinne. Das ist überhaupt nicht überraschend, denn Individuen haben keine Möglichkeit, den Zwängen der Gesellschaft, in der sie leben, zu entkommen, wie sehr sie auch gegen diese Gesellschaft eingestellt sein mögen.

1856 machte Jenny Marx zwei kleine Erbschaften, die es ihnen ermöglichten, aus ihren beengten Verhältnissen in Soho in der Straße Grafton Terrace, Nr. 9, zu ziehen, das sie als „ein kleines Haus am Fuß des romantischen Hampstead Heath, nicht weit von dem lieblichen Primrose Hill„ beschrieb. Aber ihre Sorgen waren alles andere als vorüber. Im Januar 1857 schrieb Marx: „Ich weiß absolut nicht, was ich anfangen soll, und ich bin in der Tat in einer verzweifelteren Lage als vor 5 Jahren. Ich glaubte die Quintessenz des Drecks verschluckt zu haben. Aber nein."

Etwa ein Jahr später teilte er Engels mit: „Es gibt keine größere Eselei für Leute von allgemeinen Strebungen, als überhaupt zu heiraten und sich so zu verraten an die kleinen Nöte des häuslichen und privaten Lebens." 1862 standen die Dinge so schlecht, daß Marx versuchte, eine Stelle als Eisenbahnangestellter zu bekommen: Seine Handschrift war so unleserlich, daß er abgewiesen wurde. Einige Monate später schrieb er:

> „Meine Frau sagt mir jeden Tag, sie wünschte, sie läge mit den Kindern im Grab, und ich kann es ihr wahrlich nicht verdenken, denn die Demütigungen, Qualen und Schrecken, die in dieser Situation durchzumachen sind, sind in der Tat unbeschreiblich. … Die armen Kinder tun mir umso mehr leid, als dies alles in der 'Exhibition'-Jahreszeit vorgefallen ist, wo ihre Bekannten sich amüsieren und sie nur Schrecken durchmachen, daß nur niemand sie besucht und den Dreck durchschaut."

Daß die Marxens während dieser Jahre überhaupt überlebten, war Engels' selbstaufopfernder und anhaltender Unterstützung zu verdanken. Im November 1850 war er nach Manchester zurückgekehrt, um seine alte Tätigkeit bei Ermen und Engels wiederaufzunehmen. Daß dies in hohem Maße seinen eigenen Neigungen zuwiderlief, wird aus einem Brief an Marx vom Januar 1845 deutlich: „Der Schacher ist zu scheußlich ... und besonders ist es zu scheußlich, nicht nur Bourgeois, sondern sogar Fabrikant, aktiv gegen das Proletariat auftretender Bourgeois zu bleiben."

Engels' Biograph Gustav Mayer schreibt:

> „Um sein Fortkommen brauchte einem Menschen, der so leicht wie er schuf und schrieb, nicht bange zu sein. Wenn er trotzdem jetzt auf eine ungebundene geistige Betätigung verzichtete, so gab dafür den eigentlichen Ausschlag doch wohl der Gedanke an Marx, auf dessen große Gaben er für die Sache, die sie beide verband, entscheidende Hoffnungen setzte. Marx, der sich mit seiner Familie nicht allein durchzuschlagen vermochte, sollte kein Opfer des Flüchtlingslebens werden! Ihn kaputt zu machen, sollte der siegreichen Reaktion nicht gelingen! Viel tausendmal lieber wollte Engels selbst wieder im Kontor schuften!"

Ohne die regelmäßige Unterstützung durch Engels wären die Marxens im Elend untergegangen. Marx bekannte sich zu dieser Schuld, als er den ersten Band des **Kapital** zum Drukker gegeben hatte:

> „Ohne Dich hätte ich das Werk nie zu Ende bringen können, und ich versichre Dir, es hat mir immer wie ein Alp auf dem Gewissen gelastet, daß Du Deine famose Kraft hauptsächlich meinetwenig kommerziell vergeuden und verrosten ließest und obendrein noch alle meine kleinen Miseren mitdurchleben mußtest."

Engels war für Marx weit mehr als nur eine Geldquelle. Engels bestand darauf, daß er der Juniorpartner in ihrer Beziehung war. Aber er brachte eine Reihe von Talenten in die Partnerschaft ein. Er hatte einen schnellen und wachen Verstand und sich viel schneller zum revolutionären Kommunisten entwickelt als Marx („Du weißt, daß ich die Dinge nur langsam begreife", schrieb der letztere zwanzig Jahre später, „und daß ich immer in deinen Fußstapfen folge."). Schreiben war für Engels eine weniger arbeitsintensive Angelegenheit als für Marx: Er schrieb schnell und flüssig. Er hatte ein wunderbares Talent für Sprachen und breitgefächertes Interesse an den Naturwissenschaften. Man hat auch behauptet, daß seine *historischen* Beurteilungen fast immer denen von Marx überlegen waren und daß er tiefere Kenntnisse der europäischen Geschichte besaß. Schließlich war er weit mehr als Marx ein Mann der Tat (sein Spitzname bei den Marxens war „der General" wegen seines Interesses für militärische Angelegenheiten), und er war viel eher ein praktischer Organisator. In allen diesen Punkten ergänzten seine Fähigkeiten die von Marx.

Selbst Engels' Kameradschaft und finanzielle Unterstützung konnten nicht verhindern, daß die Kämpfe und Entbehrungen der 1850er und 1860er Jahre Spuren hinterließen. Zweifellos litt Jenny Marx am meisten. Sie war oftmals körperlich krank, und ihre Erfahrungen forderten ebenso einen psychischen Tribut, wie dieser Brief an Marx zeigt: „Inzwischen sitze ich hier und gehe in Stücke. Karl, jetzt ist der Gipfel des Schlimmen erreicht ... Ich sitze hier und weine mir fast die Augen aus und kann mir nicht helfen. Mein Kopf zerspringt." Schon 1851 teilte Marx Engels mit:

> „Zu Hause immer alles im Belagerungszustand, Tränenbäche ennuyieren mich ganze Nächte und machen mich wütend ... Meine Frau tut mir leid. Auf sie fällt der Hauptdruck, und im Grunde hat sie recht ... Trotz allem erinnerst Du Dich, daß ich von Natur sehr wenig geduldig und sogar ein wenig hart, so daß von Zeit zu Zeit mein Gleichmut verloren geht ..."

Wie dieser letzte Brief nahelegt, bestand Marxens Antwort auf die häuslichen Umstände darin, daß er sich in sich selbst zurückzog und ein kaltes und hartes Äußeres annahm. Er beschrieb sich selbst als eine „harte Natur„ und sagte zu Engels: „„... unter solchen Umständen kann ich mich im allgemeinen nur durch Zynismus retten." Trotzdem litt er unter den verschiedensten körperlichen Gebrechen: Schlaflosigkeit, Leber- und Gallenbeschwerden sowie Furunkeln („Ich hoffe, die Bourgeoisie wird sich für den Rest ihres Lebens an meine Karbunkel erinnern", schrieb er einmal an Engels). Beklemmungen, die durch seine häusliche Notlage und durch die

Leberbeschwerden ausgelöst wurden, behinderten oftmals Marxens Arbeit. Im Juli 1858, während der Arbeit an den **Grundrissen**, dem ersten Entwurf für das **Kapital**, bittet er Engels, „zu überlegen, ob irgendein Ausweg aus der jetzigen Situation gefunden werden kann, denn sie ist absolut nicht länger haltbar. Ihr unmittelbares Resultat war bereits, daß ich völlig unfähig bin [zu arbeiten], indem ich teils die beste Zeit mit Herumlaufen und nutzlosen Versuchen, Geld aufzutreiben, verliere, teils meine Abstraktionskraft nicht länger standhält, vielleicht infolge mehr heruntergekommner Körperlichkeit, gegen den Hausjammer. Meine Frau ist nervös zerrüttet durch den Dreck." Werner Blumenberg bemerkt hierzu:

> „Man hat sich oft gefragt, warum Marx nicht in der Lage war, sein Meisterwerk *Das Kapital* zu Ende zu führen, dem er drei Jahrzehnte seines Lebens widmete, und man hat gedacht, daß der Grund in theoretischen Schwierigkeiten gelegen hätte. Aber die Lebensumstände des Verfassers lassen es eher als ein Wunder erscheinen, daß er so viel fertigbrachte."

Marxens Leiden machten ihn zweifellos mißtrauischer gegenüber anderen Leuten und schroff und bitter in dem, was er ihnen sagte. Die brutalen und manchmal antisemitischen Äußerungen, die er in seiner Korrespondenz mit Engels über den deutschen Sozialistenführer Ferdinand Lassalle machte, spiegeln nicht nur ihre politischen Differenzen wider, sondern auch Marxens Groll gegen einen Mann, der sich in den feinsten gesellschaftlichen Kreisen bewegte, der reich war und sich in öffentlicher Bewunderung sonnte. Ihre Beziehung erholte sich niemals von Lassalles Besuch bei Marxens im Jahre 1862, als er Marx dadurch wütend machte, daß er täglich ein Pfund nur für seine Zigarren ausgab, während (wie Marx Engels berichtete) Jenny „alles, was nicht niet- und nagelfest war, ins Pfandhaus" bringen mußte, um den Gast in jenem Stil zu unterhalten, den er gewohnt war.

Anfang des nächsten Jahres kostete Marx seine harte und zynische Haltung beinahe seine Freundschaft mit Engels. Als Engels ihn vom Tode seiner Gefährtin Mary Burns benachrichtigte, antwortete Marx mit einem Brief, der nach einigen ziemlich oberflächlichen Beileidsbekundungen einen umfangreichen Bericht über Marxens jüngste finanzielle Schwierigkeiten enthielt. Erst nach einem Familienkrach bei Marxens und nach umfänglichsten Entschuldigungen war der verständlicherweise verletzte Engels besänftigt.

Marxens Schriften aus den 1850er Jahren spiegeln ebenfalls seine Umstände wider. In diesen Jahren konnte Engels es sich nicht leisten, die Marxens mit mehr als einem Pfund oder zwei von Zeit zu Zeit zu unterstützen, so daß Marx sein Einkommen mit Beiträgen für die **New York Daily Tribune** aufbessern mußte (viele der Artikel wurden in Wirklichkeit von Engels geschrieben, dessen Englisch zunächst besser war). Marxens Urteil war nicht immer ganz sicher. Als England und Frankreich auf der Krim einen Krieg gegen Rußland führten (von 1854 bis 1856), bildete Marx, der wegen der Rolle, die der Zar bei der Festigung der reaktionären Heiligen Allianz gespielt hatte, ein fanatischer Gegner Rußlands war, ein ziemlich zweifelhaftes Bündnis mit einem exzentrischen konservativen Abgeordneten, David Urquhart, in dessen Zeitung, der Londoner **Free Press**, viele von Marxens Artikeln erschienen. Marx ließ sich auch in das Gezänk unter den Emigranten hineinziehen, vor allem, nachdem ein französischer Regierungsagent ein Pamphlet produziert hatte, das ihn beleidigte. Das Ergebnis war ein 300 Seiten starkes Buch, **Herr Vogt** (1860), erwähnenswert hauptsächlich, weil es Marxens Talent für Schmähungen zeigt.

Man sollte die Düsternis dieser Jahre nicht übertrieben darstellen. Es gab regelmäßige Sonntagsausflüge nach Hampstead Heath, wo Familie und Freunde die Sonntagszeitungen lasen, auf Eseln ritten und Dante und Shakespeare rezitierten. Marx war kein asketischer Sozialist. Er trank gerne, vorzugsweise Wein, gab sich aber auch mit Bier zufrieden. In einer bemerkenswerten Begebenheit machten Marx, Edgar Bauer, ein alter Freund und Sparringspartner aus der Zeit der Junghegelianer, und Wilhelm Liebknecht eine Kneipentour von der Oxford Street zur Hampstead Road, wobei sie in jeder

Kneipe auf dem Weg Station machten. Alles ging gut, bis sie das Ende der Tottenham Court Road erreichten, wo sie fast in eine Schlägerei mit einer Party feiernder Oddfellows gerieten und begannen, mit Pflastersteinen nach Straßenlaternen zu werfen. Sie kamen davon, zum Teil, weil Marx sich als überraschend flink erwies.

Ein preußischer Polizeispitzel, der 1852 die Dean Street aufsuchte, zeichnete dieses Bild vom Haushalt der Marxens:

> „Als Vater und Ehemann ist Marx trotz seines wilden und unruhigen Charakters der freundlichste, sanfteste Mann … Wenn man Marxens Zimmer betritt, lassen Rauch und Tabakgerüche einem die Augen so sehr tränen, daß man für einen Augenblick in einer Höhle herumzutasten glaubt, aber allmählich, wenn man sich an den Nebel gewöhnt hat, kann man bestimmte Gegenstände erkennen, die sich aus dem umgebenden Schleier hervorheben. Alles ist schmutzig und mit Staub bedeckt, so daß es ein durchaus gefährliches Unternehmen sein kann, sich hinzusetzen. Hier ist ein Stuhl mit nur drei Beinen, auf einem anderen Stuhl spielen die Kinder Kochen – dieser Stuhl hat zufällig vier Beine. Das ist derjenige, der dem Besucher angeboten wird, aber die Kochversuche der Kinder sind noch nicht weggeputzt, und wenn man sich hinsetzt, riskiert man ein Paar Hosen. Aber nichts von alledem bringt Marx oder seine Frau in Verlegenheit. Man wird auf die freundlichste Weise empfangen, Pfeifen und Tabak und was immer gerade vorhanden ist, wird herzlich angeboten; und schließlich entsteht eine geistreiche und angenehme Unterhaltung, die alle häuslichen Mängel wieder gutmacht, und das macht die Unbequemlichkeiten erträglich. *Letztlich gewöhnt man sich an diese Gesellschaft und findet sie interessant und originell.*“

„Das Kapital“ und die Erste Internationale

1857 geriet die Weltwirtschaft in jene Krise, die Marx als Folge des Aufschwungs der frühen 1850er Jahre vorhergesagt hatte. Engels war hellauf begeistert. Während an der Börse von Manchester Untergangsstimmung herrschte, berichtete er Marx: „Die Kerle ärgern sich schwarz über meine plötzlich sonderbar gehobene Laune." Die beiden Freunde hofften, daß die wirtschaftliche Depression die revolutionäre Bewegung wiederbeleben würde. „1848 sagten wir: 'Jetzt kommt unsere Zeit', und sie kam in gewissem Sinn", schrieb Engels „diesmal aber kommt sie vollständig, jetzt geht es um den Kopf. Meine Militärstudien werden dadurch sofort praktischer."

Des Generals Hoffnungen sollten sich allerdings zerschlagen. Es gab keine Revolution von 1858. Aber die Krise bewirkte immerhin, daß Marx ermutigt wurde, seine ökonomischen Studien wieder aufzunehmen. Im Dezember 1857 teilte er Engels mit: „Ich arbeite wie toll die Nächte durch an der Zusammenfassung meiner Ökonomischen Studien, damit ich wenigstens die Grundrisse vor der Sintflut im klaren habe." Gestärkt durch Limonade und „Unmengen von Tabak" gelang es Marx, zwischen August 1857 und März 1858 das Werk fertigzustellen, das heute unter dem Namen Grundrisse bekannt ist, den ersten Rohentwurf des Kapital.

Obwohl Lassalle einen deutschen Verleger für das Manuskript gefunden hatte, entschied Marx, daß es zu ungeordnet sei („... in allem, was ich geschrieben habe, konnte ich einen Leberschaden erkennen", teilte er Lassalle mit). Das einzige, was von diesem Manuskript zu Marxens Lebzeiten erschien, war eine völlig neugeschriebene Version des ersten Teils über das Geld, die im Juni 1859 unter dem Namen Zur Kritik der Politischen Ökonomie erschien. Das Vorwort dazu enthielt eine bedeutende Erklärung von Marx über seine intellektuelle Entwicklung und über die Grundprinzipien des historischen Materialismus.

Während der folgenden acht Jahre, in denen die Marxens einige ihrer schlimmsten häuslichen Krisen durchmachten, und in denen Marx selbst zum ersten Mal seit 1850 wieder mit ernsthafter politischer Arbeit begann, nahm **Das Kapital** selbst Form an. Marx hatte die Kritik der Politischen Ökonomie ursprünglich nur als Einleitung zur „Ökonomie" vorgesehen, die sechs Bände umfassen sollte: 1) Das Kapital, 2) das Grundeigentum, 3) die Lohnarbeit, 4) der Staat, 5) der internationale Handel, 6) der Weltmarkt. Von August 1861 bis Juli

1863 machte sich Marx an die Fortsetzung der Kritik der Politischen Ökonomie. Das Ergebnis waren 23 Hefte mit 1472 Seiten, die unter dem Namen „Manuskripte von 1861-63" bekannt sind. Marxens Untersuchungen während dieser Jahre brachten ihn dazu, seine Meinung über die „Ökonomie" zu ändern. Er hatte das Konzept des Mehrwerts, den Schlüssel zu seiner ökonomischen Theorie, bereits in den Grundrissen entdeckt, aber erst im Manuskript von 1861-63 formulierte er seine Theorie vom Profit. Marx gab das Sechs-Bände-Schema auf und entschloß sich statt dessen, das ganze Werk **Das Kapital** zu nennen und auf vier Bände zu verteilen: über die Produktion, die Zirkulation, das System als Ganzes, und die Theorien über den Mehrwert, darin inbegriffen viel von dem Material, mit dem er sich eigentlich in den späteren Bänden der „Ökonomie" beschäftigen wollte.

1863/64 besserte sich die Finanzlage der Familie Marx durch Erbschaften von Marxens Mutter und von seinem alten Genossen Wilhelm Wolff. Der erste Band des **Kapital** ist letzterem gewidmet. Mit Hilfe dieses Geldes zog die Familie von der Grafton Terrace in ein viel größeres Haus in der Nähe, Maitland Park Road 1. Das Geld ging schnell aus, und Engels mußte wieder einmal in seine Taschen greifen, um sie zu unterstützen. Zu den neuen Geldschwierigkeiten kam, daß Marx von 1863 an schrecklich unter seinen Karbunkeln litt. Er behandelte sich selbst mit Arsen, Kreosot und Opium und schnitt sich manchmal die Geschwüre selbst auf. Trotz all dieser Ablenkungen schrieb Marx in den Jahren 1864 und 1865 die Manuskripte für die ersten drei Bände des Kapital. (Band 4 schaffte er niemals, aber die betreffenden Abschnitte des Manuskripts von 1861/63 wurden nach seinem Tod als Theorien über den Mehrwert veröffentlicht.) 1865 unterzeichnete Marx einen Vertrag mit den Hamburger Verlegern Meißner und Behre. Von Engels gedrängt, verbrachte er einen großen Teil des Jahres 1866 damit, dem ersten Band des **Kapital** zur Übergabe an die Drucker den letzten Schliff zu geben. Als der erleichterte Engels erfuhr, daß der erste Stapel Manuskripte an Meißner gegangen war, trank er zur Feier des Tages „ein besonderes

Glas". Am 16. August 1867 verkündete Marx, daß er die Korrekturfahnen des ersten Bandes des **Kapital** fertig bearbeitet habe:

> „Bloß *Dir* verdanke ich es, daß dies möglich war! Ohne Deine Aufopferung konnte ich unmöglich die ungeheuren Arbeiten zu den 3 Bänden machen. Ich umarme Dich in größter Dankbarkeit
> Beiliegend 2 Bogen Reinabzug.
> Die 15 Pfund mit bestem Dank erhalten.
> Salut, mein lieber, teurer Freund!"

Das Buch erschien ein paar Wochen später. Eintausend Exemplare wurden von der ersten Auflage gedruckt.

Politische Verwicklungen Mitte der 1860er Jahre begannen Marx von seinen ökonomischen Studien abzulenken. Auch wenn die Revolution, die Marx und Engels nach der Krise von 1857/58 erwartet hatten, nicht stattfand, sahen die frühen 1860er Jahre ein Wiederaufleben der europäischen Arbeiterbewegung. Die Gewerkschaften machten in England und Frankreich rasante Fortschritte, während es Lassalle gelang, die erste politische Massenorganisation der Arbeiter in Deutschland, den Allgemeinen Deutschen Arbeiterverein (ADAV), auf die Beine zu stellen. Politische Ereignisse regten die Arbeiterbewegung an, sich mit internationaler Solidarität zu beschäftigen. Der amerikanische Bürgerkrieg brachte die Textilarbeiter im englischen Lancashire dazu, die Sache des Nordens zu unterstützen, obwohl er eine Depression in der englischen Baumwollindustrie verursachte. Der polnische Aufstand gegen Rußland von 1863 gewann die Unterstützung von Sozialisten und Demokraten in ganz Europa.

In diesem Klima wurde die Internationale Arbeiterassoziation (IAA) – das war der offizielle Name der Ersten Internationale – gegründet. Eine Delegation französischer Arbeiter, Anhänger Proudhons, besuchte eine Massenversammlung für die Solidarität mit Polen, zu der die englischen Gewerkschaften im Juli 1863 in London aufgerufen hatten. Die so entstandenen Kontakte führten zu einer Massenversammlung in der Londoner St. Martin's Hall am 28. September 1864, bei der die IAA gegründet wurde. Marx war eines der vierunddreißig Mitglieder des auf der Versammlung gewählten Generalrats. Bald war er der eigentliche Führer des Generalrats, schrieb die meisten seiner Manifeste und Aufrufe und nahm großen Anteil an der administrativen Arbeit und an der Korrespondenz.

Die Internationale war allerdings ein ganz anderer Verband als der Bund der Kommunisten. Werner Blumenberg schreibt:

> „Der Kommunistenbund war eine geheime Propagandagesellschaft gewesen, in der Marx diktatorische Befugnisse besaß; die Internationale war eine Vereinigung selbständiger und auf ihre Selbständigkeit bedachter Arbeiterorganisationen verschiedener Länder. Marx hatte keine diktatorischen Befugnisse, er war ein Mitglied des Generalrats unter anderen. Es kam darauf an, die Mitglieder zu überzeugen; denn in der Internationale gab es mannigfaltige Strömungen, Anhänger Fouriers, Cabets, Proudhons, Blanquis, Bakunins, Mazzinis und Marxens. Es gab alle Schattierungen vom utopischen, friedlichen Sozialismus bis zu den Anarchisten, die nur im Barrikadenkampf die Revolution sahen; es gab englische Gewerkschaftsführer, deren Verbände - der organisatorische Rückhalt der Internationale – in einem sozialen Milieu wurzelten, in dem noch der gildenhafte Berufsdünkel lebte; es gab die leicht organisierbaren und disziplinierten Deutschen und die leicht entflammbaren Revolutionäre der romanischen Länder.“

Diese politischen Differenzen sollten später zum Untergang der Internationale führen, aber ihre ersten fünf Jahre waren bemerkenswert erfolgreich. Die Wirksamkeit der Internationale bei der Verhinderung des Einsatzes ausländischer Streikbrecher um den Streik der Londoner Schneider von 1866 zu brechen, gewann ihr zunehmend Anhänger unter britischen Gewerkschaftern und sie spielte eine führende Rolle in der Reform-Liga, die mit gewerkschaftlicher Unterstützung geschaffen worden war, um das allgemeine Wahlrecht durchzusetzen. Die darauffolgenden Kongresse der Internationale (London 1865, Genf 1866, Lausanne 1867,

Brüssel 1868 und Basel 1869) bezogen Stellung zu den verschiedensten Fragen wie Arbeitszeit und Kinderarbeit. Auf dem Kontinent wurden eine Reihe von wirksamen Anti-Streikbruch-Aktionen organisiert.

Marx führte auch einen ideologischen Kampf um Einfluß in der Internationale, insbesondere gegen die Anhänger Proudhons. Im Juni 1865 hielt Marx vor dem Generalrat jene Vorlesungen, aus denen die Broschüre **Lohn, Preis und Profit** entstehen sollte und mit der er zeigte, daß die Gewerkschaften durchaus höhere Löhne für die Arbeiter durchsetzen können – im Gegensatz zu den Argumenten John Westons, eines Anhängers von Robert Owen. Wenngleich der ADAV Lassalles der Internationale fernblieb, verschaffte die Gründung der Sozialdemokratischen Arbeiterpartei in Eisenach 1869 Marxens Ideen zum ersten Mal seit der Spaltung des Bundes der Kommunisten vor beinahe zwanzig Jahren den Rückhalt einer Organisation in seinem Heimatland.

Zwei Entwicklungen veränderten die Lage der Internationale entscheidend. Erstens brach im Juli 1870 ein Krieg zwischen Frankreich und Preußen aus. Preußens schneller und vernichtender Sieg führte zur Abdankung Napoleons III. von Frankreich und zur Ausrufung der Dritten Republik. Der reaktionäre Charakter der französischen provisorischen Regierung unter Thiers führte dazu, daß die Arbeiter von Paris im März 1871 zu den Waffen griffen und ihre eigene Regierung ausriefen, die Kommune. Thiers zog sich nach Versailles zurück und schickte eine Armee, die trotz der heldenhaften Gegenwehr der Pariser die Kommune zerschlug und den Aufstand in Blut ertränkte.

Die Internationale hatte wenig Einfluß auf die Kommune, und Marx selbst zweifelte, daß der Aufstand irgendeine Aussicht auf Erfolg hätte. Aber er stellte sich an ihre Seite. Am 30. Mai 1871, drei Tage nach dem Fall der Kommune, verabschiedete der Generalrat eine Stellungnahme unter dem Titel **Der Bürgerkrieg in Frankreich**, die Marx verfaßt hatte. Es ist eine er glänzendsten Schriften von Marx, zugleich eine bewegende Verteidigung der Kommune, eine bittere Abrechnung mit ihren Mördern und eine herausragende Darstellung der Staatstheorie von Marx, die später Lenins **Staat und Revolution** inspirieren sollte.

Der Fall der Kommune führte zu einer internationalen Hetze gegen alle Sozialisten. Die Internationale wurde natürlicherweise eine der Hauptzielscheiben dieser Kampagne. Marx wurde durch die Presse von einer Randerscheinung zum „Roten Doktor“ gemacht, dem Drahtzieher der Kommune, und nach einigen eher gespenstischen Berichten zu einem Agenten Bismarcks. **Der Bürgerkrieg in Frankreich** wurde mit 8000 Exemplaren zum Verkaufsschlager. Eine Folge war, daß die englischen Gewerkschaften, die in dieser Phase vor allem eine vergleichsweise privilegierte Handwerkerelite repräsentierten, der Internationale ihre Unterstützung entzogen. Odger und Lucraft, die britischen Mitglieder des Generalrats, traten zurück, nachdem **Der Bürgerkrieg in Frankreich** veröffentlicht wurde.

Der zweite und schwerere Schlag traf die Internationale als Ergebnis der Aktivitäten Michail Bakunins. Bakunin, ein russischer Aristokrat, hatte sich in den späten 1830er und frühen 1840er Jahren vom orthodoxen zum linken Hegelianer entwickelt und war 1842 zu dem Schluß gekommen: „Die Lust zur Zerstörung ist zugleich eine schaffende Lust!“ Für den Rest seines Lebens blieb er bei dieser anarchistischen Grundhaltung. Nach 1848 fiel Bakunin in die Hände des Zaren und wurde in der schrecklichen Peter-Paul-Festung eingekerkert, wo er eine geheime „Beichte“ schrieb, die er an Zar Nikolaus I. als seinen „geistigen Vater“ richtete. 1861 erschien er in London, nachdem er aus Sibirien geflohen war.

Marx hatte in den 1840er Jahren gute Beziehungen zu Bakunin unterhalten und schickte ihm als „altem Hegelianer„ ein Exemplar des ersten Bandes des **Kapital**. Beide vertraten allerdings völlige gegensätzliche Ansichten. Bakunins russischer Exilgenosse Alexander Herzen schrieb: „... zu einer Leidenschaft für Propaganda, für Agitation, für Demagogie, wenn man so will, zu unaufhörlicher Tätigkeit bei der Gründung und Organisation von Komplotten und Verschwörungen, bei der Herstellung von Beziehungen, denen er ungeheure Bedeutung zumaß, kam bei Bakunin die Bereitschaft, der erste zu sein, der seine Ideen in die Tat umsetzte, eine Bereitschaft, sein Leben aufs Spiel zu setzen, und eine Unbekümmertheit, alle Konsequenzen auf sich zu nehmen." Seine Reaktion auf den Sturz Napoleons III. bestand darin, nach Lyon zu eilen, wo er vor dem Rathaus den Staat für abgeschafft erklärte und von der Polizei fortgeschleift wurde. Er fiel auch unter den Einfluß des zwielichtigen Netschajew, dessen mörderische Aktivitäten von Dostojewski in seiner Novelle **Die Teufel** unsterblich gemacht wurden.

1868 schloß Bakunin sich der Internationale an. Gleichzeitig gründete er die „Alliance de la Démocratie Socialiste", die innerhalb der Internationale bald die Rolle eines „Staates im Staate" spielte, wie es Engels ausdrückte. Die Anarchisten waren besonders stark in der Schweizer, der italienischen und der spanischen Sektion der Internationale.

Die Differenzen zwischen Marx und Bakunin wurden nach der Niederlage der Kommune besonders deutlich. Gewissermaßen war es eine Neuauflage der Spaltung innerhalb des Bundes der Kommunisten nach 1848. Marx vertrat die Auffassung, daß die revolutionären Aussichten geringer wurden, während die Anhänger Bakunins überall auf sofortige Aufstände drängten. Als Marx erkannte, daß seine Position durch den praktischen Rückzug der britischen Gewerkschaften, die zuvor die Hauptstütze des Generalrats gebildet hatten, unhaltbar wurde, entschloß er sich, die Internationale aufzulösen. Das fand auf dem Kongreß statt, den die Internationale im September 1872 in Den Haag abhielt, ironischerweise der einzige Kongreß, an dem Marx je teilnahm. Seinen Anhängern gelang es, einen Angriff auf den Generalrat abzuwehren, sie schlossen Bakunin aus und verlegten das Hauptquartier der Internationale nach New York, womit sie ihr jeden Einfluß nahmen. 1876 wurde die Internationale formell aufgelöst.

Letzte Jahre

Nach dem Zusammenbruch der Ersten Internationale spielte Marx keine besonders aktive Rolle mehr in der Politik. In finanzieller Hinsicht war das Leben für die Marxens besser denn je. Ermen kaufte Engels 1869 seinen Firmenanteil ab, was bedeutete, daß der General jetzt über ein beträchtliches Geldkapital verfügte, von dessen Erträgen er selbst und die Marxens bequem leben konnten. Im Jahr darauf zog er nach London und kaufte ein großes Haus in der Regents Park Road, weniger als zehn Minuten Fußweg von den Marxens entfernt. Für das nächste Vierteljahrhundert, bis lange nach dem Tod seines Freundes, sollte dieses Haus das Zentrum der internationalen Arbeiterbewegung werden.

Der Rückzug aus der Internationale hätte Marx den Freiraum verschaffen sollen, den zweiten und dritten Band des **Kapital** fertigzustellen. Gewiß war er nicht untätig. Er überwachte sehr genau die französische Übersetzung des ersten Bandes, überarbeitete das ursprüngliche deutsche Manuskript für eine zweite Auflage, die 1873 erschien, und nahm detaillierte Untersuchungen der Agrarfrage in Rußland für seine Analyse der Grundrente im dritten Band vor. (Die erste Übersetzung von Band 1 des **Kapital** erschien in Rußland 1872; die Zensoren ließen es durch, weil sie dachten, „wenige würden es lesen und noch weniger es verstehen“, aber es war ein enormer Erfolg bei der radikalen Intelligenz.)

Laut Engels studierte Marx nach 1870 „Agronomie, amerikanische und namentlich russische ländliche Verhältnisse, Geldmarkt und Bankwesen, endlich Naturwissenschaften: Geologie und Physiologie, und namentlich selbständige mathematische Arbeiten, bilden den Inhalt der zahlreichen Auszugshefte aus dieser Zeit“. (MEW 24, S. 11) Aber Marx arbeitete wenig an den Manuskripten für Band 2 und 3 des **Kapital**. Die Jahre „bürgerlichen Elends“ forderten ihren Tribut. Marx litt unter ständigen Kopfschmerzen und Schlaflosigkeit, unternahm regelmäßig Kuren, Karlsbad besuchte er 1874-76 einmal jährlich. Wie David McLellan es ausdrückt: „Er war jetzt geistig und körperlich erschöpft: Mit einem Wort, seine öffentliche Karriere war vorbei."

Erschöpft mag Marx gewesen sein, aber er verlor nicht jene geistige Schärfe, wegen der er unter den europäischen Radikalen seit den 1840er Jahren gefürchtet und geachtet wurde. H.M. Hyndman, ein vormaliger Konservativer, der zu einem der wichtigsten Verbreiter (und Vulgarisierer) der Marxschen Ideen in England wurde, erinnerte sich, daß „ich ihm einmal sagte, daß ich mit zunehmendem Alter dachte, daß ich toleranter werde. 'Do you', sagte er,'*do* you?' Es war ganz gewiß, daß es ihm nicht so ging." Marxens wichtigste Intervention in diesen Jahren fand statt, als sich die beiden deutschen Arbeiterparteien 1875 zur Sozialistischen Arbeiterpartei Deutschlands, der späteren SPD, zusammenschlossen. Marx und Engels glaubten, das vom Gründungskongreß der neuen Partei in Gotha angenommene Programm enthalte zu viele Zugeständnisse an Lassalle. In der **Kritik des Gothaer Programms** rief Marx seine Anhänger zur Ordnung, womit er zugleich seine wichtigste Auseinandersetzung mit dem Übergang vom Kapitalismus zum Kommunismus niederschrieb. (Die SPD-Führer Bebel und Liebknecht verhinderten die Veröffentlichung der **Kritik** bis 1891.)

Marx und Engels standen oft im Konflikt mit den deutschen Sozialisten. Engels mußte 1877 den **Anti-Dühring** schreiben, um ihre Ideen gegen einen akademischen Sozialisten zu verteidigen, Eugen Dühring, der einigen Einfluß in der SPD gewann. 1879 verfaßten sie einen Zirkularbrief, in dem sie bestimmte von Dühring beeinflußte SPD-Führer kritisierten (darunter der zukünftige Vater des „Revisionismus„, Eduard Bernstein), deren Vorstellung vom Sozialismus sich wenig von der liberalen Demokratie unterschied. Aus dieser Zeit stammt auch Marxens Äußerung: „Alles was ich weiß, ist, daß ich kein Marxist bin."

Die letzten Jahre der Ruhe gefielen Marx. Ein Bekannter beschrieb ihn zu dieser Zeit als

> „einen hochgradig kultivierten Gentleman nach englisch-deutschem Muster. Enge Beziehungen zu Heine hatten ihn

mit einer heiteren Wesensart und einer Fähigkeit zu geistreicher Satire ausgestattet. Dank der Tatsache, daß die Bedingungen seines persönlichen Lebens nun so vorteilhaft wie möglich waren, war er ein glücklicher Mann."

In einem Fragebogen, den er 1865 für seine Töchter ausfüllte, nannte Marx als seine Lieblingsbeschäftigung, Bücher zu verschlingen. Schon die Bandbreite von Marxens Lesestoff ist außergewöhnlich. S. S. Prawer, Deutschprofessor an der Universität von Oxford, hat in einer jüngeren Untersuchung gezeigt, in welchem Ausmaß Marx mit einem enormen Spektrum der europäischen Literatur vertraut war und daraus Anregungen bezog:

> „Er war zu Hause in der Literatur der klassischen Antike, der deutschen Literatur vom Mittelalter bis zur Zeit Goethes, den Welten von Dante, Boiardo, Taso, Cervantes und Shakespeare, der französischen und englischen Prosadichtung des achtzehnten und neunzehnten Jahrhunderts, und er zeigte sich interessiert an jeder zeitgenössischen Dichtung, die helfen mochte – wie es die von Heine gewiß getan hatte –, den Respekt vor traditioneller Autorität zu untergraben, und Hoffnungen auf eine sozial gerechtere Zukunft wachsen ließ. Alles in allem war sein Blick jedoch mehr in die Vergangenheit als in die Gegenwart gerichtet, mehr auf Aischylos, Dante und Shakespeare als auf die Schriften seiner eigenen Zeitgenossen".

Griechische und römische Literatur bildeten eine von Marxens besonderen Vorlieben. Zu einer Zeit großer geistiger und körperlicher Beschwerden las Marx „abends zur Erholung Appians römische Bürgerkriege im griechischen Originaltext. ... Spartacus erscheint als der famoseste Kerl, den die ganze antike Geschichte aufzuweisen hat. Großer General ..., nobler Charakter, wirklicher Vertreter des antiken Proletariats. Pompeius [der römische General, der den von Spartacus angeführten Sklavenaufstand niederschlug] reiner Scheißkerl ..."

In einem berühmten Abschnitt der **Grundrisse** fragte sich Marx, warum, obwohl „die griechische Kunst und der griechische Epos an gewisse gesellschaftliche Entwicklungsformen geknüpft sind, ... sie uns immer noch Kunstgenuß gewähren und in gewisser Beziehung als Norm und unerreichbare Muster gelten." (Grundrisse, S. 31) Marx hegte auch hochgradige Bewunderung für Balzac wegen dessen realistischer Darstellung der Klassenverhältnisse im nachrevolutionären Frankreich. Eines seiner vielen unverwirklichten Projekte war eine Studie über Balzac.

Die beiden älteren Töchter Marxens heirateten, Laura 1868 Paul Lafargue und Jenny 1872 Charles Longuet. Marx war kein besonders pflegeleichter Schwiegervater. Insbesondere Lafargue mußte sich einem gründlichen Kreuzverhör aussetzen, bevor Marx der Verbindung zustimmte. Aber es war seine jüngste Tochter Eleanor, oder Tussy, wie sie in der Familie hieß – sie glich dem Vater am meisten („Tussy, das bin ich", sagte er einmal) –, die auf den härtesten Widerstand stieß, als sie sich in einen jungen französischen Journalisten namens Lissagaray verliebte, den ersten Geschichtsschreiber der Kommune. (London war nach 1872 voll von französischen Emigranten.) Der Streit verhärtete die Beziehung zwischen Vater und Tochter für einige Jahre.

Eleanor hatte Ambitionen, Schauspielerin zu werden, und ein Shakespeare-Lesekreis traf sich regelmäßig in der Maitland Road. Eines seiner Mitglieder beschrieb Marx folgendermaßen:

> „Als Publikum war er herrlich, niemals kritisierend, immer bereit, auf einen gerade stattfindenden Spaß einzugehen, lachend, wenn ihm etwas als besonders komisch erschien, bis ihm die Tränen die Wangen herunterliefen – nach Jahren der älteste, aber im Geiste so jung wie irgendeiner von uns."

1881 stellte einen Wendepunkt dar. Die Longuets zogen nach Paris: Marx vermißte ihre drei Kinder sehr. Zu dieser Zeit wurde bei Jenny Marx ein unheilbarer Leberkrebs festgestellt. Marx selbst war an Bronchitis erkrankt. Eleanor erinnerte sich:

„Es war eine schreckliche Zeit. Unsere liebe Mutter lag im großen Vorderzimmer, Mohr [Marx Spitzname in der Familie] in dem kleinen Raum dahinter. Und diese beiden, die so aneinander gewöhnt waren, sich so nahestanden, konnten nicht einmal zusammen im selben Raum sein … Nie werde ich den Morgen vergessen, an welchem er sich stark genug fühlte, in Mütterchens Stube zu gehen. Sie waren zusammen wieder jung – sie ein liebendes Mädchen und er ein liebender Jüngling, die zusammen ins Leben eintreten – und nicht ein von Krankheit zerrütteter alter Mann und eine sterbende alte Frau, die fürs Leben voneinander Abschied nehmen."

Am 2. Dezember 1883 starb Jenny Marx.

Engels sagte zu Eleanor: „Der Mohr ist auch gestorben." Marx verbrachte einige Zeit in Algier, besuchte die Longuets in Paris, flüchtete sich in „den 'Lärm der Kinder', diese 'mikroskopische' Welt, die viel interessanter ist als die 'makroskopische'", und ging mit Laura nach Vevey in der Schweiz. Er kehrte nach England zurück, holte sich auf der Insel von Wight eine Erkältung und erfuhr schließlich, daß seine Tochter Jenny im Alter von 38 Jahren gestorben war. Am 14. März 1883 besuchte Engels Maitland Road, fand „das Haus in Tränen, es scheine zu Ende zu gehen." Als er und Helene Demuth nach oben gingen, um nach Marx zu sehen, stellten sie fest, daß er friedlich im Schlaf gestorben war. Engels schrieb an Friedrich Sorge, mit folgender Botschaft: „Die Menschheit ist um einen Kopf kürzer gemacht, und zwar um den bedeutendsten Kopf, den sie in der heutigen Zeit hatte."

Kapitel 2

Sozialismus vor Marx

„Marx war der Fortführer und geniale Vollender der drei geistigen Hauptströmungen des neunzehnten Jahrhunderts in den drei fortgeschrittensten Ländern der Menschheit: der klassischen deutschen Philosophie, der klassischen englischen politischen Ökonomie und des französischen Sozialismus in Verbindung mit den französischen revolutionären Lehren überhaupt."

So schrieb Lenin 1914. Marx war nicht der erste Sozialist – bei weitem nicht. Seit der griechischen und römischen Antike sehnen Menschen sich nach einer Gesellschaft, in der Armut, Ausbeutung und Unterdrückung abgeschafft sind. Aber erst in der ersten Hälfte des neunzehnten Jahrhunderts, vor allem in Frankreich, entwickelte sich der Sozialismus zu einem zusammenhängenden Ideengebäude, das massenhafte Unterstützung fand. Um Marxens Denken zu verstehen, müssen wir etwas über seine Vorläufer und über das intellektuelle, gesellschaftliche und politische Umfeld wissen, aus dem sie stammen.

Die Jahre zwischen 1789 und 1848 sind als Epoche der „doppelten Revolution" bezeichnet worden. In politischer Hinsicht war es die Französische Revolution von 1789; wirtschaftlich war es die industrielle Revolution.

Die industrielle Revolution bedeutete die Entstehung des „Fabriksystems", in dem die Arbeiter in großer Zahl an einzelnen Arbeitsstätten zusammengefaßt wurden, deren Funktionieren mehr und mehr von künstlichen Energiequellen wie Dampf abhängig wurde. Diese radikal neue Form der wirtschaftlichen Organisation hatte ihren Ursprung in der britischen Textilindustrie und breitete sich mit zunehmender Geschwindigkeit in anderen Wirtschaftszweigen und Ländern aus. Die Industrialisierung beschleunigte sich in Europa in den 30er Jahren des neunzehnten Jahrhunderts mit dem Bau der Eisenbahnen und dann noch einmal während des großen Aufschwungs, der auf die Niederlage der Revolutionen von 1848 folgte.

Das Ergebnis war eine neue Welt gewaltiger Industriezentren, kleiner und großer Städte wie Manchester und Lyon, in denen sich eine neue Klasse sammelte, die industrielle Arbeiterklasse oder das Proletariat, wie Marx es nannte, um die Industriearbeiter von den Bauern zu unterscheiden. Die elenden Bedingungen, unter denen diese Arbeiter lebten und ihre Arbeit verrichteten, lösten in den 1840er Jahren bei den gebildeten Klassen wachsende Besorgnis aus, eine Besorgnis, in der sich neben Menschenfreundlichkeit auch Furcht widerspiegelte. Nach dem ersten der großen Arbeiteraufstände des neunzehnten Jahrhunderts, dem der Weber von Lyon 1831, warnte ein französischer Journalist:

„Jeder Fabrikant lebt in seiner Fabrik wie die Pflanzer der Kolonien inmitten ihrer Sklaven, einer gegen hundert ... Die Barbaren, die die Gesellschaft bedrohen, sind weder im Kaukasus noch in den tartarischen Steppen; sie sind in den Vorstädten unserer Industriezentren."

Die industrielle Arbeiterklasse war eine Gefahr für die Macht der neuen herrschenden Klasse. Denn die „doppelte Revolution" hatte die politische Vorherrschaft der Eigentümer des Reichtums aus Industrie und Handel, der Bourgeoisie, errichtet. Vor 1789 war die absolute Monarchie die Regel in Europa, mit Ausnahme Großbritanniens, der Niederlande und der Schweiz. Die Bauern, die die überwältigende Mehrheit der Bevölkerung darstellten, unterlagen der wirtschaftlichen und politischen Vormundschaft ihrer Grundherren, die von der Unterdrückungsmacht des Staates gestützt wurden.

Die Revolution, die 1789 in Frankreich begann, läutete das Ende dieses Systems ein. Bevor sie vorüber war, war der französische König hingerichtet, die Republik ausgerufen, Freiheit, Gleichheit und Brüderlichkeit zum Recht jedes Franzosen (wenn auch nicht jeder Französin) erklärt, und revolutionäre Armeen hatten die republikanische Botschaft von einem Ende Europas zum anderen verbreitet. Weder die Degeneration der Revolution zum Kaiserreich Napoleons I. noch die Versuche der Heiligen Allianz von Österreich, Rußland und Preußen, nach Napoleons endgültiger Niederlage 1815 die Uhren zurückzudrehen, konnten die Ergebnisse der Großen Französischen Revolution von 1789 ausradieren. Ein großer Teil der Politik des neunzehnten Jahrhunderts bestand darin, die Republik in Frankreich wiederherzustellen und anderswo in Europa ihre Errungenschaften zu kopieren.

Die Revolution begann mit der Forderung des Dritten Standes – all jener, die zu keinem der beiden großen feudalen Stände, dem Adels und dem Klerus, gehörten –, das letzte Wort in den Angelegenheiten der Nation zu haben. Aber hauptsächlicher Nutznießer war ein bestimmter Teil des Dritten Standes. Obwohl die gewöhnlichen Leute von Paris, die Händler, Handwerker und Arbeiter, der Revolution ihren Stempel aufdrückten, und obwohl die Bauernschaft die Armeen der Republik und des Kaiserreichs stellte, ging die französische Bourgeoisie als stärkste Kraft aus den Unruhen von 1789 bis 1815 hervor. Die Revolution wischte die Überbleibsel des Feudalismus beiseite, die die Gesellschaft gefesselt hatten und der wirkungsvollen Jagd nach Profit im Wege waren. Und sie schaffte einen mächtigen und zentralisierten bürokratischen Staat, der imstande war, dem Kapital – dem neuen Reichtum des Handels und der Industrie – die erforderlichen Dienste zu leisten und jede Bedrohung von unten zu zerschlagen.

Das Ergebnis der „doppelten Revolution“ war paradox. Auf der einen Seite wurde das Prinzip aufgestellt, daß jedes Mitglied der Gesellschaft, wie niedrig seine Stellung auch sei, Anspruch auf die gleichen Bürgerrechte hat, wenn es auch nicht vollständig verwirklicht wurde. („Eine Person, eine Stimme“ ist eine Errungenschaft des zwanzigsten, nicht des neunzehnten Jahrhunderts.) Auf der anderen Seite blieben die Unterschiede in Reichtum und wirtschaftlicher Macht enorm. Die industrielle Revolution veränderte bloß die Form der sozialen und wirtschaftlichen Ungleichheit – Grundherr und Bauer wurden ergänzt durch Kapitalist und Arbeiter. Das Wesen der Ungleichheit blieb dasselbe.

So wurde die äußere Form der politischen Gleichheit von realer wirtschaftlicher und gesellschaftlicher Ungleichheit begleitet. Das Ziel der französischen Revolutionäre, das ganze Volk, die ganze Menschheit, zu befreien, wurde nicht erreicht. Was nützt das *Recht*, im Ritz zu essen, wenn man nicht genug Geld hat, um dort das Essen zu bezahlen – oder überhaupt irgendein Essen zu bezahlen? Aus diesem Widerspruch zwischen den politischen und wirtschaftlichen Aspekten der „doppelten Revolution" – zwischen dem Versprechen von Freiheit, Gleichheit und Brüderlichkeit und der tatsächlichen Ungleichheit und Ausbeutung im industriellen Kapitalismus – entwickelte sich die moderne sozialistische Bewegung.

Die Aufklärung

In den Jahrzehnten vor der doppelten Revolution spielte sich ein erbitterter Kampf der Ideen zwischen den Verteidigern der feudalen Ordnung und den Anhängern der entstehenden kapitalistischen Gesellschaft ab. Im Mittelpunkt dieses Kampfes stand die Bewegung der Aufklärung.

Das Ideensystem oder die Ideologie, die das feudale Europa beherrschte, war von den Philosophen der katholischen Kirche ausgearbeitet worden. Sie hatten die Ideen des Aristoteles, eines der größten griechischen Denker, umgeformt, bis sie zum Christentum paßten. Das Ergebnis war eine Sicht der Welt, die vieles mit beachtlicher Genauigkeit erklären konnte, ohne die Macht der Feudalherren und der Monarchie auch nur im entferntesten in Frage zu stellen.

Nach Aristoteles hat alles in der Welt einen *Zweck*. Dieser Zweck gibt dem Ding seinen Platz in der Welt. So behauptet er zum Beispiel, daß sich Gegenstände von Natur aus im Ruhezustand befinden. Bewegung, Veränderung ist eine Abweichung vom Normalzustand, die nur eintritt, wenn Gegenstände gestört, von ihrem natürlichen Platz entfernt werden. Nach einer solchen Störung streben die Gegenstände zu ihrem natürlichen Platz zurück, wo sie wieder in den Ruhezustand eintreten.

Die Zwecke der verschiedenen einzelnen Dinge und die Plätze, die sie natürlicherweise einnehmen, fügen sich nach Aristoteles alle ineinander und bilden auf diese Weise das Muster des Universums.

Diese Art der Weltanschauung erfüllte zwei Aufgaben.

Erstens, sie lieferte eine gelehrte Version des christlichen Mythos, des Glaubens, daß das Universum und alles darin von Gott geschaffen wurde. Denn die Idee, daß jedes Ding einen *Zweck* hat, bedeutet, daß es Teil eines umfassenden Entwurfs ist, eines Entwurfs, den eine allmächtige und allwissende Gottheit mit einem bestimmten Ziel angefertigt hat. Zweitens paßte das aristotelische System zur Struktur der feudalen Gesellschaft, in der jedermann seinen Platz hatte, ob Adeliger, Handwerker oder Leibeigener, einen Platz, in den man hineingeboren wurde und in dem einem die Kinder nachfolgen würden. An der Spitze des Feudalsystems stand der König, so wie Gott im Mittelpunkt des Universums stand. In dieser Ideenwelt spiegelte die festgefügte und harmonische feudale Ordnung, in der jeder seinen Platz hatte, die Stabilität und Harmonie des göttlichen Universums wider.

Aber zwei Entwicklungen fingen an, dieses System herauszufordern: das Wachstum der Wissenschaft und das Wachstum einer neuen Klasse. Die neuen Händler und Fabrikanten, die neue Bourgeoisie, gewannen ihre Macht nicht aus bewaffneten Männern unter ihrem Kommando oder aus ihrem Landbesitz, sondern aus dem Einsatz von Geld, „Kapital", und aus ihrer Fähigkeit, Profit zu machen. Also rüttelten sie an den Beschränkungen des Feudalismus, geradeso wie die neuen Wissenschaftler an der feudalen Weltanschauung rüttelten, als diese zunehmend in Widerspruch zu dem geriet, was sie beobachten konnten.

Die große wissenschaftliche Revolution des siebzehnten Jahrhunderts, die mit den Namen Galileo, Kepler, Descartes, Boyle, Huygens und Newton verbunden ist, kann nicht auf diesen ideologischen Kampf reduziert werden. Jedoch waren ihre Auswirkungen auf die feudale Ideologie vernichtend. Schon im späten 15. Jahrhundert hatte Kopernikus erklärt, daß sich die Erde um die Sonne dreht, anstatt wie Aristoteles das stabile Zentrum des Universums darzustellen. Galileo ging noch viel weiter mit der Einführung des Gesetzes von der Trägheit der Masse, nach dem jedes Objekt von Natur aus in Bewegung ist und nicht in Ruhe. Plötzlich fand sich jene Minderheit der Europäer, die lesen konnte, in eine fremde neue Welt geworfen, in der alles in Bewegung war und die Erde bloß ein kleiner und unbedeutender Planet in einem unendlichen Universum. „Die Stille dieser unendlichen Räume erfüllt mich mit Grauen", schrieb Blaise Pascal, einer der klügsten Verteidiger des Katholizismus des siebzehnten Jahrhunderts.

Die Inquisition als Bollwerk der feudalen Ideologie versuchte, die neue Wissenschaft mit Unterdrückung zum Schweigen zu bringen. Giordano Bruno wurde im Jahr 1600 auf dem Scheiterhaufen verbrannt, weil er sich zu Kopernikus bekannte, und Galileo wurde zum Schweigen gebracht, indem man ihm dasselbe Schicksal androhte. Nichtsdestotrotz triumphierten ein Jahrhundert später ihre Nachfolger. Sir Isaac Newtons **Mathematische Prinzipien der Naturphilosophie** bildeten die Grundlage der physikalischen Wissenschaften bis ins frühe zwanzigste Jahrhundert hinein. Die Anerkennung der Newtonschen Physik widerspiegelte nicht nur ihre wissenschaftliche Überzeugungskraft, sondern im gleichen Maße auch die ideologische und politische Vorherrschaft, die die Bourgeoisie in England als Ergebnis der Revolutionen von 1640 und 1688 gewonnen hatte.

Wir haben gesehen, daß die aristotelische Physik die Dinge von ihrem Zweck her erklärte: Jeder Körper hatte seinen zugewiesenen Platz in Gottes Schema, bewegte sich nur, wenn er von diesem Platz verdrängt wurde, und kam zur Ruhe, wenn er ihn wieder eingenommen hatte. Die Physik Galileos und Newtons erklärte die Bewegung von Körpern dagegen *mechanisch.* Mit anderen Worten, die Bewegung von Objekten hing von der Tätigkeit äußerer Kräfte ab. Das klassische Beispiel ist

Galileos Gesetz des freien Falls, wonach ein fallendes Objekt unabhängig von seinem Gewicht 9,8 Meter pro Sekunde in einer Sekunde beschleunigt. Die Ursache dafür ist die Schwerkraft, das heißt die Anziehungskraft eines viel größeren Objektes, nämlich der Erde.

Die neue Wissenschaft war *materialistisch*. Ihre Theorien enthielten keinen Zweck, keinen Entwurf, keinen Gott. Man konnte die Welt verstehen, wenn man nur die Wechselwirkung verschiedener Körper aufeinander berücksichtigte. Es war eine natürliche Schlußfolgerung zu sagen, daß physische Körper alles waren, was existierte. Seelen, Engel, Teufel und Gott selbst – alles, was keinen Körper besaß, was eine rein „geistige" Existenz hatte, existierte überhaupt nicht. Galileo, Newton und die anderen großen Wissenschaftler des siebzehnten Jahrhunderts zogen diese Schlußfolgerung im Ganzen nicht, aber bald taten es andere. Als Napoleon I. einen französischen Physiker fragte, welche Rolle Gott in seinen Theorien spielte, bekam er zur Antwort: „Sire, ich bin auf diese Hypothese nicht angewiesen."

Offensichtlich fügte die neue Wissenschaft allein durch den Ausschluß Gottes und der Zweckbestimmtheit aus der Physik der herrschenden Ideologie einen vernichtenden Schlag zu. Aber es gab einen logischen nächsten Schritt, nämlich diese Methode von der Erforschung der Natur auf die Erforschung der Gesellschaft auszuweiten. Und tatsächlich tat Thomas Hobbes, der größte der bürgerlichen politischen Philosophen, im Verlauf der englischen Revolution von 1640 bis 1660 diesen Schritt. Sein Materialismus trug Hobbes von den Jesuiten den Titel des „Dämons von Malmesbury" ein, und keiner seiner Nachfolger ging so weit wie er, aber mit Hobbes Meisterwerk **Leviathan** (1651) hatte die wissenschaftliche Untersuchung der Gesellschaft begonnen.

Sein Ausgangspunkt war die Suche nach einem Grundprinzip ähnlich dem Gesetz der Trägheit (nach dem alle Körper von Natur aus in Bewegung sind) der Naturwissenschaft. Der geeignetste Kandidat für diese Rolle waren die menschlichen Leidenschaften. Für Hobbes und die Aufklärung war der

Ausgangspunkt jeder Gesellschaftsforschung die Untersuchung der menschlichen Natur, und die menschliche Natur wurde ihrerseits als unveränderlich genommen. Die Leidenschaften der Menschen, ihre Wünsche und Vorlieben, die sie zur Tat bewegen, sind in jeder Gesellschaft und in jeder geschichtlichen Periode gleich. Was sich verändert, ist das Ausmaß, in dem die gesellschaftlichen und politischen Institutionen es den Menschen leichter oder schwerer machen, diesen Wünschen und Vorlieben nachzugehen.

Vom Standpunkt der früheren politischen Theorie aus gesehen stellten die Ideen der Aufklärung einen enormen Fortschritt dar. Noch im siebzehnten Jahrhundert hatte Sir Robert Filmer behauptet, die Macht der Könige stamme daher, daß sie die rechtmäßigen Erben Adams und Evas seien! Offensichtlich war eine Herangehensweise an die Gesellschaft, die mit einem ernsthaften Versuch begann, die menschliche Natur zu verstehen, diesem Unsinn unendlich überlegen. Mehr noch, die Idee, daß die Gesellschaft danach beurteilt werden sollte, in welchem Maß sie zu den Wünschen und Vorlieben der Menschen paßte, war hochgradig subversiv für die feudale Ordnung, die für jedermann eine vorherbestimmte Position vorsah.

Aber die Aufklärung litt unter drei ernsten Schwächen. Die grundlegendste war, daß sie die menschliche Natur als unveränderlich behandelte. Zu allem Überfluß sahen die Philosophen der Aufklärung die „menschliche Natur" in jenem selbstsüchtigen Verhalten, das für Menschen charakteristisch ist, die in einer kapitalistischen Gesellschaft leben. Dies gilt auch für Adam Ferguson, einem der führenden Mitglieder der schottischen historischen Schule, einer Gruppe von Denkern, die sich sehr wohl über die Unterschiede zwischen verschiedenen Gesellschaftsformen im klaren waren.

Ferguson schrieb in seinem großen Essay über die **Geschichte der zivilen Gesellschaft** (1767), die „instinktiven Wünsche", die „der Erhaltung des Individuums" dienen,

> „bringen sein Verständnis vom Eigentum hervor und machen es vertraut mit jenem sorgfältig behandelten Etwas, das es als

sein Interesse bezeichnet ... Es findet im Erwerb von Reichtum ... ein Ziel, dem sein größter Eifer gilt, und die wichtigste Richtschnur seines Denkens ... Unter diesem Einfluß ... würden [die Menschen], wenn sie nicht von den Gesetzen der zivilen Gesellschaft zurückgehalten würden, eine Welt aus Gewalt oder Niederträchtigkeit schaffen, die unsere Art abwechselnd mit schrecklicheren und anrüchigeren oder gemeineren und verachtenswürdigeren Zügen zeigen würde, als sie irgendein auf der Erde lebendes Tier aufweist."

Zweitens war die Theorie der Aufklärung über die menschliche Natur hauptsächlich eine Betrachtung des menschlichen *Geistes*. Die Vorlieben und Gedanken der Menschen wurden als wichtiger angesehen als ihre wirtschaftliche und gesellschaftliche Stellung. Das bedeutete, daß die Betrachtung der menschlichen Geschichte durch die Aufklärungsphilosophen *idealistisch* war, sie stellte statt der materiellen Welt der neuen Wissenschaft Ideen in den Mittelpunkt: Mit anderen Worten, Veränderungen wurden als Ergebnis des Verwerfens alter und der Annahme neuer Ideen gesehen. Diese Ansicht wurde von Condorcet in einem Buch unter dem Titel **Entwurf einer historischen Darstellung der Fortschritte des menschlichen Geistes** zusammengefaßt. Der Titel sagt alles: Für Condorcet war Geschichte genau der „Fortschritt des menschlichen Geistes", die Gesellschaft verbesserte sich in dem Maß, in dem das Wissen sich erweiterte. Condorcet glaubte, daß dieser Fortschritt sich in eine unbegrenzte Zukunft fortsetzen könnte.

Diese Geschichtsauffassung bildete den Hintergrund für die politische Strategie der Aufklärungsphilosophen. Politische Veränderungen – die Reform oder die Abschaffung des Absolutismus – würden als Ergebnis eines Kampfes um Ideen eintreten. Sie würden aus der Aufklärung emporwachsen, aus dem Sieg der Vernunft über den Aberglauben, der Wissenschaft über den Glauben. In Übereinstimmung mit ihrer Betonung der Rolle der Ideen sahen die Aufklärungsphilosophen in der organisierten Religion das Haupthindernis für den Fortschritt. „Despotismus ist das Ergebnis des Aberglaubens“, schrieb Holbach. Folglich würde allein die Kraft der Vernunft genügen, um die Religion aufzulösen und auf diese Weise den Absolutismus zu unterhöhlen. *„Sobald der Mensch zu denken wagt,“* sagte Holbach, *„wird das Reich des Priesters zerstört.“*

Dieser Glaube an die Allmacht der Vernunft war eine natürliche Folge aus der gesellschaftlichen Lage der Philosophen als einer winzigen, hochgebildeten Minderheit, die von der Arbeit einer (so glaubten sie jedenfalls) unbelesenen und abergläubischen Mehrheit lebte. Ihre soziale Lage hilft, die dritte Schwäche der Aufklärung zu erklären, ihre elitäre Haltung. „Was macht es aus“, schrieb Voltaire an Helvetius, „daß unser Schneider und unser Schuster [von den Priestern] geführt werden? Der Punkt ist, daß diejenigen, mit denen man lebt, gezwungen sind, ihre Augen vor dem Philosophen niederzuschlagen. Es ist im Interesse des Königs, das heißt des Staates, daß die Philosophen den Staat lenken."

Die Aufklärungsphilosophen waren weit davon entfernt, Revolutionäre zu sein. Die meisten waren froh, einem „aufgeklärten Despoten“ des 18. Jahrhunderts wie Friedrich dem Großen von Preußen als Berater zu dienen. Bestenfalls wollten sie eine konstitutionelle Monarchie wie die britische. Wenn sie bis zu den 1790er Jahren gelebt hätten, dann hätte das Ergebnis ihrer Aushöhlung der feudalen Ideologie sie in Angst und Schrecken versetzt. Einer von ihnen, Condorcet, erlebte tatsächlich noch die Französische Revolution – er starb auf der Guillotine.

Trotz dieser Schwächen spielten die Ideen der Aufklärung eine wesentliche Rolle bei der Schaffung der intellektuellen Grundlagen der frühen Sozialisten.

Utopischer Sozialismus

Der moderne Sozialismus entstand hauptsächlich in Frankreich in der Folge der Revolution von 1789. Seine zwei Flügel, der utopische Sozialismus des Grafen von Saint-Simon, von Charles Fourier und Robert Owen, und der revolutionäre Kommunismus des Gracchus Babeuf und Auguste Blanqui unterscheiden sich vor allem durch ihre Haltung zur Französischen Revolution. Die ersteren lehnten sie ab, die letzteren wollten sie zu Ende führen.

Saint-Simon und Fourier hatten beide die Revolution miterlebt und sehr unter ihr gelitten. Saint-Simon wurde während des Terrors ins Gefängnis geworfen, und Fourier wurde durch die Belagerung von Lyon 1793 ruiniert. Also verwarfen sie die revolutionäre Aktion wegen ihrer Gewalttätigkeit und zerstörerischen Wirkung. Mehr noch, gerade weil die Revolution die Spaltung zwischen Arm und Reich vergrößert hatte, zogen sie den Schluß, daß politische Aktion nichts nütze, um die Lebensbedingungen der Menschheit zu verbessern. Nur friedliche Propaganda eröffnete die Hoffnung, wirkliche und konstruktive Veränderungen zu erreichen.

Die Kluft zwischen den Bekenntnissen der Revolution zu Freiheit, Gleichheit und Brüderlichkeit und der kapitalistischen Wirklichkeit der nachrevolutionären französischen Gesellschaft bildete den Ausgangspunkt der utopischen Sozialisten. Sie formulierten die nach wie vor schärfste Kritik des Kapitalismus, seiner Anarchie und Unterdrückung menschlicher Bedürfnisse und zielten auf eine neue Gesellschaft, in der diese Bedürfnisse erfüllt werden sollten.

Der Ursprung der utopischen Sozialisten in der Aufklärung ist am offensichtlichsten bei Fourier. Auch Fourier begann mit einer Konzeption der menschlichen Natur. Aber wo die Aufklärungsphilosophen den Eigennutz zum grundlegenden menschlichen Instinkt erklärten, erweiterte Fourier die Reichweite erheblich. Nach seiner Auflistung der zwölf grundlegenden Leidenschaften streben menschliche Wesen nach Liebe und Freundschaft ebenso wie nach materieller Befriedigung; sie verfolgen eine Reihe verschiedener Ziele, darunter auch das, erfolgreich miteinander zu konkurrieren. Diese Auffassung lief darauf hinaus, daß der Kapitalismus keineswegs die natürlichste Form der menschlichen Gesellschaft war, wie die Denker der Aufklärung geglaubt hatten, sondern die *unnatürlichste*, weil er einige der wichtigsten menschlichen Bedürfnisse und Wünsche negierte. Wo die Aufklärung Despotismus und Aberglauben kritisiert hatte, ging Fourier zum Angriff auf die gesamte „Zivilisation" über, womit er die Klassengesellschaft meinte.

Die utopischen Sozialisten stellten der „sozialen Hölle" der bestehenden Gesellschaft eine Zukunftsvision gegenüber. Saint-Simon sprach für sie alle, als er sagte, „das goldene Zeitalter der Menschheit liegt nicht hinter uns, sondern vor uns". Wieder war es Fourier, der die kraftvollste (wenn auch zum Teil die verrückteste) Beschreibung davon lieferte, wie der Sozialismus sein würde. Die Grundeinheit der „Harmonie„, wie er die neue Gesellschaft nannte, würde das Phalanstère sein, eine vorrangig landwirtschaftliche Gemeinschaft von genau 1620 Leuten, die gemeinsam leben, arbeiten und essen sollten. Nach Fouriers Theorie der attraktiven Arbeit würden die Leute ihre Beschäftigung alle paar Stunden wechseln und in Gruppen und Reihen miteinander konkurrieren, um ihr Bedürfnis nach Abwechslung und Wettbewerb zu befriedigen. Jede menschliche Leidenschaft würde Erfüllung finden.

Es ist leicht, sich über die mehr fantastischen Bestandteile des utopischen Sozialismus lustig zu machen. (Fourier glaubte, daß in der „Harmonie" die Meere sich in Limonade verwandeln würden). Das Wichtige an den utopischen Sozialisten war jedoch ihre Betonung der befreienden Elemente des Sozialismus. All die unterschiedlichen Methoden, mittels derer die Sehnsüchte und Fähigkeiten der Menschen von der Klassengesellschaft unterdrückt wurden, würden in der neuen Gesellschaft abgeschafft werden. Fourier war der schärfste Kritiker der bürgerlichen Familie und ein Befürworter der Frauenbefreiung: Er war es, der den Begriff „Feminismus" prägte.

Das Problem bestand natürlich darin, wie man von der Zivilisation zur Harmonie käme. Hier war wiederum der Einfluß der Aufklärung entscheidend. Saint-Simon und seine Anhänger, die geschichtsbewußtesten unter den utopischen Sozialisten, folgten Condorcet in dem Glauben, daß gesellschaftlicher Wandel eine Folge des „Fortschritts des menschlichen Bewußtseins“ sei. Saint-Simon sah die Rolle des Klassenkampfs in der Geschichte. Deshalb teilte er die zeitgenössische französische Gesellschaft in *industriels* und *oisifs* ein – diejenigen, die arbeiteten, und die reichen Parasiten, die von der Arbeit der anderen lebten. Aber er glaubte, daß Veränderungen als Ergebnis neuer wissenschaftlicher Entdeckungen kommen würden. Die Anhänger Saint-Simons unterschieden zwischen „organischen“ Epochen, in der jedermann die gleichen Ideen teilte, und „kritischen“ Epochen, in denen das nicht der Fall war, und in denen deshalb die Gesellschaft auseinanderfiel. Ideen wurden so als Motor geschichtlicher Veränderungen betrachtet.

Die utopischen Sozialisten glaubten, daß die Vernunft als Ergebnis eines Aufklärungsprozesses siegen würde. Bildung und die allmähliche Ausbreitung sozialistischer Ideen würden die Welt verwandeln. Sie appellierten zudem vor allem an die Kapitalisten. Beide, Fourier und Saint-Simon, waren gegen die Abschaffung der Klassen. Fourier zum Beispiel hoffte, aufgeklärte Kapitalisten dazu zu bewegen, ein Phalanstère zu finanzieren, das eine gute Rendite erbringen und zugleich die Übel der Zivilisation beseitigen sollte. Sobald einmal einige Phalanstères errichtet worden wären, erwartete Fourier, daß sie sich durch das gute Beispiel ausweiten würden, bis die „Harmonie“ den Globus erobert hätte. Er suchte in Zeitungsanzeigen nach Investoren und kündigte in der Presse an, daß er jede Woche zur gleichen Zeit im selben Café zu finden sei, falls irgendein Kapitalist mehr über seine Projekte erfahren wolle. (Niemand kam.)

In den 1830er und 1840er Jahren, als sich die französische Arbeiterbewegung zu entwickeln begann, wurde die Vorstellung, daß es in der neuen Gesellschaft einen Platz für das Kapital gäbe, zunehmend angegriffen. Die Anhänger Saint-Simons hatten die Meinung vertreten, daß die Verteilung im Sozialismus von dem Prinzip „jeder nach seinen Fähigkeiten, jedem nach seiner Leistung“ bestimmt werden sollte, was bedeutete, daß diejenigen mit überdurchschnittlichem Talent und Ausbildung mehr bekommen würden als andere. Louis

Blanc prägte das egalitäre Motto: „Jeder nach seinen Fähigkeiten, jedem nach seinen Bedürfnissen".

In der hochgradig reglementierten Utopie, die Etienne Cabet in seiner **Reise nach Ikarien** (1840) entwarf, gab es keinen Platz für das Kapital. So wurde der französische Kommunismus geboren, der unter der Führung Cabets massenhafte Unterstützung aus der Arbeiterklasse gewann. Cabet war trotz seines Glaubens an die Gleichheit kein Revolutionär. „Wenn ich eine Revolution in der Hand hätte", erklärte er, „würde ich meine Hand geschlossen halten, selbst wenn dies meinen Tod im Exil bedeuten würde." Dasselbe galt für Cabets Gegenspieler Pierre-Joseph Proudhon, der die kommunistische Vorstellung von einer zentralisierten zukünftigen Gesellschaft ablehnte, in der alles gemeinschaftlich besessen und verwaltet würde. Proudhons Utopie war ein Paradies des kleinen Bauern und Handwerkers, in dem die Banken und das Großkapital abgeschafft wären, aber das Privateigentum erhalten bliebe. Wie Cabet glaubte auch Proudhon, daß der Sozialismus als Ergebnis friedlicher Propaganda eingeführt werden könnte.

Es gab andere, die den Worten die Aktion vorzogen. Blanqui sagte: „Der Kommunismus [er meint die Ideen von Cabet] und der Proudhonismus stehen am Flußufer und diskutieren, ob auf dem Feld am anderen Ufer Weizen oder Mais wächst; laßt uns den Fluß überqueren und nachsehen."

Die revolutionäre kommunistische Tradition, deren größter Vertreter vor Marx Blanqui war, entstammte dem extremen linken Flügel der radikalen Republikaner in der Französischen Revolution. Auf dem Höhepunkt dieser Revolution, in den Jahren 1793 und 94, hatten die Jakobiner eine zentralisierte Diktatur errichtet, die Frankreich vor inneren und äußeren Feinden schützte, die innere Opposition mit Hilfe der Guillotine zerschlug und Beschränkungen des freien Spiels der Marktkräfte wie Preiskontrollen errichtete, bis sie von den Gemäßigten gestürzt wurde. 1797 wurden Babeuf und seine Mitstreiter aus der Verschwörung der Gleichen hingerichtet, weil sie die Wiedererrichtung der revolutionären Diktatur geplant hatten. Sie hatten diesmal geplant, viel weiter zu gehen als die Jakobiner, in der Hoffnung, die Ideale von Freiheit, Gleichheit und Brüderlichkeit durch die Abschaffung des Privateigentums und die Verordnung absoluter Gleichheit zu verwirklichen.

Blanqui folgte den utopischen Sozialisten in der scharfen Kritik am Kapitalismus und in der Erwartung einer zukünftigen Gesellschaft, die er Kommunismus nannte. Er folgte Babeuf jedoch in dem Glauben, daß der Kommunismus nur durch den bewaffneten Sturz des bestehenden Staates und die Errichtung einer revolutionären Diktatur erreicht werden könnte. Es war Blanqui, der den Ausdruck „Diktatur des Proletariats“ prägte. Damit meinte er allerdings eine Diktatur *über* das Proletariat. Denn Blanqui glaubte, daß der Einfluß der herrschenden Ideologie, insbesondere der Religion, die Masse der Bevölkerung daran hindern würde, die Revolution aktiv zu unterstützen. Die Macht würde *im Namen* der Arbeiterklasse ergriffen werden, nicht durch sie. Die „erste Pflicht“ der Diktatur bestünde darin, alle Religionen als „Mörder der menschlichen Rasse“ abzuschaffen: Erst wenn diese Aufgabe erfüllt wäre, wären die Arbeiter bereit für den Kommunismus.

Blanquis Strategie leitete sich geradewegs aus dieser Vorstellung ab, den Sozialismus zu schaffen. Eine geheime Gesellschaft von Berufsrevolutionären sei notwendig, um den bewaffneten Aufstand zu organisieren. Mit anderen Worten, der Kapitalismus sollte durch die Tat einer aufgeklärten Minderheit gestürzt werden. Den Grund dafür verdeutlichte Blanquis deutscher Gesinnungsgenosse, Wilhelm Weitling:

> „Warten zu wollen, bis jedermann hinreichend aufgeklärt ist, wie man es gewöhnlich vorschlägt, bedeutet, die Sache vollständig aufzugeben; denn ein ganzes Volk wird niemals gleichmäßig aufgeklärt sein, zumindest nicht, solange Ungleichheit und der Kampf privater Interessen in der Gesellschaft fortbestehen.“

Blanqui handelte sehr konsequent und sehr mutig nach seinen Grundsätzen. In den 1830ern war er in zwei Verschwörungen verwickelt. Diese führten zur Erhebung vom Mai 1839, die leicht von der Staatsmacht niedergeschlagen wurde. Blanquis Leben bildete einen Kreislauf aus kurzen Perioden revolutionärer Aktivität gefolgt von längerer Haft oder Exil. Er wurde von jedem Regime, das Frankreich zwischen 1815 und 1880 regierte, ins Gefängnis geworfen.

Trotz ihrer anderweitigen Differenzen teilten die utopischen Sozialisten und die Blanquisten ein gemeinsames Erbe der Aufklärung. Sie alle glaubten, daß gesellschaftlicher Wandel ein Ergebnis des Kampfes um Ideen sei. Die Errichtung des Sozialismus würde von der Aufklärung der Masse der Bevölkerung abhängen. Das führte natürlicherweise zu einem elitären Standpunkt. Denn da die meisten Arbeiter und Bauern ganz offensichtlich nicht aufgeklärt waren, konnten gesellschaftliche Veränderungen nur durch die Tat weniger ins Leben gerufen werden, die die Wahrheit erkannt hatten. Ob die Aktion die Form annahm, Phalanstères aufzubauen oder bewaffnete Aufstände zu organisieren, war zweitrangig gegenüber der Tatsache, daß von den Arbeitern angenommen wurde, daß sie passive Zeugen ihrer eigenen Befreiung sein würden.

Marx schrieb über die utopischen Sozialisten:

> „Sie sind sich zwar bewußt, in ihren Plänen hauptsächlich das Interesse der arbeitenden Klasse als der leidendsten Klasse zu vertreten. Nur unter diesem Gesichtspunkt der leidendsten Klasse existiert das Proletariat für sie. Die unentwickelte Form des Klassenkampfes wie ihre eigenen Lebenslage bringen es aber mit sich, daß sie weit über jenen Klassengegensatz erhaben zu sein glauben. Sie wollen die Lebenslage aller Gesellschaftsglieder, auch der bestgestellten, verbessern. Sie appellieren daher fortwährend an die ganze Gesellschaft ohne Unterschied, ja vorzugsweise an die herrschende Klasse. Man braucht ihr System ja nur zu verstehen, um es als den bestmöglichen Plan der bestmöglichen Gesellschaft anzuerkennen." (MEW 4, S. 490)

Blanqui glaubte nicht an die Klassenzusammenarbeit. Nach seinem Beruf gefragt, antwortete er „Proletarier". Er hatte massenhafte Unterstützung aus der Arbeiterklasse. Aber wie bei den utopischen Sozialisten spiegelte seine Strategie die „unentwickelte Form des Klassenkampfes“ wider. Die hochgradig repressive Natur der meisten Regime des neunzehnten Jahrhunderts und die Unterentwicklung der französischen Industrie, die immer noch hauptsächlich aus kleinen Werkstätten bestand, bedeuteten, daß offene Organisation, gegründet auf die kollektive wirtschaftliche Macht der Arbeiterklasse schwierig, wenn nicht unmöglich war, und Untergrundaktivität unverzichtbar. Aber die ihre Folge war eine Haltung Blanquis den Arbeitern gegenüber, die derjenigen der utopischen Sozialisten bemerkenswert ähnelte. Für revolutionäre Kommunisten ebenso wie für friedliche Utopisten war die Arbeiterklasse gleichermaßen nicht das Subjekt, sondern das Objekt der Veränderung.

Kapitel 3

Ricardo, Hegel und Feuerbach

Die utopischen Sozialisten entwickelten eine brillante Kritik der kapitalistischen „Zivilisation“ und phantastische Modelle einer zukünftigen kommunistischen „Harmonie„. Ihre Schwäche lag darin, daß sie keine realistische Vorstellung über den Weg von einer Gesellschaftsform zur anderen, vom Kapitalismus zum Sozialismus, hatten.

Die französischen Sozialisten waren immer noch Gefangene der Aufklärung. Ihr Materialismus bezog die Gesellschaft nicht mit ein: Die Geschichte wurde immer nach als die „Entwicklung des menschlichen Geistes„ begriffen. Darüber hinaus besaßen weder Blanqui noch die utopischen Sozialisten irgendeine wissenschaftliche Analyse des Kapitalismus selbst. Um vorwärts zu kommen, waren zwei Dinge notwendig – erstens eine wissenschaftliche Methode, die derjenigen der Aufklärung überlegen sein würde, und zweitens ein besseres Verständnis des Kapitalismus. Die Grundlagen für diese beiden Dinge wurden von den beiden anderen Quellen des Marxismus geliefert – der deutschen klassischen Philosophie und der britischen politischen Ökonomie. Wir werden mit der letzteren und ihrem berühmtesten Vertreter, David Ricardo, anfangen.

Die Anatomie der bürgerlichen Gesellschaft

Die Philosophen der Aufklärung unterschieden zwischen dem Staat einerseits und der bürgerlichen Gesellschaft andererseits. Sie argumentierten, daß der Staat die gemeinsamen Interessen aller Staatsbürger vertrete. Im Gegensatz hierzu sei die zivile Gesellschaft der Bereich außerhalb des Staates, in dem die Einzelnen ihre privaten wirtschaftlichen Interessen verfolgen würden. Sie waren alle davon überzeugt, daß die Gesellschaft ohne den Staat im Chaos versinken würde. Von den Menschen wurde angenommen, daß sie von Natur aus aggressiv, habsüchtig, egoistisch und gewalttätig seien. Wenn sie sich selbst überlassen wären, ohne die Schranken, die der Staat ihnen setzt, würde die Folge ein „Krieg aller gegen alle" sein, von dem Hobbes ein so schreckliches Bild in seinem Werk **Leviathan** gezeichnet hat.

Die herrschende wirtschaftswissenschaftliche Auffassung dieser Zeit ging davon aus, daß die wirtschaftliche Entwicklung vom Einfluß des Staates abhängt. Beispielsweise versuchte Sir James Steuart zu zeigen, daß die Kapitalisten nur dann Profite aus ihren Investitionen ziehen würden, wenn die Regierung eingreifen und die Preise auf einem Niveau über den Produktionskosten festlegen würde. Diese Theorie paßte gut zu der Art und Weise, in der die Staaten im siebzehnten und achtzehnten Jahrhundert, die die wirtschaftlichen Aktivitäten ihrer Bürger einer strengen Kontrolle unterwarfen, handelten.

Die wissenschaftliche Schule der „klassischen politischen Ökonomen" teilte mit den anderen Schulen die Ansicht, daß die Menschen von Natur aus konkurrieren und die eigenen individuellen Interessen verfolgen würden. Sie aber argumentierten, daß die Wirtschaft dadurch, daß alle Individuen ihre jeweils eigenen Interessen verfolgten, ohne staatliche Eingriffe am besten vorankommen würde.

Adam Smith, der größte der schottischen Historiker, schrieb im Jahr 1776 sein Werk **Der Reichtum der Nationen**, in dem er argumentierte, daß Staatseingriffe in die Wirtschaft nur schädlich sein könnten. Wenn die Einzelnen ihre eigenen privaten Interessen verfolgen könnten, würde dies zu einem wirtschaftlichen Gleichgewicht führen, in dem alle Ressourcen der Gesellschaft vollständig genutzt werden würden.

Adam Smith war Universitätsprofessor in Glasgow, einem Hauptzentrum der industriellen Revolution, und er stand in enger Verbindung mit dem Industrie- und Handelsbürgertum der Stadt. Sein Werk **Der Reichtum der Nationen** schrieb er vor allem aus der Sicht des Sprechers eines innovativen und selbstbewußten Kapitalismus, der sich von den Schranken der von ihm als unnötig betrachteten staatlichen Eingriffe befreien wollte. (Smith lehnte allerdings Maßnahmen der Regierung wie etwa die Seefahrtsgesetzgebung, die den britischen Kapitalisten das Monopol auf den kolonialen Handel gab, nicht ab. Diese betrachtete er als Maßnahmen, die im Interesse der von ihm vertretenen Klasse lagen.)

Die Vorstellung „des Marktes" beherrschte Adam Smiths Ideen. Das ergibt sich daraus, daß der Reichtum, von dem er schreibt, als eine riesige Ansammlung von Produkten – oder Gütern – erscheint, die gekauft und verkauft werden. Es war daher naheliegend, die Faktoren herauszufinden, die die Preise, zu denen diese Produkte gekauft und verkauft werden, zu bestimmen und so den Versuch zu machen, den Wert dieser Produkte zu ermitteln. Er sagte, daß dann, wenn es von einem bestimmten Produkt mehr gibt als von den Menschen verlangt wird, der Preis fallen würde, um mehr Käufer anzulocken. Andererseits würde der Preis steigen, wenn es mehr Käufer als Produkte gibt, bis einige der Käufer aussteigen würden.

Smiths Werttheorie beruht auf der Idee, daß jede Ware einen „natürlichen" Preis hat. Das ist der Preis, zu dem sich Angebot und Nachfrage gerade die Waage halten. Jede der drei Hauptklassen der Gesellschaft, Kapitalisten, Arbeiter und Landbesitzer, bezieht ihr Einkommen (Profite, Löhne bzw. Landrenten) aus diesem Preis in seiner „natürlichen" Höhe.

Smiths Konzept des natürlichen Preises beruht auf drei sehr wichtigen Annahmen. Erstens geht es davon aus, daß die kapitalistische Wirtschaft sich spontan auf ein Gleichgewicht zubewegt; daß die Kräfte von Angebot und Nachfrage sich ausgleichen, so daß Güter zu ihrem „natürlichen" Preis verkauft werden. Einer von Smiths Schülern, Jean-Baptiste Say, versuchte sogar zu zeigen, daß sich Angebot und Nachfrage *immer* ausgleichen, und daß daher Wirtschaftskrisen, die entstehen, wenn Güter nicht verkauft werden können, unmöglich sind.

Zweitens wird durch Smiths Werttheorie eine *kapitalistische* Ökonomie aufgedeckt. Frühere Wirtschaftswissenschaftler unterschieden nicht zwischen Kapitalisten, Handwerkern und Arbeitern. Smiths Neuerung bestand darin, daß er die Kapitalisten als eine eigene Klasse betrachtete, die ihre eigene, besondere Form des Einkommens erzielt, den Profit, der von der Landrente und dem Arbeitslohn grundsätzlich verschieden war.

Drittens ist für Smith der Kapitalismus *natürlich.* Für einen Autor des achtzehnten Jahrhunderts war dies gleichbedeutend mit „gut". Viele Denker der Aufklärung versuchten, die Gesellschaft mit der Begründung zu kritisieren, daß sie künstlich sei und nicht mit der menschlichen Natur in Einklang stehe. Der wichtigste unter ihnen war Jean-Jacques Rousseau, der die frühen Stufen der Gesellschaft, in denen die Menschen in kleinen und idyllischen ländlichen Gemeinden (so wie er sie sich vorstellte) lebten, dem „unnatürlichen" Gegensatz zwischen Reichen und Armen, der aus der Teilung der Arbeit sowie der Entstehung des Geldes und des Handels folgte, entgegenstellte.

Die Nationalökonomen sahen jedoch die natürliche Gesellschaft nicht in den Anfängen der Geschichte. Ihnen zufolge entstand sie mit der industriellen Revolution – mit dem Kapitalismus. Smith führte die Arbeitsteilung auf „eine gewisse Neigung der menschlichen Natur„ zurück, nämlich „der Neigung, eine Sache zu transportieren, einzutauschen und zu wechseln". Der Markt, das Geld und der Handel, so glaubte er, paßten zur menschlichen Natur und widersprächen ihr nicht, wie Rousseau argumentierte.

Thomas Robert Malthus ging viel weiter in diese Richtung. Sein bekanntes Werk **Versuch über die Prinzipien der Bevölkerungsentwicklung** (1798) war als Antwort auf Condorcet und andere Denker der Aufklärung geschrieben, deren optimistische Auffassung, daß die Menschheit ihre Lebensgrundlagen unbegrenzt entwickeln könne, zur Inspiration der

Französischen Revolution beigetragen hatte. (Malthus war ein anglikanischer Pastor, dessen wirtschaftlichen Schriften der Verteidigung der Interessen des englischen Landadels gewidmet sind.)

Malthus Prinzipien der Bevölkerungsentwicklung (die sich auf äußerst dürftige Tatsachen stützen) zufolge ist es ein Naturgesetz, daß die Bevölkerung in geometrischer Reihe zunimmt, während die Nahrungsproduktion nur in arithmetischer Reihe steigt, so daß die Gesellschaft schließlich an die Grenze ihrer Ressourcen gerät. Malthus argumentierte, daß die Masse der Bevölkerung, sobald ihr Lebensstandard über das Subsistenzniveau steigt, anfangen würde, mehr Kinder zu haben, bis das Ungleichgewicht zwischen der Bevölkerung und der Nahrungsproduktion den Lebensstandard unter das Subsistenzniveau drückt und Hunger und Krankheiten verursacht, die, indem sie überzählige Münder beseitigen, das Gleichgewicht wiederherstellen.

Daher war Malthus zufolge jeder Versuch, den Lebensstandard der Masse der Bevölkerung zu vermehren, durch die Gesetze der Natur zum Scheitern verurteilt. Jeder Versuch, eine Gesellschaft aufzubauen, die auf Freiheit, Gleichheit und Brüderlichkeit basiert,

> „würde, aufgrund der unveränderlichen Naturgesetze und nicht wegen irgendwelcher Fehler in den menschlichen Institutionen, in einer sehr kurzen Zeit zu einer Gesellschaft degenerieren, die auf einem Muster beruht, das von demjenigen, das jedem heute bekannten Staat zugrunde liegt, nicht wesentlich verschieden ist – einer Gesellschaft, die in eine Klasse der Besitzenden und eine Klasse der Arbeitenden gespalten ist, und die von der Anerkennung der Triebkraft der großen Maschinerie geprägt ist."

Kapitalismus ist demzufolge natürlich. Jeder Versuch, ihn zu beseitigen, beruht auf reinen Hirngespinsten. Es ist nicht sehr verwunderlich, daß Malthus Bevölkerungstheorie von den Kapitalisten des neunzehnten Jahrhunderts und ihren Apologeten beschworen wurde, um zu rechtfertigen, den Arbeitern einen Lohn in Höhe ihres Subsistenzniveaus zu zahlen und nicht mehr.

Obwohl die politische Ökonomie sich der Rechtfertigung der Existenz des Kapitalismus gewidmet hat, unternahm sie nichtsdestoweniger die ersten ernsthaften Untersuchungen dessen, was Marx „die wirtschaftliche Anatomie der Klassen„ (MEW 28, S. 508) nannte . Das trifft vor allem auf David Ricardo zu. Seine **Grundsätze der politischen Ökonomie** (1817) gingen in zwei entscheidenden Punkten über Adam Smith hinaus. Erstens argumentierte Ricardo, daß „der Wert einer Ware, oder die Menge einer Ware, in der sie sich austauscht, von der relativen Menge an Arbeit, die für ihre Produktion notwendig ist, abhängt". Das ist im Grunde die Arbeitswerttheorie, die Marx zur Grundlage für seine eigene Analyse des Kapitalismus machen sollte.

Smith neigte dazu, den „natürlichen" Preis einer Ware als von der „natürlichen" Höhe seiner Bestandteile, Löhne, Profit und Rente, bestimmt anzusehen. Für Ricardo dagegen war der Wert, oder der natürliche Preis, von der Arbeit abhängig, die zur Herstellung der Ware notwendig ist. Kapitalisten, Arbeiter und Landbesitzer müssen dann um die Aufteilung dieser Wertes unter ihnen kämpfen.

Zweitens, und als offensichtliche Folge dieser Arbeitswerttheorie, sind die Interessen der Arbeiter, der Kapitalisten und der Landbesitzer antagonistisch. Ricardo argumentierte, daß „es keinen Anstieg des Werts der Arbeit ohne einen Fall der Profite geben kann". Löhne und Profite stehen in einer inversen Beziehung zueinander, so daß der Gewinn des Kapitals dem Verlust der Arbeit entspricht und umgekehrt. Zudem stellt die Rente einen Abzug vom Wert der Ware dar, so daß „das Interesse des Grundherrn immer dem Interesse jeder anderen Klasse in der Gesellschaft entgegengesetzt ist".

Die Bedeutung dieser Theorie des Wertes und der Profite liegt darin, daß sie den Klassenkampf, und insbesondere den Kampf um die Verteilung des Sozialprodukts – wer sollte welchen Teil des „nationalen Kuchens" erhalten – ins Zentrum der kapitalistischen Gesellschaft stellt.

Dieser neue Ansatz in der politischen Ökonomie muß teilweise als ein Versuch Ricardos, eines erfolgreichen Parlamentsmitglieds und Bankiers, gesehen werden, einen Rahmen für die Untersuchung der praktischen Probleme, denen sich der britische Kapitalismus am Anfang des neunzehnten Jahrhunderts gegenüber sah, zu finden. Diese Zeit war von einem erbitterten Klassenkampf geprägt, der Weber gegen ihre Herren aufbrachte, deren Entscheidung, neue Maschinen in der Textilindustrie einzuführen, die Maschinenstürmerbewegung der Ludditen auslöste. Zur selben Zeit waren sich die Arbeiter und die Fabrikbesitzer einig in der Ablehnung der Getreidegesetze, die britische Landbesitzer vor ausländischer Konkurrenz schützten und dadurch die Nahrungsmittelpreise auf einem hohen Niveau hielten. Ricardos erste größere Abhandlung, 1815 veröffentlicht, versuchte nachzuweisen, daß billigere Nahrungsmittel zu niedrigeren Löhnen führen und daher die Profite erhöhen würde. Sein Ansatz der politischen Ökonomie vertrat die Interessen der industriellen Bourgeoisie gegen diejenigen des politisch herrschenden Landadels, die von seinem Freund Malthus verteidigt wurden.

Marx betonte später allerdings, daß, „wenn die Auffassung Ric[ardos] im ganzen im Interesse der *industriellen Bourgeoisie* ist, so nur, *weil* und *soweit* deren Interesse koinzidiert mit dem der Produktion oder der produktiven Entwicklung der menschlichen Arbeit. Wo sie in Gegensatz dazu tritt, ist er ebenso *rücksichtslos* gegen die Bourgeoisie, als er sonst gegen das Proletariat und die Aristokratie ist.“ (MEW 26.2, S. 111) Zum Beispiel hat Ricardo in der dritten Ausgabe der *Grundsätze*, die 1821 veröffentlicht wurde, ein Kapitel über die Maschinerie hinzugefügt, das zeigte, daß technologische Verbesserungen zu Arbeitslosigkeit führen können. Sein entsetzter Schüler J. R. McCulloch protestierte: „Wenn deine Argumentation … zutreffend ist, dann stellen die Gesetze gegen die Ludditen eine Schande für das Gesetzbuch dar.“ Dieses Beispiel dessen, was Marx die „wissenschaftliche Ehrlichkeit“ (MEW 26.2, S. 111) Ricardos nannte, mag erklären, weshalb seine Schüler seine Theorie des Werts und der Profite nach und nach aufgaben.

Dennoch teilte Ricardo die grundlegenden Annahmen der anderen Nationalökonomen. Er vertrat die Ansicht, daß sich der Klassenkampf um die *Verteilung* des Sozialprodukts drehte. Die *Teilung* der Gesellschaft in eine Klasse der Kapitalisten, die die Produktionsmittel – die Fabriken und Maschinen – besitzt, und eine Klasse der Arbeiter, die nur ihre Arbeitskraft besitzt – ihre körperliche Kraft und ihre Fähigkeiten – sah er als natürlich an.

Ähnlich wie Marx nahm Ricardo an, daß die Profitrate tendenziell fällt, aber er suchte die Erklärung hierfür *außerhalb* der Gesellschaft. In Anlehnung an Malthus argumentierte er, daß die Arbeitsproduktivität in der Landwirtschaft im Lauf der Zeit fällt, weil die Bevölkerung schneller als die Nahrungsmittelproduktion wachse (das ist das „Gesetz der fallenden Erträge“). Im Ergebnis würde der Subsistenzlohn, der notwendig ist, um die Arbeiter am Leben zu erhalten, steigen, so daß die Profite fallen würden, bis die Gesellschaft eine „stabile Rate“ erreicht, bei der die Produktion aufhören würde zu wachsen. Marx sagte dazu, daß Ricardo „aus der Ökonomie ... in die organische Chemie [flüchtet]“. (Grundrisse, S. 639)

Die Ursache dieser Schwächen bestand in einer Geschichtsauffassung, die die klassischen Nationalökonomen noch immer mit der Tradition der Aufklärung teilten. Sie waren zwar nicht blind gegenüber dem geschichtlichen Wandel. Im Gegenteil, die schottischen Historiker und der französische Wirtschaftswissenschaftler Turgot unterschieden vier Stufen der menschlichen Entwicklung: das Jagen, die Weidewirtschaft, den Landbau und den Handel, von denen jede einen Fortschritt gegenüber der vorhergehenden darstellte. Aber sie sahen den „Handel“, womit sie den Kapitalismus meinten, als die *letzte* Stufe der menschlichen Geschichte an. Es würde keine weiteren Veränderungen geben, da der Kapitalismus „natürlich“ sei, weil er ihnen zufolge der menschlichen Natur mit ihrem angeborenen Hang zu „handeln und zu tauschen“ entsprach.

Marx faßte diese Haltung folgendermaßen zusammen:

> „Die Ökonomen verfahren auf eine sonderbare Art. Es gibt für sie nur zwei Arten von Institutionen, künstliche und natürliche. Die Institutionen des Feudalismus sind künstliche Institutionen, die der Bourgeoisie natürliche. ... Wenn die Ökonomen sagen, daß die gegenwärtigen Verhältnisse – die Verhältnisse der bürgerlichen Produktion – natürliche sind, so geben sie damit zu verstehen, daß es Verhältnisse sind, in denen die Erzeugung des Reichtums und die Entwicklung der Produktivkräfte sich gemäß den Naturgesetzen vollziehen. Somit sind diese Verhältnisse selbst von dem Einfluß der Zeit unabhängige Naturgesetze. Es sind ewige Gesetze, welche stets die Gesellschaft zu regieren haben. Somit hat es eine Geschichte gegeben, aber es gibt keine mehr ...“ (MEW 4, S. 139)

Hegel und die Dialektik

Die klassische politische Ökonomie hatte sich in eine verzwickte Lage gebracht. Sie hatte die Widersprüche im Zentrum der Gesellschaft aufgedeckt, die aus der „doppelten Revolution„ heraus entstand – den grundsätzlichen Interessenskonflikt zwischen Kapital und Arbeit. Aber nachdem sie dies entdeckt hatten, wollten die Nationalökonomen den geschichtlichen Wandel zum Stillstand bringen.

Es gab offensichtliche politische und ideologische Gründe für diese Position. Aber sie spiegelte auch die bedeutendste gedankliche Schwäche der Aufklärung wider, das Fehlen einer Theorie, die es ihnen ermöglicht hätte zu erklären, warum und wie geschichtliche Veränderungen stattfinden. Wie wir sahen, neigten sie dazu, die Geschichte als die Entfaltung der menschlichen Vernunft zu betrachten.

Diese Schwäche resultierte aus den Grenzen des mechanischen Materialismus, der dem Denken der Aufklärung zugrunde lag. Die Physik Galileis und Newtons erklärte die Bewegung von Körpern als Ergebnis äußerer Kräfte, beispielsweise der Schwerkraft. Aber eine solche Theorie ist nicht sehr befriedigend, sobald sie auf lebende Organismen angewendet wird. Die Veränderungen, die eine Eichel vollzieht, wenn sie zu einer Eiche wird, scheinen nicht das Resultat äußerer Kräfte zu sein. Lebewesen vollziehen einen Prozeß der *Entwicklung*. Sie entstehen, reifen, verfallen und sterben. Dieser Prozeß erscheint der inneren Natur des Organismus zu entspringen, nicht den Kräften, die er von außen erleidet.

Die Unfähigkeit des mechanischen Materialismus, Entwicklung und Wandel zu erklären, führte im achtzehnten Jahrhundert, vor allem in Deutschland, zum Entstehen einer philosophischen Auffassung, die *Naturphilosophie* oder „Philosophie der Natur„ genannt wurde. Diese Schule lehnte die Idee ab, daß alles in der Natur aus Körpern bestehe, die aufeinander einwirkten. Ihre Theorien waren meist mystisch und reaktionär oder rückwärtsgewandt, sie hielten an Begriffen der Zweckgerichtetheit fest, die darauf hindeuten, daß die Welt letztendlich von Gott gestaltet worden sei. Spätere wissenschaftliche Entwicklungen – Darwins Theorie der Evolution, die Entdeckung der organischen Zelle, Mendels Vererbungslehre – führten dazu, daß wir heute erklären können, wie lebende Organismen funktionieren, ohne auf Gott zurückzufallen.

Die Entstehung der Naturphilosophie war dennoch wichtig, weil sie die Menschen dazu anspornte, die Gesellschaft selbst als einen Organismus zu betrachten, der sich nach und nach entwickelt und verändert. Der mechanische Materialismus vertrat das Bild einer Gesellschaft, die aus einer Ansammlung voneinander getrennter Individuen bestand, die ihre jeweils eigenen Interessen unabhängig voneinander verfolgten. Die Gesellschaft als einen Organismus zu betrachten, bedeutet zweierlei: Erstens können Individuen nicht außerhalb der Gesellschaft leben – der Mensch ist ein soziales Lebewesen, nicht ein isoliertes Individuum. Zweitens ist die Geschichte für die Gesellschaft so natürlich wie das Wachstum und der Verfall für den lebenden Körper – die Gesellschaft kann nur geschichtlich verstanden werden.

Es war Georg Wilhelm Friedrich Hegel, der eine solche Auffassung von der Gesellschaft zum Fundament eines der bedeutendsten aller philosophischen Systeme machte – und im Zentrum von Hegels System stand die Dialektik, die Denkweise, die die Grundlage für ein Verständnis des geschichtlichen Prozesses liefern sollte.

Die Dialektik gründete auf zwei Annahmen: Erstens sind Hegel zufolge „alle Dinge *an sich selbst widersprechend*". Zweitens ist der „Widerspruch die Wurzel aller Bewegung und aller Lebendigkeit, und nur insofern, wie etwas in sich selbst einen Widerspruch hat, bewegt es sich, hat Trieb und Tätigkeit„.

Um zu verstehen, was Hegel unter einem Widerspruch versteht, laßt uns zur Eichel und zur Eiche zurückkehren. Die Eichel hat, indem sie eine Eiche wurde, aufgehört zu existieren. Die Eiche ist von einer Eichel verschieden. Die Eiche ist *nicht* die Eichel. Hegel würde sagen, daß die Eiche *die Negation* der Eichel ist.

Dennoch beinhaltet die Eichel die Möglichkeit, zur Eiche zu werden. Die Eichel enthält in ihr selbst ihre eigene Negation, und ist deshalb *widersprüchlich*. Es ist dieser Widerspruch, sagt Hegel, und *nur* dieser Widerspruch, der Wachstum erlaubt. Tatsächlich ist diese Art des Widerspruchs überall vorhanden: Die Wirklichkeit ist der Prozeß, durch den die in den Dingen enthaltene Negation wieder und wieder erscheint und sie verändert. Wirklichkeit *ist* Veränderung.

Hegel führt diesen Gedanken einen Schritt weiter. Wenn etwas sich negiert, wird es zu seinem Gegensatz, sagt er. Ein bekanntes Beispiel hierfür ist der von Hegel so genannte Umschlag der Quantität in die Qualität. Damit meinte er den Weg, auf dem eine Abfolge kleiner Veränderungen, von denen jede einzelne die grundsätzlichen Eigenschaften einer Sache unverändert läßt, ab einem bestimmten Punkt zu ihrer vollständigen Veränderung führt. Wenn man zum Beispiel die Temperatur von Wasser schrittweise verringert, wird man keine bedeutenden Veränderungen bei ihm bewirken, bis es die Temperatur von 0 °C erreicht, bei der es gefriert und von einer Flüssigkeit zu einem Feststoff wird. Schmelzen wir nun das Eis und erhöhen die Temperatur des Wassers. Wieder wird keine bedeutende Änderung eintreten bis die Temperatur von 100 °C erreicht ist, bei der es verdampft und von einer Flüssigkeit zu einem Gas wird. Eine Abfolge von Veränderungen in der Quantität der Temperatur des Wassers führt also zu einer Veränderung seiner Qualität. Quantität, sagt Hegel, wird zu ihrem Gegenteil, Qualität.

Aber Hegel argumentiert, daß es neben diesem offensichtlichen Gegensatz eine tiefer liegende Einheit gibt. „Weder das eine noch das andere besitzt die Wahrheit. Die Wahrheit liegt in der *Bewegung.*“

Um zu verstehen, was er damit sagen will, kommen wir auf die Eichel und die Eiche zurück. Sie sind offensichtlich voneinander verschieden und getrennt. In diesem Sinn sind sie Gegensätze. Nichtsdestoweniger entstand die Eiche aus der Eichel. Sie war früher diese Eichel. Die Eichel und die Eiche kennzeichnen den Beginn und das Ende des gleichen Prozesses.

Ein weiteres Beispiel mag diesen Punkt deutlicher machen. Ein siebzigjähriger Mann ist offensichtlich von dem Säugling im Alter von einer Woche, der er einmal war, sehr verschieden. Dennoch sind sie die *gleiche* Person. Der alte Mann war einst der Säugling und sie teilen eine grundlegende Identität trotz der vielen Veränderungen, die ein Leben von siebzig Jahren mit sich bringt.

Hegels umfassenderes Argument ist also, daß wir dann, wenn wir uns nur auf die einzelnen Dinge konzentrieren, nur die Unterschiede zwischen ihnen sehen. Sobald wir die Dinge vom Standpunkt der Dialektik betrachten, sehen wir aber, daß sie alle Teil desselben Prozesses sind. „Das Wahre ist das Ganze“. Die Dinge erhalten ihre wirkliche Bedeutung nur dann, wenn wir sie als Momente eines Prozesses des Wandels sehen.

Die Dialektik, Hegels neue philosophische Methode, sein neuer Weg, die Dinge zu betrachten, besteht also aus drei Stufen: Erstens die einfache Einheit, wenn wir das Objekt selbst betrachten, bevor irgendeine Veränderung eintritt. Zweitens, die Negation, wenn wir beobachten, daß das Objekt sein Gegenteil hervorbringt. Drittens, die Negation der Negation, wenn wir diese Gegensätze in einer umfassenderen Einheit miteinander vereinbart sehen.

Bis jetzt habe ich versucht, Hegels Dialektik der Einfachheit halber dadurch zu veranschaulichen, daß ich ziemlich banale Beispiele gewählt habe. Hegel selbst betrachtete allerdings nur das Denken und die Gesellschaft als wirklich dialektisch. Hegels eigene Absicht war zu zeigen, auf welche Weise alle Erscheinungen der Natur und die Stufen der menschlichen Entwicklung nichts als Aspekte des von ihm so bezeichneten „absoluten Geistes„ seien. Dieser „absolute Geist“ ist in Wirklichkeit nur eine andere Art, von „Gott“ zu sprechen.

Hegel glaubte, daß alles im unbegrenzten Geist Gottes existiert. Der grundlegende Ansatz seines philosophischen Systems war, zu zeigen, wie Gott, die „einfache Einheit“ der ersten Stufe der Dialektik, seine Negation, die Natur, in der zweiten Stufe hervorbrachte, während die dritte Stufe die Vereinigung von Gott und Natur durch die Entwicklung des menschlichen Bewußtseins war – die ihren Höhepunkt in der Philosophie Hegels selbst fand.

Ein ähnliches Bild entwarf er vom menschlichen Bewußtsein. Der menschliche Geist, sagte er, glaubt von sich, daß er von der Natur getrennt, isoliert und in einer Welt, die nicht seine eigene ist, verloren ist. Dies nannte er die *Entfremdung*. Sie wird durch ein wachsendes Bewußtsein des Menschen überwunden, das erkennt, daß sowohl die Natur wie es selbst Teile einer umfassenden Einheit sind – wiederum des absoluten Geistes, oder Gottes.

Hegel war tatsächlich noch in der Konzeption der Aufklärung gefangen, die die Geschichte als „das Fortschreiten des menschlichen Geistes„ betrachtete, nur daß er dieses zu einem Prozeß des Geistes Gottes oder des absoluten Geistes emporhob. „Die Geschichte ist der in die Form von Ereignissen gekleidete Geist“, schrieb er. Und auf dieser Grundlage baute er ein riesiges philosophisches Gebäude auf, das er in mehreren langen Büchern ausführte. Die meisten von Hegels eigenen Schlußfolgerungen waren letztendlich rückwärtsgewandt und brauchen uns hier nicht zu beschäftigen. Es war seine Methode, seine neue dialektische Art und Weise, die Welt zu betrachten, die ein Schritt vorwärts war.

Die Tatsache, daß seine Dialektik die Widersprüchlichkeit in Allem betonte, bedeutete, daß Hegel die Widersprüche in der Gesellschaft um ihn herum sah – aber die Lösungen die er anbot, waren reaktionär und rückwärtsgewandt. In der **Philosophie des Rechts** (1821) argumentierte Hegel, daß die Marktwirtschaft, wenn sie nicht reguliert wird, zu Armut, Stillstand und sozialen Unruhen führe. Die Gegensätze in der bürgerlichen sozialen Ordnung, sagte er, könnten nur durch einen Staat, der von dieser Ordnung unabhängig ist und der die bürokratischen, halbfeudalen Strukturen der preußischen Monarchie aufweist, überwunden werden.

Letztlich brachte Hegels Glaube, daß die Gegensätze im „Absoluten" vereint seien, ihn dazu, den Status quo zu predigen. Er überließ es anderen, die revolutionären Schlüsse, die sich aus seiner „Dialektik" ableiteten, zu ziehen.

Feuerbach stellt Hegel auf die Füße

Hegel zufolge ist die Widersprüchlichkeit „die Wurzel aller Bewegung und Lebendigkeit", und die einzige Wirklichkeit sei der Wechsel und die Bewegung. Auf die Gesellschaft angewandt, waren dies sehr subversive Ideen. Sie beinhalteten, den Worten Engels zufolge, daß

> „alle nacheinander folgenden geschichtlichen Zustände nur vergängliche Stufen im endlosen Entwicklungsgang der menschlichen Gesellschaft vom Niedern zum Höhern [sind]. Jede Stufe ist notwendig, also berechtigt für die Zeit und die Bedingungen, denen sie ihren Ursprung verdankt; aber sie wird hinfällig und unberechtigt gegenüber neuen, höhern Bedingungen, die sich allmählich in ihrem eignen Schoß entwickeln; sie muß einer höhern Stufe Platz machen, die ihrer-

seits wieder an die Reihe des Verfalls und des Untergangs kommt.“ (MEW 21, S. 267)

Das bedeutete, daß der Kapitalismus nicht das Ende der Geschichte sein konnte, sondern nur eine Stufe, und daß er in sich selbst seinen eigenen Widerspruch trug. Daran dachte Alexander Herzen, ein russischer Revolutionär des neunzehnten Jahrhunderts, als er schrieb: „Die Philosophie Hegels ist die Algebra der Revolution.“

Aber Hegel stellte die ganze Sache auf den Kopf. Er hat entdeckte, daß die natürlichen und geschichtlichen Ereignisse vom dialektischen Prozeß vorangetrieben werden. Er versuchte herauszukristallisieren, was all diesen Ereignissen gemeinsam war. Dann nahm er diese gemeinsamen Eigenschaften als Fundament seiner Logik. Letztlich behauptete er, daß diese logischen Kategorien selbst *verantwortlich* für das Leben und die Bewegung der wirklichen Welt seien. Die Dialektik wurde aus einer Vorgehensweise, die Welt zu verstehen, einer Denkweise, zum bestimmenden Faktor selbst erhoben. Das Denken schafft die Wirklichkeit, wie in der Bibel Gott die Welt erschafft, sagte Hegel.

„Hegel geriet daher auf die Illusion“, schrieb Marx, „das Reale als Resultat des … aus sich selbst sich bewegenden Denkens zu fassen“, aber „das reale Subjekt bleibt nach wie vor außerhalb des Kopfes in seiner Selbständigkeit bestehn“ (Grundrisse, S. 22). Die Dialektik, sagte er, „steht bei ihm auf dem Kopf. Man muß sie umstülpen, um den rationalen Kern in der mystischen Hülle zu entdecken.“ (MEW 23, S. 27)

Die dialektischen Kategorien spiegeln, wie alle Produkte des Denkens, nur die wirkliche, materielle Welt wider. Sie können ein Werkzeug sein, um die materielle Welt zu verstehen, aber sie mußten zuerst von ihrer „mystischen Schale“ befreit werden. Und es war Ludwig Feuerbach, der Hegels Ideen wieder auf die Füße stellte.

Hegel sagte, daß die erste, „einfache Einheit“ Gott sei, die „absolute Idee“. Dann kam die „Negation“, die materielle Welt, die Gott entgegengestellt und von ihm entfremdet sei, bis zur dritten Stufe der Dialektik, dem Wachstum des menschlichen Bewußtseins, die Gott und die materielle Welt im absoluten Geist vereinigen würde. Feuerbach argumentierte, daß Hegel etwas, was lediglich die Eigenschaft des Menschen ist, die Fähigkeit zu denken, in das bestimmende Prinzip alles Bestehenden verwandelt habe. Statt die Menschen als Teil der materiellen Welt und das Denken als die Art und Weise, wie sie über diese Welt nachdenken, zu sehen, hatte Hegel sowohl den Menschen wie die Natur zu reinen Widerspiegelungen der allmächtigen absoluten Idee gemacht.

Das, sagte Feuerbach, ist die Wurzel aller Religion. Die Religion nimmt menschliche Fähigkeiten – die Fähigkeit zu denken, auf die Welt einzuwirken und sie zu verändern und so weiter – und verwandelt sie in ein erdachtes Wesen, Gott. Auf diese Weise verwandeln sie ihre eigenen Fähigkeiten in etwas ihnen selbst Fremdes. So wird dieses Produkt menschlichen Denkens, Gott, allmächtig und allwissend gemacht, während die Menschen selbst abgewertet und als sündige, schwache und dumme Wesen, als die Marionetten ihrer eigenen Erfindung betrachtet werden. Sie werden ihrer eigenen Kraft entfremdet.

Feuerbachs Analyse der Religion, und die materialistische Philosophie, auf der seine Analyse basierte, hatte eine enorme Wirkung auf die Linkshegelianer der 40er Jahre des 18. Jahrhunderts. Engels schreibt über **Das Wesen des Christentums** (1841), daß

> „es den Materialismus ohne Umschweife wieder auf den Thron erhob. Die Natur existiert unabhängig von aller Philosophie; sie ist die Grundlage, auf der wir Menschen, selbst Naturprodukte, erwachsen sind; außer der Natur und den Menschen existiert nichts, und die höhern Wesen, die unsere religiöse Phantasie erschuf, sind nur die phantastischen Rückspiegelungen unsers eignen Wesens. ... Man muß die befreiende Wirkung dieses Buchs selbst erlebt haben, um sich eine Vorstellung davon zu machen. Die Begeisterung war allgemein: Wir waren alle momentan Feuerbachianer.“ (MEW 21, S. 272)

Feuerbachs Leistung war, daß er den Materialismus der Aufklärung wieder bekräftigte. Sein grundlegendstes Konzept war das der menschlichen Natur, die er „Gattungswesen„ nannte. Aber Feuerbach kehrte nicht einfach zur Aufklärung zurück. Wie Fourier und die anderen utopischen Sozialisten erweiterte er das Konzept der menschlichen Natur, so daß sie mehr als das reine Eigeninteresse beinhaltete. „Das Wesen des Menschen ... macht die Gattung, die eigentliche *Menschheit im Menschen* aus", schrieb er.

Aber Feuerbach stellte sich, wie die Philosophen der Aufklärung, die menschliche Natur als etwas Unveränderliches vor. Er argumentierte, daß es notwendig sei, den Menschen ihre wahre Natur bewußt zu machen. Das könne nur durch einen Erziehungsprozeß erreicht werden, dessen Ziel es sein würde, den Einfluß der Religion auf den Verstand der Menschen zu zerstören.

Marx faßte die Position Feuerbachs richtig zusammen, als er schrieb: „Soweit Feuerbach Materialist ist, kommt die Geschichte bei ihm nicht vor, und soweit er die Geschichte in Betracht zieht, ist er kein Materialist." (MEW 3, S. 45)

Nichtsdestoweniger schuf Feuerbachs Kritik an Hegel den Ausgangspunkt für Marxens eigene, besondere Position. Der Materialismus, die Auffassung, daß das Denken die Welt widerspiegelt und sie nicht schafft, war das Fundament seiner Konzeption der Geschichte: „Es ist nicht das Bewußtsein, das ihr [der Menschen] Sein, sondern umgekehrt ihr gesellschaftliches Sein, das ihr Bewußtsein bestimmt." (MEW 13, S. 9)

In seinem Werk **Die heilige Familie** stellte Marx den Materialismus der wissenschaftlichen Revolution des siebzehnten Jahrhunderts und der Aufklärung des achtzehnten Jahrhunderts den Junghegelianern entgegen. Im Vorwort seiner Schrift **Die deutsche Ideologie** verspottete er den Glauben letzterer, daß das Denken die Welt regiere:

> „Ein wackrer Mann bildete sich einmal ein, die Menschen ertränken nur im Wasser, weil sie vom *Gedanken der Schwere* besessen wären. Schlügen sie sich diese Vorstellung aus dem Kopfe, etwa indem sie dieselbe für eine abergläubige,

für eine religiöse Vorstellung erklärten, so seien sie über alle Wassersgefahren erhaben. Sein Leben lang bekämpfte er die Illusion der Schwere, von deren schädlichen Folgen jede Statistik ihm neue und zahlreiche Beweise lieferte. Der wackre Mann war der Typus der neuen deutschen revolutionären Philosophen." (MEW 3, S. 13f.)

Für die hegelianische Linke war alles, was die Menschen tun mußten, um frei zu werden, sich von der „Illusion der Unfreiheit" zu befreien. Max Stirner, den Marx der Schrift **Die deutsche Ideologie** ins Visier seiner Kritik nahm, tat den materiellen Apparat des Staates, mit seiner ganzen unterdrükkerischen Macht, als ein „Gespenst", ein von unserer eigenen Vorstellung geschaffenes Phantom ab.

Marx Kritik an Feuerbach war, daß er nicht weit genug ging. Die Geschichte müsse ebenso wie die Natur materialistisch verstanden werden.

Kapitel 4

Marxens Methode

> „Wenn je wieder Zeit für solche Arbeiten kommt, hätte ich große Lust, in 2 oder 3 Druckbogen das Rationelle an der Methode, die H[egel] entdeckt, aber zugleich mystifiziert hat, dem gemeinen Menschenverstand zugänglich machen.“ (MEW 29, S. 260)

Marx hatte natürlich nie die Zeit, dieses in einem Brief an Engels im Januar 1858 ausgedrückte Bedürfnis zu verwirklichen, und die Frage „der Dialektik“ beschäftigte spätere Marxisten immer wieder. Dieses Kapitel wird nicht versuchen, dieses Problem zu lösen, sondern lediglich, die grundlegenden Merkmale des marxistischen Ansatzes, die Gesellschaft zu verstehen, zu umreißen.

Arbeit und Entfremdung

Das älteste Argument gegen den Sozialismus – daß er im Gegensatz zur menschlichen Natur stehe –, ist auch das am weitesten verbreitete. Viele Leute sagen, daß der Sozialismus eine gute Idee ist, aber daß es ihn niemals geben wird, weil man die menschliche Natur nicht verändern kann. Jeder Versuch, eine Gesellschaft, die von Armut, Ausbeutung und Gewalt befreit ist, zu schaffen, muß an der Tatsache, daß die Menschen von Natur aus selbstsüchtig, habgierig und aggressiv sind, scheitern.

Das Argument geht vermutlich auf die alte christliche Idee der Erbsünde zurück. Der Mensch ist ein sündiges Tier, mit dem Kainsmal auf der Stirn geboren, dessen einzige Erlösung außerhalb der Welt, in der Gnade Gottes, liege. Adam Smith benutzte eine weltliche Version dieses Arguments, um zu erklären, warum die aufstrebende kapitalistische Gesellschaft im England des achtzehnten Jahrhunderts natürlich und unvermeidlich sei. Er führte den Ursprung der Marktwirtschaft auf die „Neigung der menschlichen Natur ... zu handeln, zu tauschen und zu wechseln“ zurück.

Diese Ideen leben heute fort. Smiths Lehre von der freien Marktwirtschaft lebt im Monetarismus fort. Alle möglichen „wissenschaftlichen“ Theorien versuchen zu beweisen, daß Konkurrenz und Krieg der menschlichen Natur innewohnen. So behauptet die Pseudowissenschaft der Soziobiologie, daß Menschen tatsächlich Tiere sind, die sich um Landflecken streiten. Die Verästelungen dieser Art von Ideen sind endlos. Sie sind beispielsweise benutzt worden, um zu beweisen, daß Frauen von Natur aus Männern untergeordnet seien und aufgrund ihrer Biologie zum Kochen, zum Herrichten der Betten und zur Beaufsichtigung der Kinder verdammt seien.

Marx widersprach der ganzen Idee einer unveränderlichen menschlichen Natur in seiner sechsten „These über Feuerbach„, in der er erklärte: „Feuerbach löst das religiöse Wesen in das *menschliche* Wesen auf. Aber das menschliche Wesen ist kein dem einzelnen Menschen inwohnendes Abstraktum. In seiner Wirklichkeit ist es die Gesamtheit der gesellschaftlichen Verhältnisse.“ (MEW 3, S. 6) In anderen Worten: es gibt keine abstrakte „menschliche Natur“. So wie sich die Gesellschaft verändert, so tun dies auch die Auffassungen, Bedürfnisse und Fähigkeiten der Männer und Frauen. Die Eigenschaften der Menschen können nicht von der Art der Gesellschaft, in der sie leben, getrennt werden. Daher müssen wir, um zu verstehen, wie sich die Menschen verhalten, zuerst das im Lauf der Geschichte sich verändernde „ensemble der gesellschaftlichen Verhältnisse“ analysieren. Meine *„analytische* Methode“, schrieb Marx am Ende seines Lebens, geht „nicht von *dem* Menschen, sondern von der ökonomisch gegebnen Gesellschaftsperiode“ aus. (MEW 19, S. 371)

Obwohl Marx also die Vorstellung einer unveränderlichen menschlichen Natur ablehnte, blieb er bei der Annahme, daß die Menschen in sehr unterschiedlichen Gesellschaften einige Dinge gemein haben. Tatsächlich sind es genau diese gemeinsamen Merkmale, die erklären, warum menschliche Gesellschaften sich ändern und mit ihnen die Vorstellungen, Bedürfnisse und Fähigkeiten der Menschen, die sie bilden.

Marxens Gedanken zu diesem Thema sind ausführlich in den **Ökonomisch-philosophischen Manuskripten** von 1844 entwickelt, in denen er an Feuerbachs Konzept des „Gattungswesens„ anknüpft, ihm aber einen radikal verschiedenen Inhalt gibt. Nochmals ein Zitat aus den „Thesen über Feuerbach“: „Das Wesen kann [Feuerbach zufolge] nur als ‘Gattung’, als innere, stumme, die vielen Individuen *natürlich* verbindende Allgemeinheit gefaßt werden.“ (MEW 3, S. 6) Feuerbach zufolge ist das, was die Menschen in der Gesellschaft zusammenbringt, die Liebe, das natürliche und unveränderliche Gefühl, das die Individuen füreinander anziehend macht.

Für Marx stellt jedoch „die *Arbeit* ... das *Wesen* ... des Menschen„ (MEW 40, S. 574) und das Fundament der Gesellschaft dar. Der Mensch ist ein arbeitendes Tier. „Eben in der Bearbeitung der gegenständlichen Welt bewährt sich der Mensch daher erst wirklich als *Gattungswesen.* Diese Produktion ist sein werktätiges Gattungsleben. Durch sie erscheint die Natur als *sein* Werk und seine Wirklichkeit.“ (MEW 40, S. 517)

Wie die anderen Tiere ist der Mensch Teil der Natur und wird, wie sie, durch die Notwendigkeit zu überleben und sich fortzupflanzen, angetrieben. Was die Menschen von den anderen Tieren unterscheidet, ist die große Vielfalt an Formen, in denen die Menschen ihre Bedürfnisse befriedigen können. Das ist möglich, weil Menschen bewußte und ihrer selbst bewußte Wesen sind:

> „Das Tier ist unmittelbar eins mit seiner Lebenstätigkeit. Es unterscheidet sich nicht von ihr. Es ist *sie.* Der Mensch macht seine Lebenstätigkeit selbst zum Gegenstand seines Wollens und seines Bewußtseins. Er hat bewußte Lebenstätigkeit. ... Die bewußte Lebenstätigkeit unterscheidet den Menschen unmittelbar von der tierischen Lebenstätigkeit.“ (MEW 40, S. 516)

Die Argumentation von Marx kann deutlicher herausgestellt werden, wenn wir eine Analogie verwenden, die er selbst bei einer Reihe von Gelegenheiten verwendete. Ein Bienenstock ist ein Beispiel einer hoch organisierten Arbeitsteilung, in der jede Biene eine ihr zugewiesene Aufgabe im Wirtschaftshaushalt des Bienenstocks zu erfüllen hat. Aber die Arbeit der Biene wiederholt sich. Sie hat sich während Millionen von Jahren nicht geändert. Was eine Biene tun kann, ist von vornherein auf eine begrenzte Zahl von Aktivitäten, die durch ihre genetische Ausstattung bestimmt sind, festgelegt.

Menschen sind einer solchen Beschränkung nicht unterworfen. Sie können ihre Produktionsmethoden ändern und verbessern. Sie sind dazu aufgrund ihrer überlegenen geistigen Ausstattung fähig. Menschen besitzen die Fähigkeit der Reflexion. Sie können, mit anderen Worten, von dem, was sie gerade tun, Abstand nehmen und es mit anderen Möglichkeiten, dasselbe Ziel zu erreichen, vergleichen. Sie können so das, was sie tun, kritisieren und verbessern. Sie können sich sogar neue Ziele, die sie erreichen wollen, ausdenken.

Aus diesem Grund hat die Menschheit eine Geschichte. Die Naturgeschichte beschäftigt sich damit herauszufinden, welche Tierarten es gibt und damit, ihr Verhalten zu studieren. Eine Veränderung tritt in der natürlichen Welt nur dann auf, wenn eine neue Art entsteht. Dagegen handelt die menschliche Geschichte von den wechselnden Methoden, die dieselbe Spezies angewandt hat, um ihre Bedürfnisse zu befriedigen.

Marx legt Wert darauf zu betonen, daß das Bewußtsein untrennbar mit der produktiven Tätigkeit, die die Menschen ausüben, verbunden ist. In der Schrift **Die deutsche Ideologie** erklärt er: „Man kann die Menschen durch das Bewußtsein, durch die Religion, durch was man sonst will, von den Tieren unterscheiden. Sie selbst fangen an, sich von den Tieren zu unterscheiden, sobald sie anfangen, ihre Lebensmittel zu *produzieren*, ein Schritt, der durch ihre körperliche Organisation bedingt ist.“ (MEW 3, S. 21)

Die Auffassung, daß Männer und Frauen in erster Linie und hauptsächlich *Produzenten* sind, griff grundlegende Annahmen über die Gesellschaft, die von fast allen früheren Denkern geteilt wurden, scharf an. Aristoteles hat den Menschen als vernunftbegabtes Tier definiert. Diese Definition trennt die Fähigkeit zu denken und zu überlegen von allen anderen Tätigkeiten und vor allem von der täglichen Schinderei der körperlichen Arbeit, zu der in der Geschichte die Mehrzahl der Menschen verdammt war.

Aristoteles war das Produkt einer Sklavengesellschaft. Die herrschende Klasse der altertümlichen Welt verachtete körperliche Arbeit als eine Tätigkeit, die nur für ihre Sklaven angemessen sei. (Die gesetzliche Definition des Sklaven im Römischen Reich war *instrumentum vocale* – sprechendes Werkzeug.) Aristoteles Bild eines guten Menschen ist das eines Sklavenhalters der, frei von der Notwendigkeit, für seinen Lebensunterhalt zu arbeiten, die höheren geistigen Tätigkeiten betreiben kann. Dieselbe Unterscheidung von geistiger und körperlicher Arbeit, selbst eine Widerspiegelung der Klassengesellschaft, in der sie lebten, wurde von allen großen bürgerlichen Philosophen getroffen, von Descartes bis Hegel. Alle sahen das geistige Leben als das einzige wichtige Merkmal der Menschen an, und alle gingen davon aus, daß jemand anderes die Arbeit, sie mit den niedrigen materiellen Gütern – Nahrung, Kleidung und Wohnung –, die sie brauchten, um die Wahrheit zu ergründen, besorgen würde. Marx formulierte: „Die Arbeit, welche Hegel allein kennt und anerkennt, ist die *abstrakt geistige.*" (MEW 40, S. 574)

Marx verwarf dies, indem er die produktive Arbeit als grundlegend für die tatsächliche Existenz der Menschen betrachtete. Er sah in der Arbeit ihre Bindung an die Natur: „Der Mensch *lebt* von der Natur, heißt: die Natur ist sein *Leib*, mit dem er in beständigem Prozeß bleiben muß, um nicht zu sterben." (MEW 40, S. 516)

Die menschliche Arbeit verändert die Natur. Marx verspottete die Idee einer unveränderlichen Natur ebenso sehr, wie er dies mit derjenigen eines ewigen menschlichen „Gattungswesens„ tat. Er schrieb über Feuerbach:

> „Er sieht nicht, wie die ihn umgebende sinnliche Welt nicht ein unmittelbar von Ewigkeit her gegebenes, sich stets gleiches Ding ist, sondern das Produkt der Industrie und des Gesellschaftszustandes, und zwar in dem Sinne, daß sie ein geschichtliches Produkt ist, das Resultat der Tätigkeit einer ganzen Reihe von Generationen, deren Jede auf den Schultern der vorhergehenden stand … Selbst die Gegenstände der einfachsten „sinnlichen Gewißheit“ sind ihm nur durch die gesellschaftliche Entwicklung, die Industrie und den kommerziellen Verkehr gegeben. Der Kirschbaum ist, wie fast alle Obstbäume, bekanntlich erst vor wenig Jahrhunderten durch den *Handel* in unsere Zone verpflanzt worden und wurde deshalb erst *durch* diese Aktion einer bestimmten Gesellschaft in einer bestimmten Zeit der ‘sinnlichen Gewißheit’ Feuerbachs gegeben.“ (MEW 3, S. 43)

Aber die Arbeit der Menschen verändert nicht nur die Natur; sie verändert auch die Menschen selbst. Die Produktion ist für Marx eine *soziale* Tätigkeit. Er beschreibt die Arbeit als „ein doppeltes Verhältnis – einerseits als natürliches, andererseits als gesellschaftliches Verhältnis – gesellschaftlich in dem Sinne, als hierunter das Zusammenwirken mehrerer Individuen, gleichviel unter welchen Bedingungen, auf welche Weise und zu welchem Zweck, verstanden wird.“ (MEW 3, S. 29f.)

Daraus folgt, daß Menschen grundsätzlich soziale Wesen sind. Es macht keinen Sinn, Menschen als außerhalb der Gesellschaft existierende Wesen zu betrachten. An dieser Stelle griff Marx die Nationalökonomen an, die ihre Theorien auf der Vorstellung eines von der Gesellschaft isolierten Individuums gründeten und die die Funktionsweise des kapitalistischen Marktes als Ergebnis der Wünsche dieses „natürlichen Menschen“ erklärten. Diese Auffassung vom Menschen als isoliertem Individuum konnte leicht dazu dienen, die kapitalistische Gesellschaft zu rechtfertigen, die ja auf dem, was Hobbes den „Krieg aller gegen alle“ nannte, dem beständigen Kampf um Macht und Wohlstand, gegründet ist.

Marx nannte diese Phantasien „Robinsonaden“, weil sie die Menschen sahen, als wären sie wie Robinson Crusoe auf seiner Insel. „In dieser Gesellschaft der freien Konkurrenz erscheint der einzelne losgelöst von den Naturbanden usw., die ihn in früheren Geschichtsepochen zum Zubehör eines bestimmten, begrenzten menschlichen Konglomerats machen.“ (Grundrisse, S. 5)

Aber das ist nur ein Schein:

> „Der Mensch ist im wörtlichsten Sinne ein zoon politikon [ein in Gemeinschaft lebendes Tier], nicht nur ein geselliges Tier, sondern ein Tier, daß nur in der Gesellschaft sich vereinzeln kann. Die Produktion des vereinzelten einzelnen außerhalb der Gesellschaft … ist ein ebensolches Unding als Sprachentwicklung ohne *zusammen* lebende und zusammen sprechende Individuen.“ (Grundrisse, S. 6)

Wenn die Produktion die grundlegendste menschliche Tätigkeit ist, dann folgt daraus, daß wir, wenn wir die Gesellschaft untersuchen, der Art und Weise, wie die Produktion organisiert ist, die größte Aufmerksamkeit widmen sollten. Deshalb konzentrierte Marx seine Aufmerksamkeit auf die „gesellschaftlichen Produktionsverhältnisse“, das Ausbeutungsverhältnis zwischen dem Lehnsherren und dem Leibeigenen oder zwischen dem Kapitalisten und dem Arbeiter.

Wenn die Produktion eine gesellschaftliche Tätigkeit ist, dann folgt daraus, daß Veränderungen in der Organisation der Produktion Veränderungen in der Gesellschaft nach sich ziehen und deshalb, da „das Wesen des Menschen das ensemble der gesellschaftlichen Verhältnisse ist“, ebenso Veränderungen in den Vorstellungen, Wünschen und Verhaltensweisen der Menschen. Das ist der Kern der materialistischen Geschichtsauffassung von Marx, deren ausgereifte Form wir im nächsten Kapitel betrachten werden. Lassen wir uns hier einen kurzen Blick auf Marxens ersten Entwurf des historischen Materialismus in den **Ökonomisch-philosophischen**

Manuskripten von 1844 werfen, da er eng mit seiner Kritik an Hegel und Feuerbach verbunden ist und daher mit seiner Vorstellung von seiner eigenen analytischen Methode.

Sowohl für Hegel wie für Feuerbach ist die Entfremdung ein rein geistiges Phänomen, das Ergebnis einer bestimmten falschen Weltanschauung. Marx dagegen begriff die Entfremdung als einen materiellen und gesellschaftlichen Prozeß. In der kapitalistischen Gesellschaft ist der Arbeiter gezwungen, seine Kraft und seine Fähigkeiten dem Kapitalisten zu verkaufen. Als Folge dessen kontrolliert er weder die Produkte seiner Arbeit noch seine Arbeit selbst. Was seine „Lebenstätigkeit", mittels derer er seine Menschlichkeit oder sein „Gattungswesen„ bestätigt, sein sollte, wird reines Mittel zum Zweck. Und weil er so von seiner eigenen Natur entfremdet wurde, ist der Arbeiter ebenso von der Natur entfremdet, da er gerade mittels der Arbeit die Natur verwandelt und dadurch vermenschlicht, und er ist auch von anderen Menschen entfremdet. Dieser Bedingung der entfremdeten Arbeit entspringt die Beziehung zwischen dem Arbeiter und dem Kapitalisten, in der ein Nichtarbeitender die Arbeit anderer kontrolliert und von ihr profitiert.

Der Kapitalismus ist für Marx eine Welt, in der der Arbeiter von den Produkten seiner Arbeit beherrscht wird, die die Form eines fremden Wesens, des Kapitals, angenommen haben. Diese Sichtweise, die so überzeugend in den **Manuskripten von 1844** entwickelt ist, findet sich in den späteren Schriften von Marx, das **Kapital** eingeschlossen, wieder. Aber die Analyse der entfremdeten Arbeit trägt noch die Spuren seiner philosophischen Vergangenheit.

Zunächst beruht alles auf dem Kontrast zwischen der menschlichen Natur, wie sie ist – entwurzelt, entstellt und entfremdet – und wie sie sein sollte. In den **Manuskripten** ist der Kapitalismus vor allem eine *unnatürliche* Gesellschaft, die „gesellschaftliche Hölle", die Fourier und die anderen utopischen Sozialisten wegen ihres Versagens, die wahren Bedürfnisse der Menschen zu erfüllen, anprangerten.

Eine solche in erster Linie moralische Beurteilung der Schwächen der kapitalistischen Gesellschaft ist ein wichtiger Teil jeder sozialistischen Theorie. Aber was die späteren Schriften von Marx von denen früherer Sozialisten unterscheiden wird, war seine Untersuchung der Art und Weise, in der der Kapitalismus die materiellen und sozialen Bedingungen seines Sturzes schafft. In den **Manuskripten** beschäftigt sich Marx nicht wirklich mit dem, was er im **Kapital** „das ökonomische Bewegungsgesetz der modernen Gesellschaft„ (MEW 23, S. 15) nennt, sondern zeigt vor allem, wie der Kapitalismus die menschliche Natur verneint.

Dennoch ist es richtig, daß der Klassenkampf hier zum ersten Mal von Marx ernsthaft behandelt wird. Das erste der **Manuskripte** beginnt mit den Worten „Arbeitslohn wird bestimmt durch den feindlichen Kampf zwischen Kapitalist und Arbeiter." (MEW 40, S. 471)

Dennoch gibt es dort keine wirkliche Diskussion darüber, wie der Klassenkampf sowohl bei der Entwicklung wie beim Sturz des Kapitalismus eine entscheidende Rolle spielt. Der Kommunismus stellt in den **Manuskripten** immer noch eine philosophische Kategorie dar, als das Ziel, aus dem die ganze Geschichte ihre Bedeutung gewinnt. Marx nennt ihn „das aufgelöste Rätsel der Geschichte" (MEW 40, S. 536) Der Einfluß von Hegels zirkulärer Dialektik, in der das Ergebnis der Geschichte, die Vereinigung der Widersprüche im absoluten Geist, bereits vom Ursprung her festgelegt ist, ist immer noch groß.

Diese philosophischen Spuren haben ihre politische Folgen. Eine Folgerung aus der Analyse der entfremdeten Arbeit ist, daß die Kapitalisten selbst entfremdet, selbst dazu verurteilt sind, in einer der menschlichen Natur nicht entsprechenden, entwurzelten Existenz zu leben. Es war dieses Argument, mit dem die utopischen Sozialisten rechtfertigten, sowohl Arbeiter als auch Kapitalisten dazu aufzurufen, die bürgerliche Gesellschaft zu stürzen, da es letzteren auch nützen würde.

Was Engels 1892 von seinen eigenen frühen Schriften sagte, trifft auch auf Marxens **Ökonomisch-philosophische Schriften von 1844** zu:

„Im Jahr 1844 existierte der moderne internationale Sozialismus noch nicht ... Mein Buch repräsentiert nur eine der Phasen seiner embryonalen Entwicklung. Und wie der menschliche Embryo in seinen frühesten Entwicklungsstufen die Kiemenbögen unserer Vorfahren, der Fische, noch immer reproduziert, so verrät dies Buch überall die Spuren der Abstammung des modernen Sozialismus von einem seiner Vorfahren – der deutschen Philosophie. So wird großes Gewicht gelegt auf die Behauptung, daß der Kommunismus nicht eine bloße Parteidoktrin der Arbeiterklasse ist, sondern eine Theorie, deren Endziel ist die Befreiung der gesamten Gesellschaft, mit Einschluß der Klasse der Kapitalisten, aus den gegenwärtigen einengenden Verhältnissen. Dies ist in abstraktem Sinn richtig, aber in der Praxis meist schlimmer als nutzlos. Solange die besitzenden Klassen nicht nur kein Bedürfnis verspüren nach Befreiung, sondern auch der Selbstbefreiung der Arbeiterklasse sich mit allen Kräften widersetzen, solange wird die Arbeiterklasse nun einmal genötigt sein, die soziale Umwälzung allein einzuleiten und durchzuführen." (MEW 22, S. 269f.)

In den späteren Werken **Die deutsche Ideologie, Das Elend der Philosophie, Das Kapital** und seinen Entwürfen entwickelte Marx seine Theorie der Geschichte vollständig und zeigte, wie die kapitalistische Ausbeutung die Arbeiter zwingt, sich gemeinsam zu organisieren, um sie zu stürzen. Die Untersuchung der entfremdeten Arbeit in den **Manuskripten von 1844** ist, wie Engels sagt, ein Embryo dieser späteren, ausgereiften Theorie.

Die Logik des „Kapital"

„Wenn Marx auch nicht eine *'Logik'* hinterließ, so hinterließ er doch die Logik des 'Kapital'", schrieb Lenin. Damit meinte Lenin, daß, obwohl Marx nie die „2 oder 3 Druckbögen" schrieb, die den „rationalen Kern" aus Hegels Dialektik herauslösen sollten, das **Kapital** zeigt, wie seine Methode funktioniert. Sein Studium sollte uns daher ermöglichen, die Marxens Form der Dialektik zugrunde liegenden Grundsätze zu verstehen.

Der Ausgangspunkt von Marx war von demjenigen Hegels grundsätzlich verschieden:

„Meine dialektische Methode ist der Grundlage nach von der Hegelschen nicht nur verschieden, sondern ihr direktes Gegenteil. Für Hegel ist der Denkprozeß, den er sogar unter dem Namen Idee in ein selbständiges Subjekt verwandelt, der Demiurg [Schöpfer] des Wirklichen, das nur seine äußere Erscheinung bildet. Bei mir ist umgekehrt das Ideelle nichts anderes als das im Menschenkopf umgesetzte und übersetzte Materielle." (MEW 23, S. 27)

Der Ansatz von Marx war, in anderen Worten, materialistisch:

„Die Voraussetzungen, mit denen wir beginnen, sind keine willkürlichen, keine Dogmen, es sind wirkliche Voraussetzungen, von denen man nur in der Einbildung abstrahieren kann. Es sind die wirklichen Individuen, ihre Aktion und ihre materiellen Lebensbedingungen, sowohl die vorgefundenen wie die durch ihre eigne Aktion erzeugten. Diese Voraussetzungen sind also auf rein empirischem Wege konstatierbar." (MEW 3, S. 20)

Daraus folgt nicht, daß wir „die wirklichen Individuen, ihre Aktion und ihre materiellen Lebensbedingungen" lediglich dadurch verstehen können, daß wir sie beobachten und protokollieren. Der Grund dafür ist, daß äußere Erscheinungen zuweilen täuschen. Die Dinge sind oft nicht so, wie sie erscheinen. Beispielsweise steht nach unseren eigenen Beobachtungen die Erde still, und die Sonne umkreist sie. Tatsächlich ist genau das Gegenteil der Fall.

Marx selbst benutzt dieses Beispiel im **Kapital,** wenn er schreibt, daß „die scheinbare Bewegung der Himmelskörper nur dem verständlich [sind], der ihre wirkliche, aber sinnlich nicht wahrnehmbare Bewegung kennt" (MEW 23, S. 335). Er unterscheidet also zwischen den wirklichen, aber verborgenen, und den augenscheinlichen, aber irreführenden Verhalten der Objekte. Diese Unterscheidung zwischen demjenigen, das er das *Wesen,* oder die innere Struktur, nennt, und der *Erschei-*

nung, oder dem äußeren Anschein der Dinge, durchzieht das gesamte **Kapital.** Er erklärt in der Tat, „alle Wissenschaft wäre überflüssig, wenn die Erscheinungsform und das Wesen der Dinge unmittelbar zusammenfielen" (MEW 25, S. 825)

Welche allgemeinen Gründe es auch immer für den Unterschied zwischen der Erscheinung und der Wirklichkeit geben mag, so hatte Marx Anlaß zu der Annahme, daß dies besonders auf den Kapitalismus zutrifft. Denn der Kapitalismus benutzt, als eine Klassengesellschaft, systematisch die Ideologie, um unsere Wahrnehmung seines Funktionierens zu verzerren.

Um diese Erscheinungen zu durchdringen, wendet Marx die von ihm so bezeichnete *„Abstraktionskraft"* (MEW 23, S. 12) an. Damit meinte er, daß wir Begriffe entwickeln müssen, die die grundlegendsten und allgemeinsten Merkmale der Wirklichkeit, die wir verstehen wollen, erfassen und von denen alle zweitrangigen und unwichtigen Dinge entfernt worden sind. Zum Beispiel nimmt die Physik die *Masse* eines Körpers, und läßt Fragen über seine Farbe, seine chemische Zusammensetzung oder darüber, ob er aus toter oder lebender Materie besteht, beiseite. Auf der Grundlage des Konzepts der Masse konnten Wissenschaftler Theorien wie das Trägheitsprinzip, das Gesetz der Schwerkraft und das Gesetz des freien Falls, die sich auf alle Körper anwenden lassen, formulieren.

Marx glaubte, daß Ricardo eine ähnliche Abstraktionsleistung vollbrachte, als er seine Arbeitswerttheorie formulierte: „Ricardo tritt endlich dazwischen und ruft der Wissenschaft: Halt! zu. Die Grundlage, der Ausgangspunkt der Physiologie des bürgerlichen Systems – des Begreifens seines innren organischen Zusammenhangs und Lebensprozesses – ist die Bestimmung des *Werts durch die Arbeitszeit„* (MEW 26.2, S. 163)

Das Problem besteht darin, daß solche Abstraktionen normalerweise den Erscheinungen widersprechen (in der Tat wäre dann, wenn sie es nicht täten, wie Marx sagt, kein Bedarf nach einer Wissenschaft vorhanden). Zum Beispiel ist das Gesetz des freien Falls, demzufolge alle Körper mit einer Beschleunigung von 9,8 Metern pro Sekunde in einer Sekunde fallen, nur im Vakuum wahr. In Wirklichkeit werden, wegen des Luftwiderstands, ein Stein und eine Feder nicht gleichzeitig auf dem Boden aufschlagen. Ebenso tauschen sich Güter, wie sowohl Ricardo als auch Marx wußten, tatsächlich nicht im Verhältnis der zu ihrer Produktion notwendigen Arbeitszeit aus.

Das bedeutet, daß die Abstraktion nur der *Ausgangspunkt* jeder wissenschaftlichen Untersuchung ist. Sie erlaubt uns, die grundlegenden Eigenschaften zu isolieren. Dann müssen wir erklären, wie diese Eigenschaften mit dem zusammenhängen, was wir mit unseren Augen beobachten können. Marx war sehr kritisch gegenüber Ricardos Methode und wandte dagegen ein, daß er das abstrakte Modell, das er formulierte (die Arbeitswerttheorie) lediglich neben die lebendige Wirklichkeit, die er zu erklären suchte, stellte. Beide wurden ziemlich verbindungslos gelassen, eher nebeneinander stehend. Für Marx war die Abstraktion dagegen nur ein Mittel zum Zweck, ein Umweg, um die Welt besser zu verstehen.

Marx nimmt als Beispiel die allgemeine Profitrate, die, wie wir später sehen werden, dem Anschein nach der Arbeitswerttheorie widerspricht. Ricardo hatte die Existenz der allgemeinen Profitrate einfach hingenommen, ohne (wie Marx) die Arbeitswerttheorie zu verwenden, um sie zu erklären:

> „Statt diese *allgemeine Profitrate vorauszusetzen,* hätte Ric[ardo] vielmehr untersuchen müssen, inwieweit ihre *Existenz* überhaupt der Bestimmung der Werte durch die Arbeitszeit entspricht, und er hätte gefunden, daß, statt ihr zu entsprechen, sie ihr prima facie [auf den ersten Blick] widerspricht, ihre Existenz also erst durch eine Masse Mittelglieder zu entwickeln ist …“ (MEW 26.2, S. 171)

Dieser Prozeß, Abstraktionen als Ausgangspunkt für die Erklärung von Erscheinungen zu nehmen und sich „durch eine Anzahl von Zwischenstufen“ zu arbeiten, nannte Marx „die Methode, vom Abstrakten zum Konkreten aufzusteigen“ (Grundrisse, S. 587f.) Mit „konkret“ meinte Marx die tatsächlich bestehende Welt, so wie wir sie beobachten. Er schreibt:

> „Es scheint das Richtige zu sein, mit dem Realen und Konkreten ... zu beginnen, also z. B. in der Ökonomie mit der Bevölkerung, die die Grundlage und das Subjekt des ganzen gesellschaftlichen Produktionsakts ist. Indes zeigt sich dies bei näherer Betrachtung [als] falsch. Die Bevölkerung ist eine Abstraktion, wenn ich z. B. die Klassen, aus denen sie besteht, weglasse. Diese Klassen sind wieder ein leeres Wort, wenn ich die Elemente nicht kenne, auf denen sie beruhn. Z. B. Lohnarbeit, Kapital etc. Diese unterstellen Austausch, Teilung der Arbeit, Preise etc. Kapital z. B. ohne Lohnarbeit ist nichts, ohne Wert, Geld, Preis etc. Finge ich also mit der Bevölkerung an, so wäre das eine chaotische Vorstellung des Ganzen, und durch nähere Bestimmung würde ich analytisch immer mehr auf einfachere Begriffe kommen; von dem vorgestellten Konkreten auf immer dünnere Abstrakta, bis ich bei den einfachsten Bestimmungen angelangt wäre. Von da wäre nun die Reise wieder rückwärts anzutreten, bis ich endlich wieder bei der Bevölkerung anlangte, diesmal aber nicht als bei einer chaotischen Vorstellung eines Ganzen, sondern als einer reichen Totalität von vielen Bestimmungen und Beziehungen.“ (Grundrisse, S. 21)

Dies bildet sodann die Untersuchungsmethode von Marx. Zuerst müssen wir anerkennen, daß die Realität komplex und aus vielen verschiedenen Elementen zusammengesetzt ist. Marx formulierte: „Das Konkrete ist ... die Zusammenfassung vieler Bestimmungen ..., also Einheit des Mannigfaltigen.“ (Grundrisse, S. 21) Um diese Wirklichkeit zu verstehen, müssen wir anschließend „die Kraft der Abstraktion“ benutzen, um sie in „die einfachsten Bestimmungen“ aufzulösen. Und nachdem wir diese isoliert haben, können wir sie verwenden, um die konkrete Wirklichkeit zu rekonstruieren, „diesmal ... als eine ... reiche Totalität von vielen Bestimmungen und Beziehungen“.

Wir müssen also zunächst vom Konkreten zum Abstrakten gehen, das Konkrete in seine „einfachsten Bestimmungen“

auflösen, und dann vom Abstrakten zum Konkreten, indem wir diese benutzen, um das Ganze zu rekonstruieren. Wir werden die Funktionsweise dieser Methode kennenlernen, wenn Marx die kapitalistische Gesellschaft im **Kapital** untersucht.

Marx nennt die konkrete Wirklichkeit, trotz ihrer Mannigfaltigkeit, eine „Totalität„ „die *Einheit* des Verschiedenen". Die Auffassung, daß die Gesellschaft ein Ganzes bildet, ist für seine Methode zentral. Die verschiedenen Aspekte der Gesellschaft können nur als Teile des Ganzen verstanden werden; voneinander getrennt ergeben sie keinen Sinn. Das Ganze in seine „einfachsten Bestimmungen" aufzulösen ist nur eine Voraussetzung dafür, sie zu „einer reiche[n] Totalität von vielen Bestimmungen und Beziehungen" zusammenzusetzen. Marx kritisierte die Nationalökonomen, weil sie dazu neigen, die Gesellschaft als eine Ansammlung von vereinzelten Individuen, denen jede wirkliche Beziehung zueinander fehlt, zu betrachten, so daß „man die Glieder des gesellschaftlichen Systems ... verrenkt" (MEW 4, S. 131)

Sobald wir die Gesellschaft als eine Totalität ansehen, ist die Idee, daß sie sich im Laufe der Zeit ändert, leicht zu verstehen. Eine andere Kritik, die Marx gegenüber den Nationalökonomen äußerte, ist, daß sie die Gesetze, die sie für den Kapitalismus aufstellten, behandelten, als seien sie auf jede Gesellschaftsform anwendbar. „Die Ökonomen stellen die bürgerlichen Produktionsverhältnisse ... als fixe, unveränderliche, ewige Kategorien hin." Infolgedessen „erklären [sie] uns, wie man unter den obigen gegebenen Verhältnissen produziert; was sie uns aber nicht erklären, ist, wie diese Verhältnisse selbst produziert werden, d. h. die historische Bewegung, die sie ins Leben ruft" (MEW 4, S. 126).

Der Ansatz von Marx ist dagegen immer geschichtlich. Die kapitalistischen Produktionsverhältnisse sind die einer historisch einzigartigen und vorübergehenden Gesellschaftsform. „Die ökonomischen Kategorien sind nur die ... Abstraktionen der gesellschaftlichen Produktionsverhältnisse" (MEW 4,

S. 130), sagt Marx. Daher ändern sie sich, wenn sich die Gesellschaft verändert.

Marx war dank Hegel dazu fähig, diese geschichtliche Perspektive zu erlangen. „Alle Dinge sind *an sich selbst widersprechend*", sagte Hegel, die Gesellschaftsformen eingeschlossen. Aber während Hegel die Widersprüche der Gesellschaft letztlich im Absoluten auflöste, nahm Marx an, daß es kein Ende der Widersprüchlichkeit gibt. Es ist die Widersprüchlichkeit, die den Wandel verursacht – so wie die Widersprüche in der feudalistischen Gesellschaft den Wandel zum Kapitalismus bewirkten. Und der Kapitalismus enthält seine eigenen Widersprüche, die zu weiterem Wandel führen werden.

Die Dialektik wird so zu einer Theorie der geschichtlichen Entwicklung und nicht, wie bei Hegel, die Autobiographie Gottes oder des absoluten Geistes. Jede Form der gesellschaftlichen Organisation beinhaltet die Widersprüche, die ihr die Möglichkeit des Wandels geben. Sie ist die „Einheit der Gegensätze", und die historische Entwicklung ist der Kampf dieser Gegensätze.

Wenn wir sagen, daß jede Klassengesellschaft eine Einheit von Gegensätzen ist, in der eine Klasse eine ihr entgegengestellte Klasse ausbeutet, dann weisen wir auf eine Reihe wichtiger Dinge hin. Zunächst darauf, daß jede Klasse nur in ihrer feindlichen Beziehung zur anderen existiert. Der Ausbeuter und der Ausgebeutete sind wechselseitig voneinander abhängig. So ist das Kapital nicht von der Lohnarbeit zu trennen, da es die letztere ist, die die Profite, die das Lebensblut des Kapitals darstellen, schafft, oder, wie Marx sagt: „*Lohnarbeit* … ist … kapitalproduzierende Arbeit" (Grundrisse, S. 367).

Marx Auffassung von der Klasse ist daher sehr verschieden von derjenigen, die von Soziologen verwendet wird, für die Klassen durch technische Funktionen, die sie in der Arbeitsteilung ausführen (Büroangestellte, Handarbeiter, Manager, Techniker und so weiter), definiert sind. Klassen entstehen Marx zufolge nur in ihrer antagonistischen Beziehung zueinander. In einem bestimmten Sinn kommt der Klassenkampf vor den Klassen, da soziale Gruppen nur dann anfangen, sich als Klassen zu verhalten, wenn sie aufeinanderprallen und ihre einander widersprechenden Interessen wahrnehmen.

Eine andere wichtige Folgerung aus dem Begriff der Einheit der Gegensätze ist, daß der Klassenkampf zum Wesen der in Klassen geteilten Gesellschaften gehört. Viele Soziologen und Historiker sind bereit, die Existenz „sozialer Konflikte" einzuräumen und sie zu untersuchen. Dennoch werden diese Konflikte als etwas Zufälliges, als Ergebnis ungewöhnlicher und vorübergehender Spannungen, die durch geschickte „Sozialtechnik" beseitigt werden könnten, ohne dem Gefüge der bestehenden Ordnung zu schaden, angesehen. Die Gesellschaft ist für die meisten nicht-marxistischen Denker in erster Linie harmonisch.

Marx dagegen betrachtete die Gesellschaft als Einheit von Gegensätzen, von denen der Klassenkampf ein wesentlicher Teil ist und sich fortsetzen wird, bis der grundlegende Widerspruch, das soziale Ausbeutungsverhältnis im Kern der Gesellschaft, beseitigt ist.

Dies ist grundverschieden von Hegels Standpunkt. Die dritte Stufe von Hegels Dialektik beinhaltet eine Vereinigung der Gegensätze, in der die einander entgegengesetzten und sich widersprechenden Elemente ineinander durch die Erkenntnis aufgelöst werden, daß sie im Grunde gleich, beide Teil des „absoluten Geistes„ sind. Für Marx dagegen können Widersprüche nur durch *Kampf* aufgelöst werden, und durch den Sieg eines Gegensatzes über den anderen. Die Feindschaft zwischen Lohnarbeit und Kapital ist keine bloße Illusion; sie kann nicht durch eine Form geistigen Wandels, durch eine andere Sichtweise der Dinge, beseitigt werden, sondern nur durch revolutionären sozialen Wandel.

Die Methode von Marx beinhaltete also, die Gesellschaft nicht nur als ein Ganzes zu sehen, in dem alle verschiedenen Aspekte verbunden sind, sondern sie als Einheit von Gegensätzen zu betrachten. In der Tat meinte er, daß die Gesellschaft nur dadurch als Totalität verstanden werden könne, daß sie als eine solche widersprüchliche Einheit betrachtet wird. Marx machte sich ausgiebig über Proudhons „dialektische" Methode lustig, alles in eine gute und eine schlechte Seite aufzuteilen und dann zu argumentieren, daß die Geschichte nur durch die Beseitigung der schlechten Seite voranschreiten könne, lustig. „Was die dialektische Bewegung ausmacht, ist gerade das Nebeneinanderbestehen der beiden entgegengesetzten Seiten, ihr Widerstreit und ihr Aufgehen in eine neue Kategorie." (MEW 4, S. 133) „Die schlechte Seite ist es, welche die Bewegung ins Leben ruft, welche die Geschichte macht, dadurch, daß sie den Kampf zeitigt." (MEW 4, S. 140)

Marx zufolge würde es ohne die „schlechte Seite" – Gewalt, Ausbeutung und Kampf – keine gesellschaftliche Bewegung und Entwicklung geben. Als er die Wirkungen der britischen Herrschaft in Indien diskutierte, beschrieb Marx erbarmungslos die Gier und die Zerstörungswut der Kolonialherren und die daraus folgende Zerstörung des „fleißigen, patriarchalischen und friedlichen" Systems der Dorfgemeinschaft. Dennoch argumentierte er, daß der britische Kolonialismus eine historisch fortschrittliche Rolle spielte, indem er die „idyllischen Dorfgemeinschaften", die das „feste Fundament des orientalischen Despotismus„ gewesen waren, hinwegfegte und sie durch die kapitalistischen Gesellschaftsbeziehungen, die die materielle Basis für die vollständige Beseitigung der Klassen liefern konnten, ersetzte:

> „Gewiß war schnödester Eigennutz die einzige Triebfeder Englands, als es eine soziale Revolution in Indien auslöste, und die Art, wie es seine Interessen durchsetzte, war stupid. Aber nicht das ist hier die Frage. Die Frage ist, ob die Menschheit ihre Bestimmung erfüllen kann ohne radikale Revolutionierung der sozialen Verhältnisse in Asien. Wenn nicht, so war England, welche Verbrechen es auch begangen haben mag, doch das unbewußte Werkzeug der Geschichte, indem es diese Revolution zuwege brachte." (MEW 9, S. 133)

Die für den Kapitalismus charakteristische Gewalt und Ausbeutung sind daher notwendige Bedingungen für die Entwicklung des Kommunismus. Sie sind unvermeidlich:

> „Erst wenn eine große soziale Revolution die Ergebnisse der bürgerlichen Epoche, den Weltmarkt und die modernen Produktivkräfte, gemeistert und sie der gemeinsamen Kontrolle der am weitesten fortgeschrittenen Völker unterworfen hat, erst dann wird der menschliche Fortschritt nicht mehr jenem scheußlichen heidnischen Götzen gleichen, der den Nektar nur aus den Schädeln Erschlagener trinken wollte." (MEW 9, S. 226)

Die Philosophie der Praxis

Sowohl Marx wie auch Hegel betrachteten, trotz ihrer Unterschiede, die Geschichte als objektiven Prozeß, der unabhängig vom Bewußtsein und vom Willen der in ihn verwikkelten Menschen stattfindet. Beide hätten Spinoza darin zugestimmt, daß die Haltung des wahren Denkers darin bestand „weder zu lachen, noch zu weinen, noch zu verurteilen, sondern zu verstehen".

Marx übernahm von Hegel die Ablehnung rein moralischer Kritik. Solche Kritiken, die typisch für die hegelianische Linke und die utopischen Sozialisten waren, stellen einem bestehenden Zustand der Gesellschaft einen idealen entgegen, der ihm in gewisser Weise vorzuziehen ist, ein Widerspruch zwischen dem Zustand, in dem die Gesellschaft „ist" und dem Zustand, in dem sie sein „sollte". Aber dieser Widerspruch ist einer zwischen dem Geist und der Wirklichkeit. Es ist kein Widerspruch in der Realität selbst und daher ein Widerspruch, der nie überwunden werden kann.

Ein *dialektisches* Verständnis der Wirklichkeit ist jedoch fähig, innerhalb des bestehenden Zustands Möglichkeiten für einen Wandel aufzuspüren, die Tendenzen innerhalb der gegenwärtigen Situation zu entdecken, die zu ihrer Veränderung führen werden. Politisches Handeln muß sich auf das gründen, war objektiv möglich ist, nicht auf Phantasien und gute Absichten, die dem Gehirn eines Denkers entspringen.

Das bedeutet jedoch nicht, daß Marx meinte, daß das bewußte menschliche Handeln für den geschichtlichen Wandel keine Bedeutung habe. Im Gegenteil kann der Marxismus, in den Worten des großen italienischen Revolutionärs Antonio Gramsci, am besten als „die Philosophie der Praxis" verstanden werden. In den „Thesen über Feuerbach„ lehnt Marx die von Hegel und seinen Schülern, der Aufklärung und den utopischen Sozialisten geteilte Ansicht ab, daß das Denken von der sozialen Praxis abgetrennt werden könne, so daß die Geschichte im wesentlichen eine Geschichte der Ideen, der wechselnden Weltanschauungen ist. Marx zufolge kann das Denken nur als ein Teil des sozialen Lebens verstanden werden, nicht als etwas, das sich unabhängig von diesem Leben entwickelt:

> „Die Menschen sind die Produzenten ihrer Vorstellungen, Ideen pp., aber die wirklichen, wirkenden Menschen, wie sie bedingt sind durch eine bestimmte Entwicklung ihrer Produktivkräfte und des denselben entsprechenden Verkehrs bis zu seinen weitesten Formationen hinauf. Das Bewußtsein kann nie etwas Andres sein als das bewußte Sein, und das Sein der Menschen ist ihr wirklicher Lebensprozeß." (MEW 3, S. 26)

Das menschliche Denken ist also eine Antwort auf die vom „wirklichen Lebensprozeß", also von den materiellen und sozialen Bedingungen, in denen die Menschen leben, gestellten Probleme. Es besteht aus den „ideologischen Reflexe[n] und Echos dieses Lebensprozesses" (MEW 3, S. 26). Daraus folgt, daß die Quelle des Wandels nicht darin besteht, daß die Menschen sich neue Weisen, die Welt zu betrachten, aneignen. Diese neuen Weise ist ihrerseits das Ergebnis von Veränderungen in den materiellen und sozialen Bedingungen:

> „die ihre materielle Produktion und ihren materiellen Verkehr entwickelnden Menschen ändern mit dieser ihrer Wirklichkeit auch ihr Denken und die Produkte ihres Denkens. Nicht das Bewußtsein bestimmt das Leben, sondern das Leben bestimmt das Bewußtsein." (MEW 3, S. 27)

Die elfte These über Feuerbach erklärt: „Die Philosophen haben die Welt nur verschieden *interpretiert*, es kömmt drauf an, sie zu *verändern.*“ (MEW 3, S. 7) Das ist ein direkter Angriff auf die Junghegelianer, für die „die Produkte des von ihnen verselbständigten Bewußtseins für die eigentlichen Fesseln der Menschen gelten ... Diese Forderung, das Bewußtsein zu verändern, läuft auf die Forderung hinaus, das Bestehende anders zu interpretieren, d. h. es vermittelst einer anderen Interpretation anzuerkennen.“ (MEW 3, S. 20) Mit anderen Worten, der Glaube, daß eine Veränderung der Ideen die Wirklichkeit verändern würde, schafft nur eine andere Form, die Gesellschaft zu betrachten, die selbst unverändert bleibt. Folglich ist der Idealismus ein völlig konservativer Standpunkt, da er uns erlaubt zu denken, daß der Kampf der Ideen ein Ersatz für den Kampf um die Veränderung der materiellen und sozialen Bedingungen sei, von denen das Denken eine Widerspiegelung ist.

Gleichzeitig argumentierte Marx, daß es ein genauso ernster Fehler sei, die Menschen nur als die Opfer der Gesellschaft zu betrachten. Für Kritiker des Kapitalismus ist es sehr einfach, die Arbeiter als von ihrer Ausbeutung so deformiert zu betrachten, daß sie zu unabhängigem Denken und Handeln nicht fähig seien. Beispielsweise gibt es heute viele Sozialisten, die glauben, daß die Arbeiterklasse durch rassistische und sexistische Ideen sowie durch die wirtschaftlichen Zugeständnisse, die den Arbeitgebern und dem Staat in den fortgeschrittenen Industrieländern abgerungen worden sind, erfolgreich bestochen worden sei.

Marx glaubte, daß eine solche Sichtweise (sie war unter den utopischen Sozialisten seiner Zeit vorherrschend) durch und durch elitär sei. Die dritte der „Thesen über Feuerbach„ erklärt:

> „Die materialistische Lehre von der Veränderung der Umstände und der Erziehung vergißt, daß die Umstände von den Menschen verändert und der Erzieher selbst erzogen werden muß. Sie muß daher die Gesellschaft in zwei Teile – von de-

nen der eine über ihr erhaben ist – sondieren." (MEW 3, S. 5f.)

Was Marx meinte, ist Folgendes: Der von ihm angegriffenen Ansicht zufolge sind die Arbeiter zu entwurzelt und korrumpiert, um irgend etwas gegen den Kapitalismus zu tun. Diese Situation wird sich nur im Sozialismus verändern, der einen neuen Typ des Menschen schaffen wird, einen, der nicht mehr unter den Schwächen der Menschen im Kapitalismus leidet. Aber dies scheint ein Rat der Hoffnungslosigkeit zu sein. Wie sollte der Sozialismus je erreicht werden, wenn der Kapitalismus fähig ist, die Massen von der Erkenntnis abzuhalten, daß ihr Interesse seine Abschaffung bedeutet? Nur dann, wenn eine aufgeklärte Minderheit von Sozialisten, die irgendwie von der Manipulation durch den Kapitalismus ausgenommen sind, die Gesellschaft *für* die Massen verändert.

Diese dem Anschein nach sehr materialistische Ansicht fällt damit auf den Idealismus zurück, da sie voraussetzt, daß es Menschen gibt, die sich über die Zwänge der bürgerlichen Gesellschaft und damit über den Klassenkampf erhoben haben. Wir kehren dann zu dem Elitismus der utopischen Sozialisten und Blanquis zurück, die beide die Arbeiter eher als Objekte denn als Subjekte der Veränderung behandeln.

Marx argumentierte, daß diese ganze Analyse grundsätzlich falsch ist, da sie die Rolle, die der Kampf bei der Veränderung sowohl der Menschen wie der Gesellschaft spielt, nicht wahrnimmt. Die dritte „These über Feuerbach„ endet: „Das Zusammenfallen des Ändern[s] der Umstände und der menschlichen Tätigkeit oder Selbstveränderung kann nur als revolutionäre Praxis gefaßt und rationell verstanden werden." (MEW 3, S. 6)

Mit anderen Worten: die Arbeiter werden nicht einfach passiv von der Gesellschaft geformt. Der Kapitalismus führt, da er eine auf Ausbeutung, das heißt, auf dem Widerspruch zwischen Kapital und Arbeit basierende Gesellschaft ist, zum Klassenkampf. Die Folge dieses Kampfes ist die Veränderung der Arbeiterklasse. Die Erfahrung von Kämpfen macht den Arbeitern bewußt, daß ihre Interessen von denjenigen der Kapitalisten verschieden sind. Die Siege, die sie erreichen, wie geringfügig auch die Konflikte, um die es geht, erscheinen mögen, geben ihnen das notwendige Selbstvertrauen, um die politische Bewegung voranzutreiben, die notwendig ist, um der Bourgeoisie die Macht zu entreißen.

Der Klassenkampf ist auch für den Aufbau des Sozialismus entscheidend. Marx glaubte nicht, daß der Kapitalismus unter dem Druck seiner Widersprüche zusammenbrechen würde. Der Sieg der Arbeiterklasse sei in keiner Weise unvermeidlich. Das Ergebnis seiner Dialektik war, im Unterschied zu Hegels, nicht vorausbestimmt. Alles hängt letztlich vom Bewußtsein, der Organisation und dem Selbstvertrauen der Arbeiterklasse ab.

Wir können dies zusammenfassen, indem wir sagen, daß im Zentrum von Marxens Denken der Satz steht, daß der Sozialismus die Selbstemanzipation der Arbeiterklasse ist. Nur durch ihre eigene Anstrengung können sich die Arbeiter vom Kapitalismus befreien. Sie sind ihre eigenen Befreier. Niemand anderes kann den Sozialismus für sie erreichen, weder die gut gemeinten Anstrengungen der utopischen Reformer, noch die Verschwörungen der blanquistischen Aufständischen. Die allgemeinen Grundsätze der Internationalen Arbeiter-Assoziation, von Marx geschrieben, fangen mit den Worten an: „die Emanzipation der Arbeiterklasse [muß] durch die Arbeiterklasse selbst erobert werden" (MEW 17, S. 440)

Nichts könnte deshalb weiter von der Wahrheit entfernt sein als zu sagen, daß die Geschichtsauffassung von Marx „deterministisch" ist, wenn damit gemeint ist, daß der Sozialismus für ihn unvermeidlich sei. Im Gegenteil: Die menschliche Aktivität in der Form der *„revolutionären Praxis"* würde entscheidend für die Bestimmung des Schicksals der kapitalistischen Gesellschaft sein.

Natürlich findet diese Aktivität nicht in einem Vakuum statt. Marx stellte dies klar, als er zu Beginn der Schrift **Der achtzehnte Brumaire des Louis Bonaparte** schrieb: „Die

Menschen machen ihre eigene Geschichte, aber sie machen sie nicht aus freien Stücken, nicht unter selbstgewählten, sondern unter unmittelbar vorgefundenen, gegebenen und überlieferten Umständen." (MEW 8, S. 115) Was die menschliche Aktivität in einer bestimmten geschichtlichen Periode erreichen kann, hängt von den bestehenden materiellen und sozialen Bedingungen ab. Die Untersuchung dieser Bedingungen bildet den Kern von Marxens Geschichtstheorie.

Kapitel 5

Geschichte und Klassenkampf

Die am weitesten verbreitete Sichtweise von Geschichte ist die kindischste. Geschichte wird gesehen als Ergebnis des Handelns großer Männer (und gelegentlich auch großer Frauen), von Königen und Politikern, Generälen und Geistlichen, Künstlern und Filmstars. Eine derartige Geschichtsauffassung kann bis zu den Chronisten des Mittelalters zurückverfolgt werden, die über die Taten der Monarchen und der Adligen, ihre Feste, Kriege und Ehebrüche berichteten. Auf dem Bildschirm und in den Schlagzeilen der Regenbogenpresse werden wir dank der modernsten Technik immer noch mit derselben Sichtweise bedient.

Es hat immer Menschen gegeben, die mit dieser oberflächlichen Sicht von Geschichte unzufrieden waren, und die glaubten, daß hinter dem Ablauf der Geschehnisse eine grundlegendere Gesetzmäßigkeit wirke. Im Mittelalter, unter der ideologischen Macht der Kirche, wurde diese Gesetzmäßigkeit vom religiösen Standpunkt aus abgeleitet. Das Handeln von Männern und Frauen wurde aus dem Wirken der göttlichen Vorsehung erklärt. Während die Menschen ihre eigenen Wünsche und Interessen verfolgten, verwirklichten sie unbewußt den göttlichen Entwurf des Universums. Mit seiner Vorstellung von Geschichte als eines Prozesses, durch den der absolute Geist zum Bewußtsein seiner Selbst kommt, war Hegel der letzte große christliche Philosoph.

Die wissenschaftliche Revolution des siebzehnten Jahrhunderts führte zu einer weltlichen Auffassung von Geschichte, in der Gott keinerlei Rolle mehr spielte. Trotzdem sah die Aufklärung in der Geschichte eine Gesetzmäßigkeit, insbesondere den „Fortschritt des menschlichen Geistes„. Die Geschichte war eine Geschichte der wachsenden Macht der Vernunft, ihres ständigen Kampfes mit dem Aberglauben und ihres stufenweise fortschreitenden, aber unvermeidlichen Sieges. Diese Auffassung war sowohl idealistisch, weil sie in Ideen den Motor des geschichtlichen Wandels sah, wie auch optimistisch, weil sie von dem Glauben ausging, daß sich die Gesellschaft mit der wachsenden Aufklärung der Menschen beständig verbessert.

Das Geschichtsbild der Aufklärung war im achtzehnten und neunzehnten Jahrhundert weitgehend glaubwürdig, da zumindest die westliche Welt einen ständigen materiellen und wissenschaftlichen Fortschritt erlebte. Heute überzeugt das nicht länger. Im zwanzigsten Jahrhundert hat sich eine Katastrophe auf die andere gehäuft – zwei ungeheuer zerstörerische Weltkriege, der Horror der Konzentrationslager der Nazis und der Zwangsarbeitslager des stalinistischen Rußland, das obszöne Nebeneinander von westlicher Überflußgesellschaft und massenhaftem Hungertod in der Dritten Welt. Der technische Fortschritt hat sich gerade in den wenigen letzten Jahrzehnten so beschleunigt, daß unsere Kontrolle über die natürliche Umwelt gewaltige Sprünge gemacht hat. Doch das Ergebnis diese Fortschritts kann genauso gut die Zerstörung der Menschheit und der Erde selbst sein, da immer mehr Mittel dazu verwendet werden, um noch perfektere Atomwaffen zu produzieren.

Es überrascht nicht, daß viele Leute darauf so reagieren, jegliche Gesetzmäßigkeit der Geschichte in Abrede zu stellen. Für viele ist die Geschichte ein sinnloses Chaos schrecklicher Ereignisse – „eine Folge von Notständen“, wie der liberale Politiker H. A. L. Fisher es formulierte. „Die Geschichte ist ein Alptraum, aus dem ich zu erwachen versuche“, schrieb James Joyce und sprach damit für viele. Es war in diesem schrecklichen Jahrhundert verlockend, jeden Versuch, die Welt zu verändern, aufzugeben und in persönlichen Beziehungen oder in persönlichen Erfolgen, wenn man über die Fähigkeiten und wirtschaftlichen Möglichkeiten verfügte, Zuflucht zu suchen.

Die Marxsche Theorie von der Geschichte ist eine Herausforderung sowohl für den gefälligen Optimismus der Aufklärung, wie auch für die modernere Auffassung von Geschichte als einem reinen Chaos. Für Marx hat die Geschichte eine Gesetzmäßigkeit, doch diese besteht nicht im „Fortschreiten des menschlichen Geistes". Der Ausgangspunkt von Marx ist nicht das Denken, sondern „die wirklichen Individuen, ihre Aktion und ihre materiellen Lebensbedingungen, sowohl die vorgefundenen wie die durch ihre eigene Aktion erzeugten." (MEW 3, S. 20)

Produktion und Gesellschaft

Schon in den **Ökonomisch-philosophischen Manuskripten** von 1844 hat Marx die Menschen zuerst als Produzenten definiert. Ihre Produktion hat zwei Aspekte, einen materiellen und einen gesellschaftlichen. Zum einen werden sie tätig, um ihre Bedürfnisse zu befriedigen, indem sie die Natur bearbeiten und zugleich verändern. Das hat eine gewisse Organisation der Produktion zufolge, den Besitz bestimmter Werkzeuge, usw. Zum andern ist die Produktion ein gesellschaftlicher Prozeß, in dem die Menschen kooperieren, um die Dinge, die sie brauchen, zu produzieren. Dabei gehen die Beteiligten immer schon bestimmte gesellschaftliche Beziehungen untereinander ein, die vor allem die Kontrolle der Produktion und die Verteilung der Produkte betreffen.

Marx bezeichnete den ersten, materiellen Aspekt, als *Produktivkräfte*, und den zweiten, gesellschaftlichen Aspekt, als *Produktionsverhältnisse*.

Die Art der Produktivkräfte in einer bestimmten Gesellschaft hängt von ab von dem, was Marx den „Arbeitsprozeß" nennt, durch den die Menschen die Natur bearbeiten und verändern. Er schreibt: „Die Arbeit ist zunächst ein Prozeß zwischen Mensch und Natur, ein Prozeß, worin der Mensch seinen Stoffwechsel mit der Natur durch seine eigne Tat vermittelt, regelt und kontrolliert." (MEW 23, S. 192)

Beginnen wir mit einer Skizze, wie die Menschen begannen, ihre Bedürfnisse zu befriedigen. Die ersten Menschen lebten von der Jagd – dazu brauchten sie ihre eigene Kraft und Geschicklichkeit, sowie Waffen, entweder scharfe Stöcke oder Steine, die sie fanden oder Speere und Äxte, die sie herstellten. Dann begannen die Menschen, den Boden zu bearbeiten und Nahrung anzupflanzen – wieder benötigten sie ihre eigene Kraft und Fähigkeiten und noch bessere Werkzeuge. Erst in jüngster Zeit gibt es die industrielle Produktion – doch auch weiterhin liefert die Natur die Rohstoffe und die Menschen ihre Arbeitskraft. Dabei gebrauchen wir immer perfektere Werkzeuge: Maschinen, elektronische Computer usw.

In allen drei Beispielen können wir drei Sachverhalte ausmachen. Erstens gibt es die „Natur„; die Tiere, die gejagt werden, der Samen, der ausgesät wird und der Boden, auf dem sie wachsen und die Rohstoffe, die in den Fabriken verarbeitet werden. Zweitens gibt es die menschliche Arbeit. Und drittens gibt es Werkzeuge, ob nun Jagdspeere, Pflüge oder Computer.

Marx faßt dies Sachverhalte unter zwei Kategorien zusammen. Der Arbeitsprozeß, sagt er, bestehe aus zweierlei grundlegenden Elementen, der menschlichen Arbeitskraft und den Produktionsmitteln. Die Produktionsmittel trennt er wiederum in zwei Bestandteile: den Boden und die Rohstoffe, die in die Dinge, die wir brauchen, übergehen – diese nennt er die „Arbeitsgegenstände“; die Werkzeuge, die wir benutzen, nennt er die „Arbeitsmittel“.

Diese Werkzeuge, sagt Marx, sind das entscheidende Element im Arbeitsprozeß. Das, was die menschliche Arbeit zustande bringen kann, ist von den Werkzeugen, die zur Verfügung stehen, abhängig.

> „Der Gebrauch und die Schöpfung von Arbeitsmitteln, obgleich im Keim schon gewissen Tierarten eigen, charakterisieren den spezifisch menschlichen Arbeitsprozeß, und Franklin definiert daher den Menschen als ‘a toolmaking animal’, ein Werkzeuge fabrizierendes Tier. ... Nicht was gemacht wird, sondern wie, mit welchen Arbeitsmitteln ge-

macht wird, unterscheidet die ökonomischen Epochen." (MEW 23, S. 194)

„Der Arbeitsprozeß … ist zweckmäßige Tätigkeit zur Herstellung von Gebrauchswerten, Aneignung des Natürlichen für menschliche Bedürfnisse …, ewige Naturbedingung des menschlichen Lebens und daher … allen seinen Gesellschaftsformen gleich gemeinsam. Wir hatten daher nicht nötig, den Arbeiter im Verhältnis zu anderen Arbeitern darzustellen. Der Mensch und seine Arbeit auf der einen, die Natur und ihre Stoffe auf der anderen Seite genügten. So wenig man dem Weizen anschmeckt, wer ihn gebaut hat, so wenig sieht man diesem Prozeß an, unter welchen Bedingungen er vorgeht, ob unter der brutalen Peitsche des Sklavenaufsehers oder unter dem ängstlichen Auge des Kapitalisten." (MEW 23, S. 198f.)

Die Organisation des Arbeitsprozesses, oder anders gesagt, z. B. die mit diesem gegebene Arbeitsteilung, bestimmt nicht aus sich heraus das Wesen einer bestimmten Gesellschaft. Zwischen einer Brandrodungslandwirtschaft „primitiver" Gesellschaften und einer modernen Fließbandproduktion liegen Welten. Der Unterschied ist in erster Linie Ausdruck der höheren Qualifikation der heutigen menschlichen Arbeitskraft, der Entwicklung wissenschaftlicher Kenntnisse und der daher sehr viel größeren Perfektion der Arbeitsmittel, die wir benutzen.

Damit sind materielle Bedingungen für den Arbeitsprozeß vorgegeben, die es unabhängig davon gibt, welche soziale Beziehungen die am Arbeitsprozeß Beteiligten untereinander eingehen. Um z. B. ein Auto zu produzieren, müssen wir über die technischen Fähigkeiten und die wissenschaftlichen Kenntnisse verfügen, die notwendig sind, um einen Verbrennungsmotor zu konstruieren; wir müssen fähig sein, Metall zu bearbeiten, um die Karosserie zu bauen; Gummi abzuzapfen und ihn in Reifen zu verwandeln; Benzin herzustellen, das das Auto mit Energie versorgt. Diese Fähigkeiten sind historische Errungenschaften, die die wachsende Macht der Menschen über die Natur zeigen. Sie werden in einer zukünftigen kommunistischen Gesellschaft genauso wie unter dem Kapitalismus gebraucht.

Das Wesen des Arbeitsprozesses ist somit eine Widerspiegelung der Entwicklung menschlicher Technik, die wiederum von unserem theoretischen Wissen und praktischen Fertigkeiten abhängt. Verbesserungen im Arbeitsprozeß bedeuten, daß wir die gleiche Menge von Bedarfsgegenständen mit einer kleineren Menge Arbeit produzieren können. Deshalb reduzieren sie für die Menschheit potentiell die Last der materiellen Produktion. Zugleich machen sie uns weniger abhängig von den Wechselfällen unserer natürlichen Umwelt. Sie vergrößern unsere Kontrolle über die Natur. Heute hängt Knappheit oder Überfluß nicht mehr davon ab, ob der Sommer gut oder schlecht war.

Marx glaubte, daß diese Entwicklung der Produktivkräfte kumulativ ist. Oder anders gesagt, die technischen und wissenschaftlichen Errungenschaften der einen Gesellschaft bieten die Grundlage, auf der nachfolgende Gesellschaften aufbauen können. Veränderungen im Arbeitsprozeß erlauben es uns, effektiver zu produzieren und damit unsere Kontrolle über die Natur auszudehnen. Marx argumentierte, daß dies ein Prozeß ist, der sich durch die ganze menschliche Geschichte fortsetzt, von der neolithischen Revolution, in der die Menschen erstmals begannen, Land zu bebauen, zu ernten und Haustiere zu halten, bis zur industriellen Revolution des 18. und neunzehnten Jahrhunderts.

Die Entwicklung der Produktivkräfte ist eine notwendige Bedingung für jede Verbesserung unseres Lebens. Selbst in einer zukünftigen kommunistischen Gesellschaft wird der Arbeitsprozeß die „ewige Naturbedingung des menschlichen Lebens" sein. Doch kann die Entwicklung der Produktivkräfte allein den historischen Wandel und die historische Entwicklung nicht erklären. Das Anwachsen unserer wissenschaftlichen Kenntnisse und unserer praktischen Fertigkeiten finden nicht isoliert statt von der Art und Weise, wie wir den Gebrauch der Produktivkräfte organisieren, von den gesellschaftlichen Produktionsverhältnissen.

Um zu verstehen, was Marx mit Produktionsverhältnissen gemeint hat, müssen wir verstehen, daß die Produktion in doppelter Hinsicht gesellschaftlich ist. Zum einen ist die Arbeit notwendig eine gesellschaftliche Tätigkeit, weil sie von der Kooperation einer Reihe von Individuen abhängt, die ein gemeinsames Ziel erreichen wollen. Unter diesem Gesichtspunkt sind die Beziehungen zwischen den Individuen durch die materiellen Bedingungen, auf eine bestimmte Art zu produzieren, vorgegeben. Die Verteilung der Aufgaben auf die Produzenten spiegelt die Art des bestimmten Arbeitsprozesses und die Fertigkeiten der Individuen wider.

Aber es gibt noch einen zweiten soziale Seite der Produktion, eine in der die Produktionsmittel, die Werkzeuge und die Rohstoffe wieder das entscheidende Element sind. Marx schreibt:

> „Welches immer die gesellschaftlichen Formen der Produktion, Arbeiter und Produktionsmittel bleiben stets ihre Faktoren. ... Die besondere Art und Weise, worin diese Verbindung bewerkstelligt wird, unterscheidet die verschiedenen ökonomischen Epochen der Gesellschaftsstruktur." (MEW 24, S. 42)

Marx betont, daß wir das Wesen der Produktion und deshalb das Wesen der Gesellschaft nicht verstehen können, wenn wir nicht untersuchen, wer die Produktionsmittel kontrolliert. Dafür gibt es zwei Gründe. Erstens kann, nachdem die primitivsten Formen der Landwirtschaft überwunden sind, kein Arbeitsprozeß mehr ohne Produktionsmittel stattfinden. Selbst die Brandrodungslandwirtschaft ist von einem relativ freien Zugang zu Boden abhängig.

Zweitens liefert die Verteilung der Produktionsmittel den Schlüssel zur Teilung der Gesellschaft in Klassen. Denn es gibt keine dem Arbeitsprozeß innewohnende Notwendigkeit, die vorschreibt, daß die Produzenten, also diejenigen, die die tatsächliche Arbeit leisten, auch über die Produktionsmittel, die Werkzeuge und Rohstoffe, mit denen sie arbeiten, verfügen müssen. Klassen entstehen, wenn die „unmittelbaren

Produzenten" von den Produktionsmitteln getrennt werden, die dann das Monopol einer Minderheit geworden sind.

Die Trennung kann erst stattfinden, wenn sich die Produktivkräfte auf ein gewisses Niveau entwickelt haben. Den Arbeitstag in einer Klassengesellschaft betrachtend, unterscheidet Marx zwei Bestandteile. Während des ersten Teils verrichtet der unmittelbare Produzent die notwendige Arbeit. In anderen Worten, sie oder er produziert die Mittel zum Leben, die gebraucht werden, um sie oder ihn und die Angehörigen am Leben zu erhalten. (Im Kapitalismus produziert der Arbeiter nicht die tatsächlichen Lebensmittel, jedoch ihren Gegenwert in Form anderer Güter, für die sie oder er mit Geld bezahlt wird. Die grundlegende Beziehung ist aber dieselbe.)

Während des zweiten Teils des Arbeitstages verrichtet der Produzent Mehrarbeit. Das Produkt dieser Stunden nimmt sich nicht die Person, die die tatsächliche Arbeit geleistet hat, sondern der Besitzer der Produktionsmittel. Das geschieht im Austausch dafür, daß dem Arbeiter das Privileg eingeräumt wird, Produktionsmittel zu benutzen, damit er die Arbeit tun kann, ohne deren Produkte sie oder er zugrunde gehen würde. Wie Marx schreibt:

> „Überall, wo ein Teil der Gesellschaft das Monopol der Produktionsmittel besitzt, muß der Arbeiter, frei oder unfrei, der zu seiner Selbsterhaltung notwendigen Arbeitszeit überschüssige Arbeitszeit zusetzen, um die Lebensmittel für den Eigner der Produktionsmittel zu produzieren, sei dieser Eigentümer nun atheniensischer Aristokrat, etruskischer Theokrat, römischer Bürger, normännischer Baron, amerikanischer Sklavenhalter, walachischer Bojar, moderner Landlord oder Kapitalist." (MEW 23, S. 249f.)

Deshalb beruht die Klassengesellschaft auf der Ausbeutung, d. h. auf der Aneignung der Mehrarbeit durch eine Minderheit, die über die Produktionsmittel verfügt. In den frühen Phasen der menschlichen Entwicklung, im, wie Marx es nannte, „Urkommunismus", in dem die Produktionsmittel im Besitz der Gemeinschaft waren, gab es nur wenig oder keine Mehrarbeit. Nahezu der ganze Arbeitstag war, um die Bedürfnisse der Gesellschaft zu befriedigen, mit notwendiger Arbeit ausgefüllt.

Dank der Verbesserungen in den Produktionstechniken kamen die Menschen allmählich in die Lage, mehr zu produzieren als notwendig ist, sie bloß am Leben zu erhalten. Dieses Mehrprodukt war jedoch viel zu klein, um den Lebensstandard eines jeden deutlich zu verbessern. Statt dessen wurde es von einer Minderheit angeeignet, die aus verschiedenen Gründen, wie größere Tüchtigkeit oder politische Macht, die Verfügungsgewalt über die Produktionsmittel erlangte. So entstanden Klassen. Wie Engels es darstellte:

> „alle bisherigen geschichtlichen Gegensätze von ausbeutenden und ausgebeuteten, herrschenden und unterdrückten Klassen finden ihre Erklärung in derselben verhältnismäßig unentwickelten Produktivität menschlicher Arbeit. Solange die wirklich arbeitende Bevölkerung von ihrer notwendigen Arbeit so sehr in Anspruch genommen wird, daß ihr keine Zeit zur Besorgung der gemeinsamen Geschäfte der Gesellschaft – Arbeitsleitung, Staatsgeschäfte, Rechtsangelegenheiten, Kunst, Wissenschaft, etc. – übrigbleibt, solange mußte stets eine besondere Klasse bestehn, die, von der wirklichen Arbeit befreit, diese Angelegenheit besorgte; wobei sie denn nie verfehlte, den arbeitenden Massen zu ihrem eignen Vorteil mehr und mehr Arbeitslast aufzubürden." (MEW 20, S. 169)

Verfügungsgewalt (oder genauer, tatsächlicher Besitz) über die Produktionsmittel ist nicht notwendig dasselbe wie rechtliches Eigentum. In diesem Punkt befand sich Marx an der Seite der materialistischen bürgerlichen Philosophen wie Thomas Hobbes, „die die Macht als die Grundlage des Rechts betrachteten … Wird die Macht als die Basis des Rechts angenommen, wie es Hobbes etc. tun, so sind Recht, Gesetz pp. nur Symptom, Ausdruck anderer Verhältnisse, auf denen die Staatsmacht beruht." (MEW 3, S. 311)

Die Unterscheidung zwischen Produktionsverhältnissen und den rechtlichen Eigentumsformen ist sehr wichtig. Viele

Menschen glauben, daß der Kapitalismus an die Existenz einzelner Kapitalisten gebunden ist, die die Produktionsmittel besitzen und kontrollieren. Ihr Argument ist deshalb, daß der Aufstieg der modernen Kapitalgesellschaften, in denen die Geschäfte von Spitzenmanagern geführt werden, die Angestellte der Firma sind und bestenfalls einige Anteile besitzen, zeigt, daß wir nicht länger im Kapitalismus leben. Nichts kann weiter von der Wahrheit entfernt sein. Die Klassengesellschaft wird durch den tatsächlichen Besitz der Produktionsmittel durch eine Minderheit bestimmt, nicht durch die rechtlichen Formen, in die diese Machtverhältnisse gekleidet sind.

Produktionsweise und Klassenkampf

Die Produktionsverhältnisse einer Klassengesellschaft sind „nicht die Verhältnisse von Individuum zu Individuum, sondern die von Arbeiter zu Kapitalist, von Pächter zu Grundbesitzer etc.“ (MEW 4, S. 123) Für Marx waren diese Klassenverhältnisse, die auf der Ausbeutung basierten, der Schlüssel zum Verständnis der Gesellschaft:

> „Die spezifische ökonomische Form, in der unbezahlte Mehrarbeit aus den unmittelbaren Produzenten ausgepumpt wird, bestimmt das Herrschafts- und Knechtschaftsverhältnis, ... Es ist jedesmal das unmittelbare Verhältnis der Eigentümer der Produktionsbedingungen zu den unmittelbaren Produzenten – ein Verhältnis, dessen jedesmalige Form stets naturgemäß einer bestimmten Entwicklungsstufe der Art und Weise der Arbeit und daher ihrer gesellschaftlichen Produktivkraft entspricht –, worin wir das innerste Geheimnis, ... der ganzen gesellschaftlichen Konstruktion ... finden.“ (MEW 25, S. 799)

Aus diesen Gedanken folgen die berühmten ersten Sätze des **Kommunistischen Manifests**:

> „Die Geschichte aller bisherigen Gesellschaft ist die Geschichte von Klassenkämpfen.

Freier und Sklave, Patrizier und Plebejer, Baron und Leibeigener, Zunftbürger und Gesell, kurz, Unterdrücker und Unterdrückte standen in stetem Gegensatz zueinander, führten einen ununterbrochenen, bald versteckten, bald offenen Kampf, einen Kampf, der jedesmal mit einer revolutionären Umgestaltung der ganzen Gesellschaft endete oder mit dem gemeinsamen Untergang der kämpfenden Klassen. …
Die aus dem Untergang der feudalen Gesellschaft hervorgegangene moderne bürgerliche Gesellschaft hat die Klassengegensätze nicht aufgehoben. Sie hat nur neue Klassen, neuen Bedingungen der Unterdrückung, neue Gestaltung des Kampfes an die Stelle der alten gesetzt." (MEW 4, S. 462f.)

Heute ist dieser Gedanke bis zu einem gewissen Grad anerkannt, selbst von bürgerlichen Historikern. Deshalb ist es schwer zu begreifen, wie revolutionär er 1848 war. Vor dieser Zeit wurde Geschichte weitgehend geschrieben als Geschichte über (und für) diejenigen an der Spitze der Gesellschaft, oder es wurde der edle Vormarsch der Vernunft in der Geschichte nachgezeichnet. Marx warf nun das Licht auf die entscheidende Rolle, die die Masse der arbeitenden Bevölkerung in allen großen geschichtlichen Umwälzungen gespielt hat. Diejenigen, die heute Geschichte „von unten" schreiben, schreiben im Schatten von Marx Aussage, daß „die Geschichte … eine Geschichte von Klassenkämpfen„ ist.

Marx selbst sah nicht im Klassenkampf seine wichtigste Entdeckung. In dem berühmten Brief an Joseph Weydemeyer vom März 1852 schrieb er:

„Was mich nun betrifft, so gebührt mir nicht das Verdienst, weder die Existenz der Klassen in der modernen Gesellschaft noch ihren Kampf unter sich entdeckt zu haben. Bürgerliche Geschichtsschreiber hatten längst vor mir die historische Entwicklung dieses Kampfes der Klassen, und bürgerliche Ökonomen die ökonomische Anatomie derselben dargestellt. Was ich neu tat, war 1. Nachzuweisen, daß die Existenz der Klassen bloß an bestimmte historische Entwicklungsphasen der Produktion gebunden ist; 2. daß der Klassenkampf notwendig zur Diktatur des Proletariats führt; 3. daß diese Diktatur selbst nur den Übergang zur Aufhebung aller Klassen und zu einer klassenlosen Gesellschaft bildet." (MEW 28, S. 507f.

Marx war vielleicht ein bißchen zu bescheiden. Trotzdem ist sein grundlegendes Argument klar. Der Klassenkampf entspringt bestimmten historisch spezifischen Produktionsverhältnissen, die „stets naturgemäß einer bestimmten Entwicklungsstufe der Art und Weise der Arbeit und daher ihrer gesellschaftlichen Produktivkraft entsprechen", oder anders gesagt, einem bestimmten Niveau der Entwicklung der Produktivkräfte.

Marx nannte die „Produktionsverhältnisse, die einer bestimmten Entwicklungsstufe der Produktivkräfte entsprechen" eine *Produktionsweise*. Er unterscheidet zwischen vier Haupttypen von Klassengesellschaften: „In großen Umrissen können asiatische, antike, feudale und modern bürgerliche Produktionsweisen als progressive Epochen der ökonomischen Gesellschaftsformation bezeichnet werden." (MEW 13, S. 9)

> „Nur die Form, worin diese Mehrarbeit dem unmittelbaren Produzenten, dem Arbeiter, abgepreßt wird, unterscheidet die ökonomischen Gesellschaftsformationen, z. B. die Gesellschaft der Sklaverei von der der Lohnarbeit." (MEW 23, S. 231)

Die Form der Ausbeutung selbst ist abhängig von der Verteilung der Produktionsmittel. Im Falle der Sklaverei ist der Arbeiter ein Produktionsmittel; er gehört zum Eigentum des Herrn wie der Boden, den der Sklave bearbeitet und die Werkzeuge, die er oder sie benutzt. Es scheint so zu sein, daß die gesamte Arbeit des Sklaven Mehrarbeit ist, denn er hat keinerlei Recht auf ihr Produkt – alles geht an den Herrn. Da jedoch der Sklave eine wertvolle Investition ist, für die der Eigentümer Geld ausgegeben hat, muß er oder sie bei Kräften gehalten werden. So wird ein Teil des Produkts des Sklaven beiseite gelegt, um sie oder ihn zu ernähren, zu kleiden und zu behausen.

Dagegen hatte der Bauer im Feudalismus die wirkliche Verfügungsgewalt über einen Teil der Produktionsmittel – über die Werkzeuge, vielleicht die Tiere –, aber er besaß nicht den Boden, den er bearbeitete. Deshalb war er gezwungen, seine Zeit aufzuteilen zwischen der notwendigen Arbeit für sich und seine Familie und der Mehrarbeit, die er für seinen Grundherrn leistete. „Die eine verrichtete er auf seinem eigenen Felde, die andere auf dem herrschaftlichen Gut. Beide Teile der Arbeitszeit existieren daher selbständig nebeneinander." (MEW 23, S. 251)

In beiden Produktionsweisen ist die Ausbeutung offensichtlich und wird durch die physische Macht der Eigentümer über die unmittelbaren Produzenten gestützt. Der Sklavenbesitzer kann, wenn er es will, einen faulen oder widerspenstigen Sklaven foltern oder töten. Feudale Grundherren besaßen militärische Macht in Gestalt ihrer bewaffneten Gefolgsleute. Die Macht des Grundherrn, aus seinen Bauern Mehrarbeit herauszupressen, war durch sein Gewaltmonopol gewährt. Oberflächlich betrachtet mag diese Machtbeziehung, die Herrschaft des Herrschenden über den Beherrschten, als ausschlaggebend angesehen werden – wie das ja auch die oberflächliche Sichtweise von Geschichte nahelegt – und nicht das ökonomische Verhältnis, das durch die Herrschaft nur gestützt wird.

Im Kapitalismus ist der Arbeiter dagegen rechtlich frei. Er oder sie ist nicht in der gleichen Weise an den Kapitalisten gebunden wie der Sklave an seinen Herrn oder der Leibeigene an seinen Grundherrn. Die Ausbeutung ist nicht von der physischen Unterwerfung des Produzenten unter den Eigentümer abhängig, sondern von wirtschaftlichen Zwängen, insbesondere von der Tatsache, daß der Arbeiter die Produktionsmittel nicht besitzt. Marx schreibt, daß der Arbeiter „in doppeltem Sinn frei war, frei von den Klientel - oder Hörigkeitsverhältnissen und Dienstverhältnissen und zweitens frei von allem Hab und Gut und jeder objektiven, sachlichen Daseinsform, *frei von allem Eigentum.*" (Grundrisse, S. 406)

In England wurden die Bauern zwischen dem fünfzehnten und achtzehnten Jahrhundert vom Boden, von dem ihr Lebensunterhalt abhing, durch die verschiedensten Kriegslisten getrennt – durch gerichtliche Vertreibungen, die Einfriedung von Gemeindeland usw. Nur durch die Schaffung einer Arbeiterklasse, die nichts anderes besaß als ihre Arbeitskraft, konnte sich die kapitalistische Produktionsweise entwickeln.

Die kapitalistische Produktionsweise beruht auf der Trennung der unmittelbaren Produzenten von den Produktionsmitteln, die von einer kleinen Gruppe von Kapitalisten kontrolliert werden. Für die Arbeiter ist die Alternative zum Verkauf ihrer Arbeitskraft an den Kapitalisten letztlich das Verhungern. Der Kapitalist benutzt seine Verfügungsgewalt über die Produktionsmittel dazu, die Menschen zu zwingen, für ihn zu arbeiten und, wenn er sie beschäftigt, länger zu arbeiten als es notwendig ist, ihre Löhne zu ersetzen, und auf diese Weise Mehrarbeit zu leisten. Ausbeutung hängt in diesem Fall zuallererst von der wirtschaftlichen Macht des Eigentümers ab und nicht von seinem Gewaltmonopol. Weil kein physischer Zwang angewandt wird, weil die Arbeiter rechtlich frei sind und ihre Zustimmung offensichtlich auf freiem Willen beruht, wird hier die Ausbeutung verschleiert. Trotzdem ist sie deshalb nicht weniger real.

Marx schreibt, daß die „Produktionsverhältnissen ... einer bestimmten Entwicklungsstufe ihrer materiellen Produktivkräfte entsprechen“. Was genau bedeutet hier „entsprechen“? Einige Kommentatoren dachten, für Marx seien die Produktivkräfte unmittelbar verantwortlich für den Aufstieg und Niedergang der Produktionsweisen. Diese Geschichtsauffassung wird manchmal als „technologischer Determinismus“ bezeichnet, weil sie den technologischen Wandel für den Motor des sozialen Wandels hält.

Es gibt Passagen in den Schriften von Marx, in denen er eine solche Auffassung scheinbar unterstützt. So schreibt er zum Beispiel:

> „Die sozialen Verhältnisse sind eng verknüpft mit den Produktivkräften. Mit der Erwerbung neuer Produktivkräfte verändern die Menschen ihre Produktionsweise, und mit der Veränderung der Produktionsweise, der Art, ihren Lebensunterhalt zu gewinnen, verändern sie alle ihre gesellschaftlichen Verhältnisse. Die Handmühle ergibt eine Gesellschaft mit Feudalherren, die Dampfmühle eine Gesellschaft mit industriellen Kapitalisten." (MEW 4, S. 130)

Einige spätere Marxisten benutzten Formulierungen wie diese, um damit eine Entstellung der Marxschen Geschichtstheorie zu rechtfertigen, indem sie behaupteten, daß die soziale Revolution unvermeidlich sei, wenn die Produktivkräfte erst einmal ein bestimmtes Entwicklungsniveau erreicht hätten. Karl Kautsky, der Cheftheoretiker der Zweiten Internationale (1889-1914) argumentierte, daß der Untergang des Kapitalismus schicksalhaft sei und mit Naturnotwendigkeit stattfinden würde. Alles was Sozialisten zu tun hätten, sei, sich zurückzulehnen und dieses unvermeidbare Ereignis abzuwarten.

Diese Art des Abwartler-Marxismus bestärkte die Parteien der Zweiten Internationale, 1914 keinen Massenwiderstand gegen den Ersten Weltkrieg zu organisieren. Im Gegenteil unterstützten sie ihre eigenen nationalen Regierungen; die internationale Arbeiterbewegung zerfiel, als die Arbeiter damit begannen, sich gegenseitig abzuschlachten.

Der fatalistische Marxismus, der die Geschichte passiv betrachtet, anstatt zu versuchen, ihr Ergebnis aktiv zu beeinflussen, ist eine völlige Verfälschung der Auffassungen von Marx. Zu sagen „die sozialen Verhältnisse sind eng verknüpft mit den Produktivkräften" heißt nicht, daß erstere einfach auf Veränderungen letzterer reagieren. Jede der beiden Seiten findet eine Entsprechung in der anderen. Jede setzt der anderen Grenzen.

Die Produktivkräfte setzen den gesellschaftlichen Produktionsverhältnissen Grenzen. Marx und Engels wiesen entschieden darauf hin, daß die Abschaffung der Klassen nicht unter irgend möglichen Bedingungen stattfinden könnte. Wie

Engels in einem Entwurf für das **Kommunistische Manifest** erklärte:

> „Jede Veränderung in der gesellschaftlichen Ordnung, jede Umwälzung der Eigentumsverhältnisse ist die notwendige Folge der Erzeugung neuer Produktivkräfte gewesen, welche den alten Eigentumsverhältnissen sich nicht mehr fügen wollten. ... Solange nicht so viel produziert werden kann, daß nicht nur für alle genug vorhanden ist, sondern auch noch ein Überschuß von Produkten zur Vermehrung des gesellschaftlichen Kapitals und zur weiteren Ausbildung der Produktivkräfte bleibt, solange muß es immer eine herrschende, über die Produktivkräfte der Gesellschaft verfügende und eine arme, unterdrückte Klasse geben. Wie diese Klassen beschaffen sein werden, wird von der Entwicklungsstufe der Produktion abhängen. ...
> Es ist klar, daß bisher die Produktivkräfte noch nicht so weit entwickelt waren, daß für alle genug produziert werden konnte, und daß das Privateigentum für diese Produktivkräfte eine Fessel, eine Schranke geworden war. Jetzt aber, wo durch die Entwicklung der großen Industrie erstens Kapitalisten und Produktivkräfte in einem nie vorher gekannten Maße erzeugt und die Mittel vorhanden sind, diese Produktivkräfte in kurzer Zeit ins unendliche zu vermehren; wo zweitens diese Produktivkräfte in den Händen weniger Bourgeois zusammengedrängt sind, während die große Masse des Volks immer mehr zu Proletariern wird, während ihre Lage in demselben Maße elender und unerträglicher wird, in welchem die Reichtümer der Bourgeoisie sich vermehren; wo drittens diese gewaltigen und leicht zu vermehrenden Produktivkräfte so sehr dem Privateigentum und den Bourgeois über den Kopf gewachsen sind, daß sie jeden Augenblick die gewaltsamsten Störungen in der gesellschaftlichen Ordnung hervorrufen, jetzt erst ist die Aufhebung des Privateigentums nicht nur möglich, sondern sogar durchaus notwendig geworden."
> (MEW 4, S. 371f.)

Sozialismus ist nicht einfach nur eine gute Idee, die den Hirnen wohlmeinender Träumer entsprungen ist. Er ist erst dann möglich, wenn die Produktivkräfte ein Entwicklungsniveau erreicht haben, die die Abschaffung der Klassen erlaubt. Und die Entwicklung zu solch einer Höhe kann nur im Kapitalismus stattfinden.

Umgekehrt trifft aber auch zu, daß die gesellschaftlichen Produktionsverhältnisse der Entwicklung der Produktivkräfte Schranken setzen. Das Ausmaß, in dem Fortschritte in den Arbeitsprozeß eingeführt werden, hängt davon ab, ob diese Fortschritte im Interesse wenigstens einer der Hauptklassen der Gesellschaft liegen.

Nehmen wir das Beispiel Europas im Mittelalter. Historiker haben gezeigt, daß die feudale Gesellschaft eine Folge von schrecklichen Krisen durchmachte, als der Boden nicht mehr die bestehende Bevölkerung ernähren konnte. Der Lebensstandard fiel bis Krieg, Hungersnöte und die Pest wieder das Gleichgewicht herstellten. Die Bevölkerung Westeuropas, allen voran die Bauern, die selbst in den besten Zeiten um das bloße Überleben kämpfen mußten, kamen in Massen wie nach einem Atomkrieg ums Leben. Der französische marxistische Historiker Guy Bois hat gezeigt, daß die Hälfte der Bevölkerung der östlichen Normandie in der Mitte des vierzehnten Jahrhunderts ausgelöscht war, im nächsten Jahrhundert starben sogar noch mehr. Nach seinen Schätzungen war 1460 die Bevölkerung weniger als ein Drittel so groß wie 1300.

Das waren nicht bloße Naturkatastrophen, Beispiele für das Malthussche Bevölkerungsgesetz. Sie entstanden aus den vorherrschenden feudalen Produktionsverhältnissen. Die Bauern mußten die Hälfte ihre Produkte an den Feudalherren abgeben, der sie brauchte, um seine Gefolgsleute zu ernähren und zu bewaffnen und seine soziale Stellung aufrechtzuerhalten. Die Bauern hatten weder den Anreiz noch die Mittel, um in verbesserte Produktionsmethoden zu investieren.

Das bedeutete, daß die Anbaumethoden während des größten Teils des späten Mittelalters (von 1300 bis 1550) unverändert blieben. Als die Bevölkerung über eine gewisse Grenze wuchs, gab es bei Benutzung dieser Methoden nicht genug Land oder ausreichend Nahrungsmittel. Der Feudalherr steigerte die Unterdrückung, damit sein Einkommen nicht in

Mitleidenschaft gezogen wurde, selbst wenn seine leibeigenen Bauern hungerten. Die bäuerliche Wirtschaft brach zusammen, unfähig, diese Last zu tragen.

Selbst wenn die Vergrößerung der wissenschaftlichen Kenntnisse uns die Fähigkeit gegeben hat, die Arbeitsproduktivität zu steigern, wird die tatsächliche Nutzung dieser Möglichkeit von den vorherrschenden gesellschaftlichen Produktionsverhältnissen abhängen. Ein anderes Beispiel, diesmal aus China, illustriert, wie gesellschaftliche Verhältnisse den technischen Fortschritt zum Stillstand bringen können.

Unter der Sung-Dynastie (960-1259) war China Europa um einige Jahrhunderte voraus. Eisenhütten, die dort im 11. Jahrhundert gebaut wurden, waren bis zur industriellen Revolution die Größten auf der Welt. Schußwaffen, bewegliche Lettern für den Buchdruck, der magnetische Kompaß und mechanische Uhren waren in China schon hunderte Jahre früher als in Europa entwickelt worden. Doch diese Durchbrüche regten nicht die Entwicklung einer modernen industriellen Wirtschaft an. Statt dessen verursachte die feudale gesellschaftliche Struktur, die von Landbesitzern und Bürokraten beherrscht war, die kein Interesse an solchen Fortschritten hatten, Stillstand und Niedergang, bis schließlich im neunzehnten Jahrhundert das alte Kaiserreich der Mitte den westlichen Kolonisatoren als Beute zufiel.

Die gesellschaftlichen Produktionsverhältnisse (die ökonomische Struktur einer Gesellschaft) und die Produktivkräfte (menschliche Fertigkeiten und Technologie) wirken gegenseitig aufeinander ein; keines von beiden dominiert das andere. Das Niveau der Fertigkeiten und Technologie setzt Grenzen für den sozialen Wandel, es kann ihn aber auch vorantreiben; die Struktur der Gesellschaft bestimmt umgekehrt, wie weit die Menschen den Arbeitsprozeß ändern und neue Techniken benutzen können.

Marx selbst sieht diese beiden Faktoren in einer Beziehung, die sich mit der Zeit verändert. Eine gegebene Struktur der Gesellschaft ist nur vereinbar mit einem bestimmten Niveau der Entwicklung der menschlichen Fertigkeiten und der

Technologie. „Auf einer gewissen Stufe ihrer Entwicklung geraten die materiellen Produktivkräfte der Gesellschaft in Widerspruch mit den vorhandenen Produktionsverhältnissen ... Aus Entwicklungsformen der Produktivkräfte schlagen diese Verhältnisse in Fesseln derselben um." (MEW 13, S. 9) Die Gesellschaft tritt dann in eine Periode der sozialen Krise ein, die nur beendet werden kann, wenn neue Produktionsverhältnisse an die Stelle der alten treten und so eine weitere Entwicklung der Produktivkräfte ermöglichen.

Die Krise des europäischen Feudalismus, auf die oben Bezug genommen wurde, kann diesen Prozeß illustrieren. Die Herausbildung der feudalen Produktionsverhältnisse gegen Ende der römischen Zeitalters führte unzweifelhaft zu deutlichen ökonomischen Fortschritten. Zwischen dem zehnten und dreizehnten Jahrhundert stieg die landwirtschaftliche Produktion beträchtlich an, die Kultivierung des Landes wurde beträchtlich ausgedehnt, Städte dehnten sich aus, die Bevölkerung wuchs. Viele wissenschaftliche Entdeckungen, die von den Griechen und Römern gemacht, aber ignoriert worden waren, weil die in der antiken Welt vorherrschenden Produktionsverhältnisse der Sklaverei ihre praktische Anwendung verhindert hatten, wurden jetzt in wirtschaftlichen Gebrauch genommen.

Doch im dreizehnten Jahrhundert geriet das wirtschaftliche Wachstum an Grenzen, die durch die feudalen Produktionsverhältnisse, die es ursprünglich angeregt hatten, gesetzt waren. Wie wir schon gesehen haben, hatte weder der Feudalherr noch der Bauer ein großes Interesse, die landwirtschaftlichen Verbesserungen einzuführen, die notwendig waren, um eine schnell wachsende Bevölkerung zu ernähren. Das Ergebnis war eine ausgedehnte Krise.

Soziale Krisen entstehen so aus den Widersprüchen innerhalb der vorherrschenden Produktionsweise. Zur gleichen Zeit schaffen sie die Bedingungen, aus denen eine neue Produktionsweise hervorgehen kann. Im Falle des Feudalismus z. B. versetzte die Arbeitskräfteknappheit infolge der Pest im vierzehnten Jahrhundert die englische Bauernschaft in eine

Position, die trotz der Niederlage in der großen Erhebung von 1381 stark genug war, die Abschaffung der Leibeigenschaft zu erzwingen. Die Bauern waren nicht länger an den Boden gebunden. Anders als in Frankreich waren sie jedoch nicht stark genug, sich selbst das Land anzueignen, das sie bearbeiteten. Mit dem sechzehnten Jahrhundert gingen die englischen Grundbesitzer dazu über, die Bauern vom Boden zu vertreiben und ehemaliges Gemeindeland durch Einzäunung in privates Eigentum von Großgrundbesitzern zu verwandeln. Dieses wurden dann kapitalistischen Pächtern überlassen, die Lohnarbeiter beschäftigten und Waren für den Markt produzierten. Die allmähliche Unterhöhlung der feudalen Produktionsverhältnisse führte zu den Anfängen des Kapitalismus.

Der Klassenkampf, betonte Marx, muß im Licht dieser Widersprüche verstanden werden. Die Ersetzung einer Produktionsweise durch eine andere geschieht nicht friedlich und allmählich, sondern bedarf einer gewaltsamen Revolution, in der die alte herrschende Klasse enteignet wird und eine neue Klasse an ihre Stelle tritt. „Dieser Widerspruch zwischen den Produktivkräften und der Verkehrsform ... mußte jedesmal in einer Revolution eskalieren, wobei er zugleich verschiedene Nebengestalten annahm, als Totalität von Kollisionen, als Kollisionen verschiedener Klassen, als Widerspruch des Bewußtseins, Gedankenkampf etc." (MEW 3, S. 74)

Die folgenden berühmten Zeilen aus dem Vorwort seiner Schrift **Zur Kritik der Politischen Ökonomie** fassen die Marxsche Geschichtstheorie zusammen:

> „In der gesellschaftlichen Produktion ihres Lebens gehen die Menschen bestimmte, notwendige, von ihrem Willen unabhängige Verhältnisse ein, Produktionsverhältnisse, die einer bestimmten Entwicklungsstufe ihrer materiellen Produktivkräfte entsprechen. Die Gesamtheit dieser Produktionsverhältnisse bildet die ökonomische Struktur der Gesellschaft, die reale Basis, worauf sich ein juristischer und politischer Überbau erhebt und welcher bestimmte gesellschaftliche Bewußtseinsformen entsprechen. Die Produktionsweise des materiellen Lebens bedingt den sozialen, politischen und gei-

stigen Lebensprozeß überhaupt. Es ist nicht das Bewußtsein des Menschen, das ihr Sein, sondern umgekehrt ihr gesellschaftliches Sein, das ihr Bewußtsein bestimmt. Auf einer gewissen Stufe ihrer Entwicklung geraten die materiellen Produktivkräfte der Gesellschaft in Widerspruch mit den vorhandenen Produktionsverhältnissen oder, was nur ein juristischer Ausdruck dafür ist, mit den Eigentumsverhältnissen, innerhalb derer sie sich bisher bewegt hatten. Aus Entwicklungsformen der Produktivkräfte schlagen diese Verhältnisse in Fesseln derselben um. Es tritt dann eine Epoche sozialer Revolution ein. Mit der Veränderung der ökonomischen Grundlage wälzt sich der ganze ungeheure Überbau langsamer oder rascher um." (MEW 13, S. 8f.)

Basis und Überbau

„Die Geschichte aller bisherigen Gesellschaft ist die Geschichte von Klassenkämpfen." Marx bestimmte die Klassen als grundsätzlich *ökonomische* Verhältnisse. Zweifellos hätte er Lenins berühmte Definition akzeptiert:

> „Als Klassen bezeichnet man große Menschengruppen, die sich voneinander unterscheiden nach ihrem Platz in einem geschichtlich bestimmten System der gesellschaftlichen Produktion, nach ihrem (größtenteils in Gesetzen fixierten und formulierten) Verhältnis zu den Produktionsmitteln, nach ihrer Rolle in der gesellschaftlichen Organisation der Arbeit und folglich nach der Art der Erlangung und der Größe ihres Anteils am gesellschaftlichen Reichtum, über den sie verfügen. Klassen sind Gruppen von Menschen, von denen die eine sich die Arbeit des andern aneignen kann infolge der Verschiedenheit ihres Platzes in einem bestimmten System der gesellschaftlichen Wirtschaft."

Reduziert nicht diese Geschichtsauffassung, wie viele Kritiker ihr seit ihrem Bestehen vorwerfen, gröblich das gesamte gesellschaftliche Leben auf wirtschaftliche Interessen?

Tatsächlich war Marxens Auffassung darüber, wie die Produktivkräfte und Produktionsverhältnisse eine Gesellschaft als ganze prägend beeinflussen, sehr differenziert und komplex. Wie viele seiner Interpreten festgestellt haben, ist seine bedeutsamste Stellungnahme zu dem, was als ökonomische „Basis" und ideologischer und politischer Überbau bezeichnet wird, sorgfältig und genau abgewogen:

„Die Gesamtheit dieser Produktionsverhältnisse bildet die ökonomische Struktur der Gesellschaft, die *reale Basis,* worauf sich ein juristischer und politischer Überbau erhebt und welcher bestimmte gesellschaftliche Bewußtseinsformen *entsprechen.* Die Produktionsweise des materiellen Lebens bedingt den sozialen, politischen und geistigen Lebensprozeß überhaupt. Es ist nicht das Bewußtsein der Menschen, das ihr Sein, sondern umgekehrt ihr gesellschaftliches Sein, das ihr Bewußtsein bestimmt." (MEW 13, S. 8f.)

Das Bild von der Gesellschaft, wie es hier dargestellt wird, stellt den Überbau (Politik und Ideologie) keineswegs als bloß passive Widerspiegelung der wirtschaftlichen Entwicklung dar. Vielmehr ist es so, wie die Worte, die ich hervorgehoben habe, nahelegen, daß die Produktivkräfte und Produktionsverhältnisse den Entwicklungen im Überbau Grenzen setzen. Wenn das so ist, dann besteht ein beträchtlicher Spielraum für politische und ideologische Faktoren, sich entsprechend ihrer eigenen Rhythmen zu entwickeln und auf die Wirtschaft zurückzuwirken.

So wenigstens argumentierte Engels in einem Brief, den er einige Jahre nach dem Tod von Marx schrieb:

„Nach materialistischer Geschichtsauffassung ist das *in letzter Instanz* bestimmende Moment in der Geschichte die Produktion und Reproduktion des wirklichen Lebens. Mehr hat weder Marx noch ich je behauptet. Wenn nun jemand das dahin verdreht, das ökonomische Moment sei das *einzig* bestimmende, so verwandelt er jenen Satz in eine nichtssagende, abstrakte, absurde Phrase. Die ökonomische Lage ist die Basis, aber die verschiedenen Momente des Überbaus – politische Formen des Klassenkampfs und seine Resultate – Verfassungen, nach gewonnener Schlacht durch die siegende Klasse festgestellt usw. – Rechtsformen, und nun gar die Reflexe aller dieser wirklichen Kämpfe im Gehirn der Beteilig-

> ten, politische, juristische, philosophische Theorien, religiöse Anschauungen und deren Weiterentwicklung zu Dogmensystemen, üben auch ihre Einwirkung auf den Verlauf der geschichtlichen Kämpfe aus und bestimmen vielen Fällen vorwiegend deren Form. Es ist eine Wechselwirkung all dieser Momente, worin schließlich durch alle unendliche Menge von Zufälligkeiten … als Notwendiges die ökonomische Bewegung sich durchsetzt.“ (MEW 37, S. 463)

Festzustellen, welche Produktionsverhältnisse in einer gegebenen Gesellschaft herrschen, ist dann nur der Ausgangspunkt für die Analyse einer Gesellschaft. Zum richtigen Verstehen gehört auf jeden Fall das Verständnis von der Beziehung zwischen ideologischen wie politischen Faktoren und der Wirtschaft, wobei wir nicht vergessen dürfen, daß die Produktionsweise das eigentliche Fundament einer Gesellschaft bildet.

Um eine klare Vorstellung zu bekommen, was die Beziehung zwischen Basis und Überbau beinhaltet, wollen wir uns die beiden wichtigsten Elemente des Überbaus, nämlich Ideologie und Staat anschauen.

Bei seinen Äußerungen über die soziale Revolution schreibt Marx, daß man

> „stets unterscheiden [muß] zwischen der materiellen … Umwälzung in den ökonomischen Produktionsbedingungen und den juristischen, politischen, religiösen, künstlerischen und philosophischen, kurz, ideologischen Formen, worin sich die Menschen dieses Konflikts bewußt werden und ihn ausfechten. Sowenig man das, was ein Individuum ist, nach dem beurteilt, was es sich selbst dünkt, ebensowenig kann man eine solche Umwälzungsepoche aus ihrem Bewußtsein beurteilen, sondern muß vielmehr dies Bewußtsein aus den Widersprüchen des materiellen Lebens, aus dem vorhandenen Konflikt zwischen gesellschaftlichen Produktivkräften und Produktionsverhältnissen erklären.“ (MEW 13, S. 9)

Marx stellt zu allererst in Abrede, daß das Bewußtsein unabhängig ist von „den Widersprüchen des materiellen Lebens“. Das gesellschaftliche Sein bestimmt das Bewußtsein und nicht anders herum. Doch was heißt es zu sagen, „das gesellschaftliche Sein bestimmt das Bewußtsein“? Zuallererst heißt es, daß das, was die Leute glauben, unter dem Druck der materiellen und gesellschaftlichen Umstände, in denen sie leben, gebildet wird. Menschliche Wesen sind keine entkörperlichten Geister, die in einem Reich der reinen Vernunft leben. Es sind Männer und Frauen, die um ihr Überleben unter Bedingungen kämpfen, die es der großen Mehrheit verwehren, sich über die bloße Existenz zu erheben. Das, was sie glauben, wird der Versuch sein, ihrer Lage einen Sinn zu geben und ihr tägliches Handeln anzuleiten.

Zudem haben die Menschen seit dem Ende des ursprünglichen Kommunismus in Klassengesellschaften gelebt. Das heißt, daß es für die herrschende Klasse wichtig ist, die unmittelbaren Produzenten dazu zu bringen, ihre Lage zu billigen. Diese Akzeptanz kann die verschiedensten Formen annehmen. Es kann einfache Resignation sein, die auf der Überzeugung beruht, daß die herrschende Klasse zu stark ist, um gestürzt zu werden. Sie kann aber auch die positive Überzeugung sein, daß die bestehende gesellschaftlich Ordnung gerecht und wünschenswert ist. In beiden Fällen spielt die Billigung des Status quo durch die unmittelbaren Produzenten eine entscheidende Rolle.

Daraus folgt, daß Ideologien – die systematischen Überzeugungen, die sich die Menschen über die Welt bilden – nur vom Standpunkt ihrer Rolle im Klassenkampf verstanden werden können. In anderen Worten, sie müssen analysiert werden im Hinblick auf ihren Beitrag zur Aufrechterhaltung oder Untergrabung der herrschenden Produktionsverhältnisse.

Marx war überzeugt, daß Ideologien die Klassengesellschaften stützen, indem sie die Ausgebeuteten bezüglich ihrer Stellung in der Gesellschaft irreleiten. Die Folge ist, daß die gesellschaftlichen Verhältnisse in der betreffenden Klassengesellschaft als natürlich angesehen werden, als unvermeidliche Verhältnisse, die nicht beseitigt werden können, und nicht als solche, die nur für die jeweilige Epoche der menschlichen Geschichte gelten. Das Ergebnis ist, daß die besonderen Klasseninteressen als allgemeine menschliche Interessen gesehen werden.

Wenn die kapitalistischen Produktionsverhältnisse die höchste Form menschlicher Entwicklung repräsentieren, dann ist es im Interesse aller, daß der Kapitalist Profit machen sollte. Er beutet niemanden aus: seine Rolle in der gesellschaftlichen Produktion ist wesentlich und Profite eine Vergütung für seinen Beitrag.

Ideologien helfen die bestehende Produktionsweise aufrechtzuerhalten, indem sie Menschen dazu bringen, sich falsche Ansichten über das Wesen der Gesellschaft zu machen. Daraus folgt, daß sogar diejenigen, die in revolutionären Perioden Geschichte machen, nicht völlig das Wesen der Rolle verstehen, die sie spielen.

> „Die Menschen machen ihre eigene Geschichte, aber sie machen sie nicht aus freien Stücken, nicht unter selbstgewählten, sondern unter unmittelbar vorgefundenen, gegebenen und überlieferten Umständen. Die Tradition aller toten Geschlechter lastet wie ein Alp auf dem Gehirn der Lebenden. Und wenn sie eben damit beschäftigt scheinen, sich und die Dinge umzuwälzen, noOch nicht Dagewesenes zu schaffen, gerade in solchen Epochen revolutionärer Krise beschwören sie ängstlich die Geister der Vergangenheit zu ihrem Dienst herauf, entlehnen ihnen Namen, Schlachtparole, Kostüm, um in dieser altehrwürdigen Verkleidung und mit dieser erborgten Sprache die neue Weltgeschichtsszene aufzuführen. So maskierte sich Luther als Apostel Paulus, die Revolution von 1789-1814 drapierte sich abwechselnd als römische Republik und als römisches Kaisertum.“ (MEW 8, S. 115)

Diese Form des Selbstbetrugs war in den großen bürgerlichen Revolutionen notwendig, weil die Führer dieser Revolutionen sich und ihre eigenen Unterstützer überzeugen mußten, daß der Sieg ihrer Klasse im Interesse der Menschheit als Ganzer war.

> „Aber unheroisch, wie die bürgerliche Gesellschaft ist, hatte es jedoch des Heroismus bedurft, der Aufopferung, des Schreckens, des Bürgerkriegs und der Völkerschlachten, um sich zur Wehr zu setzen. Und ihre Gladiatoren fanden in den klassisch strengen Überlieferungen der römischen Republik

> die Ideale und die Kunstformen, die Selbsttäuschungen, deren sie bedurften, um den bürgerlich beschränkten Inhalt ihrer Kämpfe sich selbst zu verbergen und ihre Leidenschaft auf der Höhe der großen geschichtlichen Tragödie zu halten. So hatten auf einer anderen Entwicklungsstufe, ein Jahrhundert früher, Cromwell und das englische Volk dem alten Testament Sprache, Leidenschaften und Illusionen für ihre bürgerliche Revolution entlehnt." (MEW 8, S. 116)

Marx glaubte, daß die Ideologien der herrschenden Klasse unter den Massen dank der ökonomischen und politischen Macht der herrschenden Klasse vorherrschen. „Die Gedanken der herrschenden Klasse sind in jeder Epoche die herrschenden Gedanken, d. h. die Klasse, welche die herrschende materielle Macht der Gesellschaft ist, ist zugleich die herrschende geistige Macht." (MEW 3, S. 46) Die herrschende Klasse benutzt ihre Kontrolle der Produktionsmittel und des Staates zur Schaffung und Aufrechterhaltung einer Reihe von Institutionen, durch die die Überzeugungen der Menschen gebildet werden. Im Mittelalter war die wichtigste dieser Institutionen die Kirche. Dazu hinzugekommen sind nun verschiedene andere, von denen das Bildungssystem und die Massenmedien die wichtigsten sind.

Es ist jedoch klar, daß für Marx die ideologische Macht der herrschenden Klasse untrennbar ist von ihrer ökonomischen und politischen Macht. Die wirtschaftlich dominierende Klasse war auch die herrschende Klasse – die Klasse, die über die Produktionsmittel verfügt, kontrollierte auch den Staat. Der Staat war für Marx zu allererst ein Mittel, mit dem die Herrschaft einer einzelnen Klasse aufrechterhalten werden konnte. „Die moderne Staatsgewalt ist nur ein Ausschuß, der die gemeinschaftlichen Geschäfte der ganzen Bourgeoisklasse verwaltet." (MEW 4, S. 464) „Die politische Gewalt im eigentlichen Sinne ist die organisierte Gewalt einer Klasse zur Unterdrückung einer anderen." (MEW 4, S. 482)

Marx versuchte nie, eine systematische Theorie des Staates zu entwickeln. Seine Auffassungen zu diesem Thema müssen aus zerstreuten Bemerkungen und besonderen Untersuchungen zusammengesucht werden. Engels und Lenin brachten diese Sache viel weiter. Wie auch immer, die wesentlichen Züge der Theorie, die sie entwickelten, waren schon bei Marx zu finden.

Schon in seiner Schrift **Zur Kritik der Hegelschen Rechtsphilosophie** von 1843 betonte Marx, daß der moderne Staat gekennzeichnet ist durch seine Trennung von der bürgerlichen Gesellschaft, seine Trennung vom ökonomischen und gesellschaftlichen Leben. Später zeigten er und Engels, daß diese Trennung nur als unvermeidliches Ergebnis des Klassenantagonismus verstanden werden kann.

Engels weist nach, daß die Entstehung von Staaten untrennbar ist von der Teilung der Gesellschaft in Klassen:

> „Der Staat ist ... vielmehr ein Produkt der Gesellschaft auf bestimmter Entwicklungsstufe; er ist das Eingeständnis, daß diese Gesellschaft sich in einen unlösbaren Widerspruch mit sich selbst verwickelt, sich in unversöhnliche Gegensätze gespalten hat, die zu bannen sie ohnmächtig ist. Damit aber diese Gegensätze, Klassen mit widerstreitenden ökonomischen Interessen nicht sich und die Gesellschaft in fruchtlosem Kampf verzehren, ist eine scheinbar über der Gesellschaft stehende Macht nötig geworden, die den Konflikt dämpfen, innerhalb der Schranken der „Ordnung" halten soll; und diese, aus der Gesellschaft hervorgegangene, aber sich über sie stellende, sich ihr mehr und mehr entfremdende Macht ist der Staat." (MEW 21, S. 165)

Der Kern dieser Macht liegt darin, daß der Staat die Mittel der Zwangsgewalt kontrolliert, deren Rückgrat die bewaffneten Streitkräfte bilden. In den Gesellschaften, die vor der Ausbildung von Klassen existierten, gab es keine Unterscheidung zwischen der Masse der Bevölkerung und denjenigen, die in den Kampf gingen, wenn er notwendig war. Mit der Entstehung des Klassenwiderspruchs hört das jedoch auf. Der Gebrauch von Gewalt wird das Vorrecht einer besonderen Minderheit, deren Aufgabe es gleichermaßen ist, die Masse der Bevölkerung zu unterdrücken wie äußere Feinde zu bekämpfen. So ist die Trennung des Staates von der Gesellschaft in erster Linie die Trennung der Zwangsmittel von den unmittelbaren Produzenten, von deren Mehrarbeit die herrschende Klasse abhängt. Die Bildung des Staates umfaßt, wie Engels erklärt,

> „die Einrichtung einer *öffentlichen Gewalt,* welche nicht mehr unmittelbar zusammenfällt mit der sich selbst als bewaffnete Macht organisierenden Bevölkerung. Diese besondre, öffentliche Gewalt ist nötig, weil eine selbsttätige bewaffnete Organisation der Bevölkerung unmöglich geworden seit der Spaltung in Klassen. ... Diese öffentliche Gewalt existiert in jedem Staat; sie besteht nicht bloß aus bewaffneten Menschen, sondern auch aus sachlichen Anhängseln, Gefängnissen und Zwangsanstalten aller Art ... Sie verstärkt sich ... in dem Maß, wie die Klassengegensätze innerhalb des Staats sich verschärfen und wie die einander begrenzenden Staaten größer und volkreicher werden – man sehe nur unser heutiges Europa an, wo Klassenkampf und Eroberungskonkurrenz die öffentliche Macht auf eine Höhe emporgeschraubt haben, auf der sie die ganze Gesellschaft und selbst den Staat zu verschlingen droht." (MEW 21, S. 165f.)

Engels erkennt so zwei Hauptfaktoren in der Entstehung und Herausbildung von Staaten, die Entwicklung und die Verschärfung der Klassenwidersprüche und Kämpfe zwischen rivalisierenden Staaten um die militärische Vorherrschaft. Marx konkretisiert diesen Gedanken in seinen Studien über die Pariser Kommune. Darin arbeitet er die Ursprünge des modernen kapitalistischen Staates in den absoluten Monarchien heraus, wie sie in Europa am Ende des Mittelalters entstanden sind.

> „Die zentralisierte Staatsmaschinerie, die mit ihren allgegenwärtigen und verwickelten militärischen, bürokratischen, geistlichen und gerichtlichen Organen die lebenskräftige bürgerliche Gesellschaft wie eine Boa constrictor umklammert (umstrickt), wurde zuerst in den Zeiten der absoluten Monarchie als Waffe der entstehenden modernen Gesellschaft in ihrem Kampf um die Emanzipation vom Feudalismus geschmiedet. Die grundherrlichen Vorrechte der mittelalterlichen Feudalherren, Städte und Geistlichkeit wurden in

Attribute einer einheitlichen Staatsgewalt verwandelt, die die feudalen Würdenträger durch bezahlte Staatsbeamte ersetzte und die Waffen von den mittelalterlichen Gefolgsleuten der Grundbesitzer und den Korporationen der Städtebürger an ein stehendes Heer übertrug; sie setzte an die Stelle der buntscheckigen (parteigefärbten) Anarchie sich befehdender mittelalterlicher Mächte den geregelten Plan einer Staatsmacht mit einer systematischen und hierarchischen Teilung der Arbeit. Die erste französische Revolution mit ihrer Aufgabe, die nationale Einheit zu begründen (eine Nation zu schaffen), mußte jede lokale, territoriale, städtische und provinzielle Unabhängigkeit beseitigen. Sie war daher gezwungen, das zu entwickeln, was die absolute Monarchie begonnen hatte, die Zentralisation und Organisation der Staatsmacht, und den Umfang und die Attribute der Staatsmacht, die Zahl ihrer Werkzeuge, ihre Unabhängigkeit und ihre übernatürliche Gewalt über die wirkliche Gesellschaft auszudehnen." (MEW 17, S. 538f.)

Der Triumph des Kapitalismus führte daher zu einer enormen Stärkung der Macht und der Wirksamkeit des Staatsapparates. Doch wurde dieser Apparat nicht immer unabhängiger, sowohl von der Bourgeoisie wie auch von den ausgebeuteten Klassen? Das legte zumindest das Phänomen des Bonapartismus nahe, des ersten und zweiten französischen Kaiserreichs unter Napoleon I. und später Napoleon III., wo ein einzelner Abenteurer, dessen Macht allein auf der militärischen Stärke beruhte, die Kontrolle über den Staat gewinnen konnte und unabhängig von den Kapitalisten wie auch von den Arbeitern und Bauern herrschen konnte. Oder um es noch deutlicher zuzuspitzen: Führen seit den Zeiten von Marx nicht Wahlen zu einer Reihe von Regierungen, die von Parteien kontrolliert wurden, deren politische Basis in der Arbeiterklasse dem Gedanken widerspricht, daß der Staat ein Werkzeug der Klassenherrschaft ist?

Um auf diesen Einwand eine Antwort zu finden, müssen wir uns daran erinnern, daß für Marx und Engels der Staat das Produkt von Klassenwidersprüchen ist; er, wie Marx formulierte, „der offizielle Ausdruck des Klassengegensatz der bürgerlichen Gesellschaft ist." (MEW 4, S. 182) Er schreibt von der „Zusammenfassung [der Produktion] im Staat" (Grundrisse, S. 139). In anderen Worten, sämtliche gesellschaftlichen Widersprüche spiegeln sich und kristallisieren sich im Staat. Die kontinuierliche Vorherrschaft der herrschenden Klasse kann von einer Reihe von Kompromissen mit anderen Klassen abhängen, was sich in der Organisation der Staatsmacht widerspiegelt.

So zeigte Marx zum Beispiel auf, daß der Triumph Napoleons III. nach der Revolution von 1848 der einzige Weg war, in Frankreich nach einigen Jahren offenen Bürgerkriegs zwischen Bourgeoisie und Proletariat die kapitalistische Macht aufrechtzuerhalten:

> „Das Kaisertum, das vorgab, sich auf die produzierende Mehrheit der Nation – auf die Bauern – zu stützen, die anscheinend außerhalb des Klassenkampfes zwischen Kapital und Arbeit stehen (den beiden kämpfenden gesellschaftlichen Kräften gleichgültig und feindlich gegenüberstehen), das die Staatsmacht als eine scheinbar über den herrschenden wie beherrschten Klassen stehende Gewalt ausnutzte, das beiden einen Waffenstillstand auferlegte (die politische und darum revolutionäre Form des Klassenkampfes zum Schweigen brachte), das die Staatsmacht ihrer offenen Form des Klassendespotismus durch Zerbrechen der parlamentarischen Macht, das heißt der direkten politischen Macht der aneignenden Klassen beraubte – dieses Kassiertem war die einzig mögliche Staatsform, die der alten gesellschaftlichen Ordnung eine Galgenfrist sichern konnte." (MEW 17, S. 594)

Solch eine offensichtlich paradoxe Situation, in der die herrschende Klasse nicht unmittelbar herrscht in dem Sinn, daß sie nicht unmittelbar den Staatsapparat leitet, ist im Kapitalismus möglich, weil die Ausbeutung nicht vom täglichen physischen Zwang über die unmittelbaren Produzenten abhängt. Statt dessen sind es ökonomische Sachzwänge, die die Arbeiter zwingen, sich der Ausbeutung zu unterwerfen. Letztlich handelt es sich dabei um die Alternative zwischen Arbeiten oder Verhungern. „Der stumme Zwang der ökonomischen

Verhältnisse besiegelt die Herrschaft des Kapitalisten über den Arbeiter. Außerökonomische, unmittelbare Gewalt wird zwar immer noch angewandt, aber nur ausnahmsweise." (MEW 23, S. 765)

Es ist deshalb durchaus üblich, daß Ökonomie und Politik in kapitalistischen Gesellschaften als völlig voneinander getrennt erscheinen. Aber die oberflächliche Betrachtung trügt. Denn auf der einen Seite beschränkt die kapitalistische Kontrolle einer Wirtschaft das Handeln des Staates. Wenn die Bourgeoisie das, was die Regierung macht, ablehnt, kann sie beispielsweise ihr Geld außer Landes bringen. Diese Art von Druck hat in England mehrere Labour-Regierungen gezwungen, die radikalere Variante ihrer Politik abzumildern oder aufzugeben. Auf der anderen Seite gibt es innerhalb des Staates selbst eine Arbeitsteilung, nämlich zwischen seinen gewählten Körperschaften, wie dem Parlament und dem Kabinett, und der ständig existierenden militärischen und zivilen Bürokratie. Die engen Beziehungen der letzteren mit der kapitalistischem Klasse bedeuten, daß sie eine Regierung, die die kapitalistischen Produktionsverhältnisse umstürzen will, sabotieren oder, wenn dazu gedrängt, gegen diese rebellieren werden.

Dennoch sind aufgrund der relativen Unabhängigkeit von Politik und Ökonomie im Kapitalismus Situationen möglich, in denen die Bourgeoisie Kompromisse mit anderen Klassen oder Teilen von Klassen eingeht, die die gesellschaftlichen Widersprüche abmildern und ihre Herrschaft letztlich sichern helfen.

Marx glaubte, daß in England seiner Zeit eine solche Situation bestand:

> „Die britische Konstitution ist ... nur ein verjährtes, überlebtes, veraltetes Kompromiß zwischen der nicht offiziell, aber faktisch in allen entscheidenden Sphären der bürgerlichen Gesellschaft herrschenden Bourgeoisie und der offiziell regierenden Grundaristokratie. Ursprünglich, nach der „glorreichen" Revolution von 1688, war nur eine Sektion in der Bourgeoisie – die Finanzaristokratie – in den Kompromiß

> eingeschlossen. Die Reformbill von 1831 ließ eine andere Sektion zu, die Millocracy, wie die Engländer sie nennen, d. h. die Großwürdenträger der industriellen Bourgeoisie ... Wenn die Bourgeoisie ... so im allgemeinen als die herrschende Klasse auch politisch anerkannt wurde, so geschah dies indes nur auf eine Bedingung hin, daß das gesamte Regierungswesen in allen seinen Details, selbst das exekutive Departement der gesetzgebenden Gewalt, d. h. das eigentliche Gesetzemachen in beiden Häusern des Parlaments, der Grundaristokratie gesichert bleibe." (MEW 11, S. 95f.)

Die Bourgeoisie kann daher herrschen, ohne zu regieren. Engels argumentierte, daß eine ähnliche Aufteilung in Deutschland unter Bismarck bestand, wo die industrielle Bourgeoisie der Hauptnutznießer der Herstellung der nationalen Einheit war, aber die Junker, die Klassen des Landadels, tatsächlich weiterhin regierten. Einige spätere Marxisten haben argumentiert, daß es eine allgemeine Eigenschaft des Kapitalismus sei, daß die Bourgeoisie herrsche, aber nicht regiere. Auch ohne so weit zu gehen, können wir sehen, daß die Marxsche Theorie vom Staat, wie seine allgemeine Darstellung des Verhältnisses zwischen Basis und Überbau, komplex und scharfsinnig war.

Marx entwickelte also eine Geschichtstheorie, die in der Lage ist, die Natur sehr verschiedener Gesellschaften und die Unterschiede im politischen und ideologischen Überbau von Gesellschaften zu erklären, die doch auf gleichen Produktionsverhältnisse fußen. Das Aufblühen einer marxistischen Geschichtsschreibung, insbesondere seit dem Zweiten Weltkrieg, ist eine Bestätigung der Fruchtbarkeit dieser Theorie. Marx war allerdings nicht in erster Linie daran interessiert, eine wissenschaftlichere Geschichtstheorie als die Condorcets oder diejenige Hegels zu formulieren. Die Schärfe des historischen Materialismus lag in Marxens wissenschaftlicher Analyse des Kapitalismus und seiner Theorie der revolutionären Praxis.

Kapitel 6

Kapitalismus

Das Kapital war Marxens krönende Leistung, das Hauptwerk seiner Lebensarbeit. Sein Ziel war, wie er im Vorwort zum ersten Band sagt, „das ökonomische Bewegungsgesetz der modernen Gesellschaft zu enthüllen." (MEW 23, S. 15f.)

Frühere ökonomische Denker hatten den einen oder anderen Gesichtspunkt des Funktionierens des Kapitalismus erfaßt. Jetzt versuchte Marx, ihn als ein Ganzes zu verstehen. In Übereinstimmung mit der analytischen Methode und der Geschichtsauffassung, die in den beiden vorhergehenden Kapiteln dargestellt wurden, analysierte Marx den Kapitalismus nicht als das Ende der Geschichte, sondern als eine historisch vorübergehende Produktionsweise, deren innere Widersprüche zu ihrem Untergang führen würden.

Für Leser, die nicht vertraut sind mit der „elenden Wissenschaft„ der Ökonomie (wie Thomas Carlyle sie nannte) mag es hilfreich sein, kurz den Hauptgegenstand dieses Kapitels zu umreißen. Es beginnt mit dem Eckpfeiler des **Kapitals**, der Arbeitswerttheorie, nach der Waren, d. h. Produkte, die auf dem Markt verkauft werden, im Verhältnis der gesellschaftlich notwendigen Arbeitszeit, die für ihre Produktion notwendig ist, gegeneinander getauscht werden. Wir werden sehen, wie diese Theorie die Marxsche Darstellung der kapitalistischen Ausbeutung unterstützt, denn der Mehrwert, der von den Arbeitern geschaffen wird, ist die Quelle der Profite, auf denen das ökonomische System des Kapitalismus beruht. Die Konkurrenz zwischen den Kapitalien, – seien es Einzelkapitalisten, Kapitalgesellschaften oder auch Nationen –, von denen jedes darauf aus ist, die größte Menge an Mehrwert an sich zu reißen, führt zur Bildung einer allgemeinen Profitrate und deshalb, wie wir sehen werden, zu einer Modifikation der Arbeitswerttheorie. Die Konkurrenz ruft auch eine Tendenz zum Fall der Profitrate hervor, die die grundlegende Ursache für die Krisen ist, die regelmäßig das kapitalistische System heimsuchen.

Arbeit und Wert

Die Grundlage jeder menschlichen Gesellschaft ist der Arbeitsprozeß, die Zusammenarbeit von Menschen mit dem Ziel, die Naturkräfte zu benutzen, um so ihre Bedürfnisse zu befriedigen. Das Produkt der Arbeit muß, vor allem andern, menschlichen Bedürfnissen genügen. In anderen Worten, es muß nützlich sein. Marx sprach deshalb von *Gebrauchswert*. Sein Wert liegt zuerst und vor allem darin, daß es für jemanden einen Nutzen besitzt.

Das Bedürfnis, das von einem Gebrauchswert befriedigt wird, muß kein physisches sein. Ein Buch ist ein Gebrauchswert, weil Menschen das Bedürfnis haben zu lesen. Ebenso können Bedürfnisse, die von Gebrauchswerten befriedigt werden, darin liegen, niederträchtige Zwecke zu verfolgen. Das Gewehr eines Mörders oder der Schlagstock eines Polizisten hat ebenso einen Gebrauchswert wie eine Dose Sauerkraut oder das Skalpell eines Chirurgen.

Doch im Kapitalismus erhalten die Arbeitsprodukte die Form von *Waren*. Eine Ware hat, wie Adam Smith herausarbeitete, nicht nur einen Gebrauchswert. Waren werden nicht hergestellt, um unmittelbar konsumiert zu werden, sondern, um auf dem Markt verkauft zu werden. Sie werden produziert, um ausgetauscht zu werden. Als solche hat jede Ware einen *Tauschwert*, „das quantitative Verhältnis, die Proportion, worin sich Gebrauchswerte einer Art gegen Gebrauchswerte anderer Art austauschen." (MEW 23, S. 50) Der Tauschwert eines Hemds könnte z. B. hundert Dosen Sauerkraut sein.

Gebrauchswert und Tauschwert sind völlig voneinander verschieden. Um ein Beispiel von Smith anzuführen: die Luft hat für die Menschen immer einen ungeheuren Gebrauchswert, denn ohne Luft würden wir sterben; doch sie hat keinen Tauschwert (wenn wir die Möglichkeit der Reichen ignorieren, sich eine weniger vergiftete Umgebung zu kaufen). Auf der anderen Seite haben Diamanten einen vergleichbar geringen Nutzen, aber sie haben einen sehr hohen Tauschwert.

Schließlich muß ein Gebrauchswert ein *bestimmtes* menschliches Bedürfnis befriedigen. Wenn man hungrig ist, ist ein Buch nichts wert. Im Gegensatz dazu ist der Tauschwert einer Ware nur ein Betrag, mit dem sie gegen andere Waren ausgetauscht wird. Tauschwerte spiegeln die Gemeinsamkeiten der Waren und nicht ihre bestimmten, besonderen Eigenschaften. Ein Laib Brot kann gegen einen Büchsenöffner ausgetauscht werden, entweder unmittelbar oder vermittels des Mediums Geld, auch wenn ihr jeweiliger Nutzen sehr verschieden ist. Welches ist der gemeinsame Nenner, der es erlaubt, daß der Austausch stattfindet?

Die Antwort von Marx ist, daß alle Waren einen Wert haben, von dem der Tauschwert eine bloße Widerspiegelung ist. Dieser Wert entspricht den Kosten, die die Gesellschaft aufwenden muß, um diese Ware zu produzieren. Weil die menschliche Arbeitskraft die Antriebskraft der Produktion ist, können die Kosten nur gemessen werden in der Menge der Arbeit, die für die Ware aufgewendet wird.

Mit Arbeit meint Marx jedoch hier nicht die besondere Art von Arbeit, die angewandt wird, also etwa einen Laib Brot backen oder einen Büchsenöffner herstellen. Diese wirkliche, „konkrete“ Arbeit, wie Marx sie nennt, ist zu unterschiedlich und komplex, um uns den Wertmaßstab zu geben, den wir brauchen. Um diesen Maßstab zu finden, müssen wir Arbeit getrennt von ihrer konkreten Form betrachten. Marx schreibt: „Ein Gebrauchswert oder Gut hat also nur einen Wert, weil *abstrakt menschliche Arbeit* in ihm vergegenständlicht oder materialisiert ist.“ (MEW 23, S. 53)

Arbeit hat also einen „doppelten Charakter“:

> „Alle Arbeit ist einerseits Verausgabung menschlicher Arbeitskraft im physiologischen Sinn, und in dieser Eigenschaft gleicher menschlicher oder abstrakt menschlicher Arbeit bildet sie den Warenwert. Alle Arbeit ist andrerseits Verausga-

bung menschlicher Arbeitskraft in besondrer zweckbestimmter Form, und in dieser Eigenschaft konkreter nützlicher Arbeit produziert sie Gebrauchswerte." (MEW 23, S. 61)

Marx beschreibt diesen *Doppelcharakter der Arbeit* als „das Beste an meinem Buch" (MEW 31, S. 326) An dieser Stelle trennt sich Marxens Theorie von der Theorie Ricardos und der politischen Ökonomie seiner Zeit. Marx kritisiert Ricardo dafür, daß er sich ausschließlich darauf konzentriert, eine genaue Formel für die Bestimmung des Tauschwerts der Waren zu finden. Die Theoretiker der politischen Ökonomie wollten natürlich nur Wege finden, die Marktpreise vorherzusagen.

„Was bei Ricardo der Fehler ist, ist, daß er bloß mit der *Wertgröße* beschäftigt ist. ... Was Ricardo nicht untersucht, ist die spezifische Form, worin die Arbeit als Einheit der Waren sich darstellt," schrieb Marx. (MEW 26.3, S. 128 und 136)

Marx war nicht besonders an den Marktpreisen interessiert. Sein Ziel war es, den Kapitalismus als eine historisch spezifische Form der Gesellschaft zu verstehen und herauszufinden, was den Kapitalismus von früheren Formen der Gesellschaft unterschied, und welche Widersprüche zu seiner zukünftigen Umwälzung führen würden. Marx wollte nicht wissen, *wieviel Arbeit* den Tauschwert der Waren bildet, sondern in *welcher Form* Arbeit diese Funktion erfüllt und *warum* im Kapitalismus Warenproduktion für den Markt vorherrscht und nicht, wie in früheren Gesellschaften, Produktion für den unmittelbaren Gebrauch.

Der Doppelcharakter der Arbeit ist zentral für die Beantwortung dieser Frage, weil Arbeit eine gesellschaftliche und kooperative Tätigkeit ist. Das gilt nicht einfach nur für die besonderen Arten von Arbeit, sondern für die Gesellschaft als Ganzes. Die Arbeit eines jeden Individuums oder jeder Gruppe von Individuen ist gesellschaftliche Arbeit in dem Sinn, daß sie zur Befriedigung der Bedürfnisse der Gesellschaft beiträgt. Diese Bedürfnisse erfordern die verschiedenartigsten Produkte – nicht nur verschiedene Arten von Nahrung, sondern auch

Kleidung, Behausung, Transportmittel, Werkzeuge, die in der Produktion gebraucht werden, usw. .Das bedeutet, daß verschiedene Arten nützlicher Arbeit verrichtet werden müssen. Wenn jeder nur eine Art von Produkt herstellen würde, würde die Gesellschaft bald zusammenbrechen.

Deshalb braucht jede Gesellschaft irgendeinen Mechanismus, um die gesellschaftliche Arbeit auf die verschiedenen produktiven Tätigkeiten zu verteilen. Marx schreibt, „daß diese *Notwendigkeit* der *Verteilung* der gesellschaftlichen Arbeit in bestimmten Proportionen durchaus nicht durch die *bestimmte Form* der gesellschaftlichen Produktion aufgehoben" ist. (MEW 32, S. 552f.) Aber es gibt einen grundlegenden Unterschied zwischen Kapitalismus und anderen Produktionsweisen. Im Kapitalismus gibt es keinen Mechanismus, durch den die Gesellschaft kollektiv entscheiden kann, wieviel ihrer Arbeit für bestimmte Aufgaben verwendet wird.

Um zu verstehen, warum das so ist, müssen wir vorkapitalistische Produktionsweisen betrachten, wo das Ziel der wirtschaftlichen Tätigkeit primär in der Produktion von Gebrauchswerten lag und jede Gemeinschaft alle oder die meisten ihrer Bedürfnisse durch die Arbeit ihrer eigenen Mitglieder befriedigen konnte.

> „Ein … Beispiel bildet die ländlich patriarchalische Industrie einer Bauernfamilie, die für den eigenen Bedarf Korn, Vieh, Garn, Leinwand, Kleidungsstücke usw. produziert … Geschlechts- und Altersunterschiede wie die mit dem Wechsel der Jahreszeit wechselnden Naturbedingungen der Arbeit regeln ihre Verteilung unter die Familie und die Arbeitszeit der einzelnen Familienmitglieder." (MEW 23, S. 92)

Die Verteilung der Arbeit ist selbst in vorkapitalistischen Gesellschaften, in denen Ausbeutung und Klassen bestehen, kollektiv geregelt. So nehmen im Feudalismus

> „Arbeit und Produkte … nicht eine von der Realität verschiedene … Gestalt an. Sie gehn als Naturaldienste und Naturalleistungen in das gesellschaftliche Getriebe ein. …Wie man daher immer die Charaktermasken beurteilen

> mag, worin sich die Menschen hier gegenübertreten, die gesellschaftlichen Verhältnisse der Personen in ihrer Arbeit erscheinen jedenfalls als ihre eignen persönlichen Verhältnisse und sind nicht verkleidet in gesellschaftliche Verhältnisse der Sachen, der Arbeitsprodukte.“ (MEW 23, S. 91f.)

Im Fall von Sklaverei und Feudalismus, beides Produktionsweisen, die auf der Klassenausbeutung basieren, ist der größte Teil der Produktion vollständig dazu bestimmt, die Bedürfnisse der Produzenten und der ausbeutenden Klasse zu befriedigen. Die wesentliche Streitfrage ist nicht, *was* produziert wird, sondern vielmehr die Aufteilung des Sozialprodukts zwischen Ausbeutern und Ausgebeuteten.

Im Kapitalismus liegen die Dinge völlig anders. Die Entwicklung der Arbeitsteilung bedeutet, daß jetzt in jeder Arbeitsstätte die Produktion hoch spezialisiert und von derjenigen anderer Arbeitsstätten abgetrennt ist. Der einzelne Produzent kann seine Bedürfnisse nicht durch seine eigene Produktion befriedigen. Ein Arbeiter in einer Büchsenöffnerfabrik kann die Büchsenöffner nicht essen. Um zu leben, muß er sie an andere verkaufen. Die Produzenten sind so in zweifacher Weise voneinander abhängig: zum einen benötigen sie die jeweiligen Produkte des anderen, aber sie brauchen einander auch als Kunden ihrer eigenen Produkte, damit sie das Geld einnehmen, mit dem sie kaufen können, was sie brauchen.

Dieses System nennt Marx die *entwickelte Warenproduktion*. Die Produzenten sind nur durch den Tausch ihrer Produkte miteinander verbunden:

> „Gebrauchsgegenstände werden überhaupt nur Waren, weil sie Produkte voneinander unabhängig betriebner Privatarbeiten sind. Der Komplex dieser Privatarbeiten bildet die gesellschaftliche Gesamtarbeit. Da die Produzenten erst in gesellschaftlichen Kontakt treten durch den Austausch ihrer Arbeitsprodukte, erscheinen auch die spezifisch gesellschaftlichen Charaktere ihrer Privatarbeiten erst innerhalb dieses Austausches. Oder die Privatarbeiten betätigen sich in der Tat erst als Glieder der gesellschaftlichen Gesamtarbeit durch die Beziehungen, worin der Austausch die Arbeitsprodukte

und vermittels derselben die Produzenten versetzt." (MEW 23, S. 87)

Bisher *war* konkrete Arbeit unmittelbar gesellschaftliche Arbeit. Wo Produktion zum Gebrauch stattfindet, zur Befriedigung bestimmter besonderer Bedürfnisse, war ihre gesellschaftliche Funktion offensichtlich und von vornherein vorhanden. Wo Produktion für den Tausch stattfindet, dort gibt es keine notwendige Verbindung zwischen der nützlichen Arbeit, die ein bestimmter Produzent macht, und den Bedürfnissen der Gesellschaft. Ob die Produkte einer bestimmten Fabrik zum Beispiel irgendein gesellschaftliches Bedürfnis befriedigen, kann erst festgestellt werden, *nachdem* sie hergestellt wurden, nämlich dann, wenn sie zum Verkauf auf den Markt gebracht wurden. Wenn niemand diese Güter kaufen will, dann ist die Arbeit, die sie produziert hat, keine gesellschaftliche Arbeit.

Es gibt noch einen zweiten Gesichtspunkt, in dem es einen Unterschied zwischen gesellschaftlicher und privater Arbeit im Kapitalismus gibt. Die Hersteller des gleichen Produkts werden um denselben Markt *konkurrieren.* Ihr relativer Erfolg wird davon abhängen wie wohlfeil sie ihre Produkte verkaufen. Das verlangt, die Produktivität der Arbeit zu erhöhen: „Allgemein: Je größer die Produktivkraft der Arbeit, desto kleiner die zur Herstellung eines Artikels erheischte Arbeitszeit, desto kleiner die in ihm kristallisierte Arbeitsmasse, desto kleiner sein Wert." (MEW 23, S. 55)

Der Druck der Konkurrenz zwingt die Produzenten, ähnliche Produktionsmethoden wie ihre Rivalen anzuwenden, oder sie werden unterboten. Folglich wird der Wert der Waren nicht bestimmt von der gesamten, auf ihre Produktion verwandte Menge Arbeit, sondern vielmehr durch die *gesellschaftlich notwendige* Arbeitszeit, das ist die „Arbeitszeit, um irgendeinen Gebrauchswert mit den vorhandenen gesellschaftlich-normalen Produktionsbedingungen und dem gesellschaftlichen Durchschnittsgrad von Geschick und Intensität der Arbeit darzustellen." (MEW 23, S. 53) Ein ungeschickter Produzent, der mehr als die gesellschaftlich notwendige Arbeit braucht, um etwas zu produzieren, wird merken, daß der Preis, den er bekommt, ihn nicht für seine Extraarbeit entschädigt. Nur gesellschaftlich notwendige Arbeit ist gesellschaftliche Arbeit.

Abstrakte gesellschaftliche Arbeit ist kein bloßer Begriff, etwas, das nur im Hirn existiert. Sie beherrscht das Leben der Menschen. Wenn die Produzenten nicht in der Lage sind, den „normalen Produktionsbedingungen„ zu entsprechen, werden sie aus dem Geschäft herausgedrängt.

Aber das ist nicht alles. Wir haben gesehen, daß private nützliche Arbeit nur gesellschaftliche Arbeit wird, wenn das Produkt verkauft wurde. Damit der Tausch jedoch stattfinden kann, muß es irgend einen Weg geben festzustellen, wieviel gesellschaftlich notwendige Arbeit jede Ware beinhaltet. Die Gesellschaft kann das nicht kollektiv tun, denn der Kapitalismus ist ein System, in dem die Produzenten zueinander nur durch ihre Produkte in Beziehung treten.

Die Lösung ist, daß eine Ware die Funktion eines allgemeinen Äquivalents übernimmt, an dem die Werte aller anderen Waren dann gemessen werden können. Wenn eine bestimmte Ware in der Funktion eines allgemeinen Äquivalents festgelegt wird, dann wird sie Geld. Und, schreibt Marx, „In der Darstellung der Ware als Geld ist ... enthalten, daß die verschiedenen Wertgrößen ... sich alle in einer Form darstellen, worin sie als Verkörperung der *gesellschaftlichen Arbeit* existieren.“ (MEW 26.3, S. 128)

So ist der Kapitalismus ein ökonomisches System, in dem die einzelnen Produzenten nicht im Voraus wissen, ob ihre Produkte gesellschaftliche Bedürfnisse befriedigen. Sie können das nur herausfinden, indem sie versuchen, diese Produkte als Waren auf dem Markt zu verkaufen. Die Konkurrenz zwischen den Produzenten, die versuchen, durch gegenseitiges Unterbieten Märkte zu erobern, reduziert ihre unterschiedlichen Arbeiten auf einen Maßstab, auf abstrakte gesellschaftliche Arbeit, wie sie sich im Geld verkörpert. Wo das Angebot einer Ware die Nachfrage nach ihr übersteigt, wird der Preis fallen, und die Produzenten werden zu profitableren wirtschaftlichen Tätigkeiten wechseln. Auf diese Art wird die gesellschaftliche Arbeit unter den verschiedenen Zweigen der Produktion verteilt, allerdings nur indirekt.

Marxens Werttheorie hat deshalb das Ziel herauszuarbeiten, was den Kapitalismus als eine Form der gesellschaftlichen Produktion einzigartig macht. Sein Schwerpunkt ist der „innere Zusammenhang der bürgerlichen Produktionsverhältnisse„ (MEW 23, S. 95, Anm. 32) Sein Ziel ist zu zeigen: „Als Werte sind die Waren *gesellschaftliche* Größen, ... nur Verhältnisse der Menschen in ihrer produktiven Tätigkeit ... Wo die Arbeit gemeinschaftlich ist, stellen sich die Verhältnisse der Menschen in ihrer gesellschaftlichen Produktion nicht als Werte von Sachen dar." (MEW 26.3, S. 127)

Schon als das **Kapital** veröffentlicht wurde, erhoben die bürgerlichen Ökonomen den Einwand, daß der Marxsche Wertbegriff, wie er am Anfang des ersten Bandes entwickelt wird, nicht beweise, daß sich die Waren tatsächlich im Verhältnis der gesellschaftlich notwendigen Arbeitszeit, die zu ihrer Produktion nötig ist, austauschen. Dieser Einwand wird bis heute erhoben. Marx bemerkte zu einem dieser Kritiker:

> „Der Unglückliche sieht nicht, daß, wenn in meinem Buch gar kein Kapitel über den 'Wert' stünde, die Analyse der realen Verhältnisse, die ich gebe, den Beweis und den Nachweis des wirklichen Wertverhältnisses enthalten würde ...
> Die Wissenschaft besteht eben darin, zu entwickeln, *wie* das Wertgesetz sich durchsetzt. Wollte man also von vornherein alle dem Gesetz scheinbar widersprechenden Phänomene 'erklären', so müßte man die Wissenschaft *vor* der Wissenschaft liefern." (MEW 32, S. 552f.)

Das **Kapital** insgesamt ist also der Nachweis der Arbeitswerttheorie. Marx war der Meinung, daß die korrekte wissenschaftliche Methode darin besteht, „vom Abstrakten zum Konkreten aufzusteigen." (**Grundrisse**, S. 22) Er beginnt damit, indem er die Arbeitswerttheorie in der sehr abstrakten Form darstellt, wie wir sie bisher betrachtet haben. Aber das ist nur der Ausgangspunkt seiner Analyse. Er fährt dann – Schritt für Schritt – fort aufzuzeigen, wie das komplexe und oft chaotische Verhalten der kapitalistischen Wirtschaft mit der Arbeitswerttheorie und nur auf dieser Grundlage verstanden werden kann.

Mehrwert und Ausbeutung

Nach Marx gibt es in der kapitalistischen Produktionsweise zwei große Trennungen. Die eine haben wir schon diskutiert – die Trennung zwischen den Produktionseinheiten. In anderen Worten: die kapitalistische Wirtschaft ist ein System, daß in getrennte, wechselseitig abhängige und konkurrierende Produzenten zerteilt ist. Genauso wichtig ist jedoch die Spaltung *innerhalb* jeder Produktionseinheit, zwischen dem Besitzer der Produktionsmittel und den unmittelbaren Produzenten, d. h. zwischen Kapital und Lohnarbeit.

Waren kann es, wie Marx aufzeigte, ohne Kapitalismus geben. Geld und Handel gab es auch in vorkapitalistischen Gesellschaften. In solchen Gesellschaften ist aber der Austausch von Waren hauptsächlich ein Mittel, Gebrauchswerte zu erhalten, die Dinge, die die Menschen brauchen. Die Warenzirkulation hat unter diesen Bedingungen die Form von W-G-W. Dabei steht W für Ware und G für Geld. Jeder Produzent nimmt seine Ware und verkauft sie für Geld, um dann das Geld dazu zu benutzen, eine andere Ware von einem anderen Produzenten zu kaufen. Geld ist allein der Vermittler der Transaktion.

Wo die kapitalistischen Produktionsverhältnisse vorherrschen, nimmt dagegen die Warenzirkulation eine andere, komplexere Form an: G-W-G'. Geld wird investiert, um Waren zu produzieren, die dann getauscht werden – für mehr Geld.

Darüber hinaus ist G', das Geld, das der Investor oder Kapitalist nach der Transaktion besitzt, mehr als G, das Geld, das er zunächst investiert hat. Das zusätzliche Geld, oder den Profit, nennt Marx den „Mehrwert„. Woher kommt dieser?

Ricardo hat diese Frage eindrucksvoll beantwortet, als er feststellte, daß der Wert, der durch Arbeit geschaffen wurde, anschließend in Löhne und Profit aufgeteilt wird. Arbeit war die Quelle des Mehrwerts. Doch er war nicht fähig, das klar zu erfassen, weil er in einen offensichtlichen Widerspruch geriet. Er definierte die *Löhne* als den Wert der Arbeit. Wie kann das sein, wenn die Löhne geringer sind als der gesamte Wert, der von der Arbeit geschaffen wurde, der, wie Ricardo sagt, zwischen Löhnen und Profiten aufgeteilt wird?

Ricardo stellte sich dieser Frage nicht, weil er das Vorhandensein von Mehrwert als selbstverständlich annahm. Marxens Erklärung des Vorhandenseins von Mehrwert beruht jedoch auf seiner Analyse der Beziehung zwischen Kapital und Lohnarbeit. Was der Arbeiter dem Kapitalisten im Tausch für ihre oder seine Löhne verkauft, ist nicht Arbeit, sondern Arbeits*kraft,* wie er erklärt:

> „Der Gebrauchswert, den der Arbeiter dem Kapitalisten gegenüber anzubieten hat, ... ist nicht materialisiert in einem Produkt, existiert überhaupt nicht außer ihm, also nicht wirklich, sondern nur der Möglichkeit nach, als seine Fähigkeit. Wirklichkeit wird er erst, sobald er von dem Kapital ... in Bewegung gesetzt wird." (Grundrisse, S. 178)

Die Arbeitskraft ist eine Ware, und wie alle Waren hat sie einen Wert und einen Gebrauchswert. Ihr Wert ist bestimmt durch die gesellschaftliche Arbeitszeit, die notwendig ist, um den Arbeiter am Leben zu halten und dessen Kinder aufzuziehen, die sie oder ihn ersetzen werden. „Ihr Wert, gleich dem jeder andren Ware, war bestimmt, bevor sie in die Zirkulation trat, denn ein bestimmtes Quantum gesellschaftlicher Arbeit ward zur Produktion der Arbeitskraft verausgabt, aber ihr Gebrauchswert besteht erst in der nachträglichen Kraftäußerung." (MEW 23, S. 188)

Der Gebrauchswert der Arbeitskraft ist Arbeit. Nachdem der Arbeiter eingestellt ist, treibt der Kapitalist ihn oder sie zur Arbeit an. Doch die Arbeit ist die Quelle des Werts, und darüber hinaus schafft der Arbeiter normalerweise während des Arbeitstages mehr Wert als seinen Tageslohn ist, mit dem der Kapitalist ihre oder seine Arbeitskraft eingekauft hat. „Was aber entschied (für den Kapitalisten), war der spezifische

Gebrauchswert dieser Ware, Quelle von Wert zu sein und von mehr Wert, als sie selbst hat." (MEW 23, S. 208)

Nehmen wir z. B. an, daß an einem Arbeitstag von acht Stunden vier Stunden Arbeit den Wert der Arbeitskraft ersetzen, der in der Form von Lohn vom Kapitalisten vorgeschossen wurde. Die anderen vier Stunden wandern in die Taschen des Kapitalisten. Der Mehrwert oder Profit ist bloß die Form, die der Mehrarbeit in der kapitalistischen Produktionsweise eigen ist.

Die Bedeutung dieser Analyse vom Kauf und Verkauf der Arbeitskraft liegt darin, daß Marx die Ursprünge des Mehrwerts in der Ausbeutung des Arbeiter durch das Kapital aufspüren kann. Darüber hinaus wirft sie ein Licht auf die Tatsache, daß die wirtschaftlichen Strukturen, die die klassische Ökonomie dargestellt haben, keineswegs naturhaft und unvermeidlich sind, sondern historisch bedingte, besondere Produktionsverhältnisse.

Marx ist dazu in der Lage aufgrund der Annahme, daß alle Waren, einschließlich der Arbeitskraft, sich zu ihrem Wert verkaufen. In anderen Worten, der Kapitalist erhält seinen Profit nicht, weil er die Arbeiter betrügt und für ihre Arbeitskraft weniger zahlt als das Äquivalent der für ihre Reproduktion gesellschaftlich notwendigen Arbeitszeit. Ausbeutung ist nichts Unnormales, sie ist das typische Ergebnis der regulären Bewegung der kapitalistischen Produktionsweise. Sie entsteht aus dem Unterschied zwischen dem Wert, der von der Arbeitskraft im Arbeitsprozeß geschaffen wird und dem Wert der Arbeitskraft selbst.

Der Kauf und Verkauf der Arbeitskraft setzt die Trennung des Arbeiters von den Produktionsmitteln voraus, so daß der „Arbeiter ... frei [ist] in dem Doppelsinn, daß er als freie Person über seine Arbeitskraft als seine Ware verfügt, daß er andererseits ... frei ist von allen zur Verwirklichung seiner Arbeitskraft nötigen Sachen." (MEW 23, S. 183) Der Tausch zwischen Kapital und Arbeitskraft setzt voraus „die Verteilung der Elemente der Produktion selbst, von denen die gegenständlichen Faktoren auf der einen Seite konzentriert sind, die Arbeitskraft davon isoliert auf der anderen." (MEW 24, S. 38)

Marx zeigt im achten Teil des ersten Band des Kapitals, daß diese „Verteilung" das Ergebnis eines historischen Prozesses war, in dem die Bauernschaft ihres Bodens beraubt wurde und in dem die Produktionsmittel – anfänglich der Boden selbst – zum Monopol einer Klasse wurde, die Profit erzielen wollte.

Marx war so in der Lage, den Gegensatz zwischen der sichtbaren politischen Gleichheit aller Bürger der kapitalistischen Gesellschaft und der wirklichen Ungleichheit der Klassenausbeutung zu erklären. Der Tausch zwischen Kapital und Lohnarbeit ist ein Tausch von Äquivalenten. Die Arbeitskraft wird zu ihrem Wert bezahlt – den Kosten ihrer Reproduktion. Beide, Arbeiter und Kapitalist sind Warenbesitzer: der eine besitzt die Arbeitskraft, der andere das Geld. Die Arbeitskraft wird zu ihrem Wert bezahlt – den Reproduktionskosten. Wo findet dann Ausbeutung statt?

Solange wir im „Reich der Zirkulation„ bleiben, auf dem Marktplatz, wo jeder ein Warenbesitzer ist, der in Übereinstimmung mit seinem oder ihrem Eigeninteresse handelt, ist die Ausbeutung unsichtbar. Nur wenn wir eintreten „in die verborgene Stätte der Produktion, an deren Schwelle zu lesen steht: Eintritt nur in Geschäftsangelegenheiten" (MEW 23, S. 189), ändern sich die Dinge. Ausbeutung ist möglich aufgrund der besonderen Eigenschaft der Ware, die der Arbeiter verkauft, nämlich aufgrund der Tatsache, daß ihr Gebrauchswert Arbeit ist, die Quelle des Werts und des Mehrwerts. Und in der Produktion wird eben diese Arbeitskraft beschäftigt.

Bevor wir den Produktionsprozeß im Kapitalismus betrachten, müssen wir uns noch etwas genauer anschauen, was mit *Kapital* gemeint ist.

Am einfachsten gesagt, ist Kapital eine Anhäufung von Wert, der tätig ist, mehr Wert zu schaffen und zu akkumulieren. Selbstverständlich akkumulierten lange vor dem Kapitalismus Menschen Reichtum, indem sie die Mehrarbeit von Sklaven und Leibeigenen ausbeuteten. Doch dieser Reichtum wurde für den Konsum benutzt, so daß sie und ihre Gefolgsleute einen größeren Anteil an den lebensnotwendigen Gütern und an Luxusgütern hatten. Dieser Reichtum war kein Kapital, auch wenn er der gleichen Quelle entsprang, der Mehrarbeit.

Die ersten Anzeichen, daß ein angehäufter Reichtum als Kapital tätig wird, ist die Formel G-W-G', auf die wir schon gestoßen sind. Die Formel deutet ein Geschäft an, in dem Geld (G) ausgetauscht wird gegen Waren (W), die dann wieder für eine größere Summe Geldes (G') verkauft werden. Zuerst wurden solche Geschäfte von Händlern gemacht, die z. B. Gewürze aus dem Osten importierten und sie im Norden Europas wieder verkauften, wo die Nachfrage nach Gewürzen zum Konservieren von Fleisch bedeutete, daß sie höhere Preise machen konnten. Doch Kapital beginnt eigentlich erst dann zu existieren, wenn die Ware, die gekauft und verkauft wird, Arbeitskraft ist, denn dann bestimmt diese Lohnarbeit die für den Kapitalismus besonderen Produktionsverhältnisse.

Deshalb wird das Kapital auf zweierlei Art bestimmt: Was es *ist* und wie es sich *betätigt.* Es *ist* eine Akkumulation von Mehrwert, der durch Arbeit produziert wurde, und diese Akkumulation kann die Form von Geld, Waren oder Produktionsmittel annehmen – normalerweise eine Kombination dieser Formen. Es *betätigt* sich zum Zweck der weiteren Akkumulation: Marx beschrieb dies als die „Selbstverwertung des Werts„ oder auch als „wertheckenden Wert".

Kapital entspricht nicht notwendig individuellen Kapitalisten. In der frühen Entwicklung des Kapitalismus spielten wohlhabende Individuen die Hauptrolle, doch davon sind wir heute weit entfernt. In der Tat besteht das Wesen des Kapitalismus darin, daß das Kapital ein selbständiges Leben entwikkelt, das nach einer ökonomischen Logik funktioniert, die den individuellen Besitz überschreitet. Einzelne Kapitaleinheiten, die in der Regel als 'Kapitalien' bezeichnet werden, können alles sein, von einer kleinen Gesellschaft bis zu einem Großkonzern, einer Bank bis zu einem Nationalstaat.

Um das besondere Wesen des kapitalistischen Produktionsprozesses zu erfassen, bildete Marx eine Reihe neuer

Begriffe. Im vorigen Kapitel haben wir zwei Hauptelemente eines jeden Arbeitsprozesses gesehen – die Arbeitskraft und die Produktionsmittel. In der kapitalistischen Produktionsweise nehmen beide Elemente die Form von Kapital an. Der Kapitalist muß Geld investieren, sowohl beim Kauf von Arbeitskraft als auch beim Kauf von Produktionsmitteln, bevor er darauf hoffen kann, seine anfängliche Investition zu vermehren. Das Geld, das dazu benutzt wird, Arbeitskraft zu kaufen, nennt Marx das variable Kapital; das Geld, das vorgeschossen wird, um die Fabrik, die Ausrüstung, die Rohstoffe und andere Produktionsmittel zu erhalten, nennt er das konstante Kapital.

Die Begründung für diese Begriffe sollte im Licht der Arbeitswerttheorie auf der Hand liegen. *Variables* Kapital, weil es in Arbeitskraft investiert wird, die Ware, die die Quelle des Werts ist, vergrößert seinen Wert. *Konstantes* Kapital tut das nicht. Die kapitalistische Produktion braucht beides, lebendige Arbeit – die Arbeit des Arbeiters, der den Wert der Arbeitskraft ersetzt und zugleich Mehrwert schafft, und tote Arbeit, akkumuliert in den Produktionsmitteln. Bei der toten Arbeit handelt es sich um die Arbeit, die schon in der Vergangenheit von Arbeitern bei der Produktion der Produktionsmittel verausgabt wurde. Während die Maschinerie allmählich durch ihren Benutzung zur Produktion neuer Waren verbraucht wird, wird ihr Wert mit ihrer Abnutzung auf diese Waren übertragen.

Mehrwertrate war der Begriff, den Marx dem Verhältnis zwischen Mehrwert und variablem Kapital gab, dem Kapital, das in Arbeitskraft investiert wurde. Sie mißt die Ausbeutungsrate, in anderen Worten, das Ausmaß, in dem der Kapitalist erfolgreich war, Mehrarbeit aus dem Arbeiter herauszupumpen. Um auf unser Beispiel zurückzukommen: wenn die notwendige Arbeit vier Stunden und die Mehrarbeit vier Stunden beträgt, dann ist die Mehrwertrate 4 : 4, oder 100 Prozent.

Marx zeigte, daß es zwei Möglichkeiten gibt, wie die Kapitalisten die Mehrwertrate vergrößern können; die eine ist allen Produktionsweisen gemeinsam, die andere spezifisch für den Kapitalismus. Es ist die Produktion von absoluten, beziehungsweise relativem Mehrwert. Absoluter Mehrwert wird durch die Ausdehnung des Arbeitstages geschaffen. Wenn Arbeiter zehn statt acht Stunden am Tag arbeiten, während die notwendige Arbeit nach wie vor nur vier Stunden beträgt, dann sind zwei weitere Stunden Mehrarbeit dazugekommen. Die Mehrwertrate ist von 4 : 4 auf 6 : 4 gestiegen, oder von 100 auf 150 Prozent.

Einige der brillantesten und stärksten Seiten im **Kapital** sind diejenigen, in denen Marx beschreibt, wie die Kapitalisten, insbesondere zu Beginn der industriellen Revolution, danach trachteten, den Arbeitstag so lang wie möglich auszudehnen, indem selbst neunjährige Jungen gezwungen wurden, im zwölfstündigen Drei-Schichtbetrieb unter den höllischen Bedingungen der Eisenhütten zu arbeiten. Er schreibt: „Das Kapital ist verstorbene Arbeit, die sich nur vampyrmäßig belebt durch Einsaugung lebendiger Arbeit und um so mehr lebt, je mehr sie davon einsaugt." (MEW 23, S. 247)

Doch gibt es objektive Schranken für die Ausdehnung des Arbeitstags. Eine zu große Ausdehnung „produziert .... nicht nur die Verkümmerung der menschlichen Arbeitskraft, welche ihrer normalen moralischen und physischen Entwicklungs- und Betätigungsbedingungen beraubt wird. Sie produziert die vorzeitige Erschöpfung und Abtötung der Arbeitskraft selbst." (MEW 23, S. 281) Das Kapital, das von der Arbeitskraft als Quelle des Werts abhängig ist, handelt so gegen seine eigenen Interessen. Gleichzeitig ruft die unbarmherzige Ausdehnung des Arbeitstags den organisierten Widerstand der Opfer hervor. Marx zeichnet auf, welche Rolle die kollektiven Aktionen der Arbeiterklasse gespielt haben, um die britischen Kapitalisten zu zwingen, die Fabrikgesetze zu akzeptieren, die die Arbeitsstunden begrenzten. „Und so stellt sich in der Geschichte der kapitalistischen Produktion die Normierung des Arbeitstags als Kampf um die Schranken des Arbeitstags dar – ein Kampf zwischen dem Gesamtkapitalisten, d. h. der Klasse der Kapitalisten, und dem Gesamtarbeiter, oder der Arbeiterklasse." (MEW 23, S. 249)

Das Kapital kann jedoch die Mehrwertrate auch durch die Produktion von relativem Mehrwert erhöhen. Eine Steigerung der Arbeitsproduktivität führt zu einem Fall des Wertes der Waren, die sie produziert. Wenn auf diese Weise irgendeine technologische Verbesserung der Produktionsbedingungen so die Konsumgüter verbilligt, die die Arbeiter mit ihren Löhnen kaufen, dann ist der Wert der Arbeitskraft gefallen. Weniger gesellschaftliche Arbeit wird jetzt benötigt, um die Arbeiterkraft zu reproduzieren, und der Teil des Arbeitstages, der für die notwendige Arbeit verwendet wird, wird kleiner und zur Schaffung von Mehrwert wird mehr Zeit verwandt.

Nehmen wir einmal an, daß eine höhere Produktivität in der Konsumgüterindustrie zur Halbierung des Werts der Konsumgüter führt. Wenn wir auf unser ursprüngliches Beispiel zurückkommen, wird die notwendige Arbeit jetzt nur noch zwei Stunden eines Acht-Stunden-Tages fordern. Damit ist die Mehrwertrate jetzt 6:2. Sie ist von 100 auf 300 Prozent gestiegen.

Marx beweist, daß beide, sowohl der absolute, wie der relative Mehrwert in allen Phasen der kapitalistischen Entwicklung zu finden sind, doch entwickelt sich eine historische Verschiebung in ihrer Bedeutung. Die Einführung der kapitalistischen Produktionsverhältnisse geschieht auf der Basis von Produktionsmethoden, die von der handwerklichen Industrie der feudalen Gesellschaft ererbt wurden. Diese handwerklichen Methoden haben sich zunächst nicht grundsätzlich geändert: die Arbeiter wurden einfach in größeren Produktionseinheiten in Gruppen zusammengefaßt und einer komplexeren Arbeitsteilung unterworfen. Neue Produktionsverhältnisse wurden einem alten Arbeitsprozeß aufgepfropft.

„... auf der Basis einer vorhandenen Arbeitsweise ... kann Mehrwert nur erzeugt werden durch *Verlängerung der Arbeitszeit*, also in der Weise des *absoluten Mehrwerts*." (Resultate, S. 122) In einer Produktionsweise wie dem Feudalismus, in dem weder der Ausbeuter noch der Ausgebeutete ein besonders starkes Interesse an der Entwicklung der Produktivkräfte haben, kann Mehrarbeit aus den unmittelbaren Produzenten nur gezogen werden, indem diese mehr Stunden arbeiten. Der Kapitalismus dagegen führt eine neue Methode zur Erhöhung der Ausbeutungsrate ein, indem er die Produzenten dazu bringt, effizienter zu arbeiten.

„Wie sich mit der *Produktion des relativen Mehrwerts* die ganze Gestalt der Produktionsweise ändert und eine *spezifisch kapitalistische Produktionsweise* (auch technologisch) entspringt." (Resultate, S. 125) Was Marx die Manufaktur nennt, die „auf der breiten Grundlage des städtischen Handwerks und der ländlichen häuslichen Industrie„ (MEW 23, S. 390) basiert, wird verdrängt von der modernen Großindustrie, oder „Maschinofaktur", in der die Produktion um Maschinensysteme organisiert ist und der Arbeitsprozeß ständig im Licht der technologischen Innovationen geändert wird. „Aber auf dieser Basis erhebt sich eine technologisch und sonstig spezifische, die *reale Natur* des Arbeitsprozesses und *seine realen Bedingungen umwandelnde Produktionsweise – kapitalistische Produktionsweise.*" (Resultate, S. 139)

Die wichtigste Konsequenz ist, daß sich der Arbeitsprozeß zunehmend vergesellschaftet. Die Produktion findet jetzt in sehr ausgedehnten Einheiten statt, deren Kern eine entwickelte Maschinerie ist und die eine höchst komplexe Arbeitsteilung mit sich bringen. „,... nicht der einzelne Arbeiter, sondern ... *sozial kombiniertes Arbeitsvermögen* [wird] der *wirkliche Funktionär* des Gesamtarbeitsprozesses" . (Resultate, S. 146) Der Kapitalismus schafft somit, was Marx den „Gesamtarbeiter" nennt, dessen Individuen Glieder sind, die zusammengebunden sind durch ihre gemeinsame Anstrengung, Waren zu produzieren.

> „Gleich jeder anderen Entwicklung der Produktivkraft der Arbeit soll sie (die Maschinerie) Waren verwohlfeilern und den Teil des Arbeitstages, den der Arbeiter für sich selbst braucht, verkürzen, um den andren Teil seines Arbeitstags, den er dem Kapitalisten umsonst gibt, zu verlängern. Sie ist Mittel zur Produktion von Mehrwert." (MEW 23, S. 391)

Das wirft ein Schlaglicht auf das, was wir im letzten Kapitel gesehen haben, nämlich daß die Produktivkräfte sich in dem Maß entwickeln, wie es ihnen von den herrschenden Produktionsverhältnissen gestattet wird. Die Besonderheit des Kapitalismus ist, daß dessen Produktionsverhältnisse ständige Verbesserungen in der Arbeitsproduktivität *erfordern.*

Konkurrenz, Preise und Profite

Marxens Analyse des kapitalistischen Produktionsprozesses im ersten Band des Kapitals erfolgt auf einem ziemlich hohen Abstraktionsniveau. Besonders wichtig ist die Tatsache, daß er annimmt, daß sich die Waren zu ihrem Wert tauschen, d. h. im Verhältnis zur gesellschaftlich notwendigen Arbeitszeit, die für ihre Produktion verwandt wird. Dabei schließt er die Wirkungen der Konkurrenz und die Schwankungen in Angebot und Nachfrage der Waren aus.

Dieses Vorgehen ist gerechtfertigt, weil Marx hier nur ein Interesse daran hatte, die wesentlichen Charakteristika der kapitalistischen Wirtschaft zu erfassen und sie auf ihre Quelle, nämlich das Herauspressen des Mehrwerts aus den Arbeitern im Produktionsprozeß, zurückzuführen. Marxens Ziel bei der Analyse des kapitalistischen Produktionsprozesses war das, was er „Das Kapital im Allgemeinen, im Unterschied zu den besonderen Kapitalien" nannte. Das, räumt er ein, war eine Abstraktion,

> „nicht eine willkürliche Abstraktion, sondern eine Abstraktion, die die differentia specifica [den besonderen Unterschied] des Kapitals im Unterschied zu allen anderen Formen des Reichtums auffaßt – oder Weisen, worin die Produktion (gesellschaftliche) sich entwickelt. Es sind dies Bestimmungen, die jedem Kapital als solchem gemein, oder jede bestimmte Summe von Werten zum Kapital machen." (Grundrisse, S. 353)

Die „Bestimmungen, die jedem Kapital als solchem gemein" sind, reduzieren sich auf die Tatsache, daß das Kapital sich selbst verwertender Wert ist, der aus der Ausbeutung des

Arbeiters in der Produktion entsteht. Was so das Kapital von anderen „Weisen, worin die gesellschaftliche Produktion sich entwickelt", unterscheidet, ist der Mehrwert als „die spezifische ökonomische Form, in der unbezahlte Mehrarbeit aus den unmittelbaren Produzenten ausgepumpt wird" (MEW 25, S. 799). Die Analyse des „Kapital im Allgemeinen" will die Basis der kapitalistischen Produktionsverhältnisse aufdecken.

Es gibt aber noch ein anderes Stadium in der Marxschen Untersuchung des Kapitalismus. Wir haben gesehen, daß aus dieser Produktionsweise zwei Trennungen folgen: die eine zwischen der Arbeitskraft und den Produktionsmitteln, die dem Tausch zwischen Lohnarbeit und Kapital zugrundeliegt und so das Herauspressen des Mehrwerts möglich macht; die andere zwischen den Produktionseinheiten, die aus der Tatsache entsteht, daß es im Kapitalismus keine kollektive Weise gibt, die gesellschaftliche Arbeit auf die verschiedenen Wirtschaftszweige zu verteilen. Deshalb stehen die einzelnen Produzenten nur durch den Austausch ihrer Produkte miteinander in Beziehung.

Es ist ein wesentliches Charakteristikum des Kapitalismus, daß kein einzelner Produzent die Wirtschaft kontrolliert. „Kapital existiert und kann nur existieren als viele Kapitalien" (Grundrisse, S. 317), schreibt Marx.

Der Bereich der „vielen Kapitalien„ ist der der Konkurrenz. Die Einzelkapitalien kämpfen miteinander um Märkte, indem jeder versucht, über einen bestimmten Sektor die Kontrolle zu gewinnen. Das Verhalten dieser Kapitalien kann nur im Licht von Marxens „Kapital im Allgemeinen" verstanden werden, insbesondere des Produktionsprozesses. Was sie zu *Kapitalien* macht, ist die Selbstverwertung in der Produktion. Sehr wichtig ist aber, daß Marxens Analyse der Konkurrenz diejenige des Produktionsprozesses vervollständigt.

Um diesen Punkt richtig einzuschätzen, müssen wir zunächst einen Blick auf alle drei Bände des **Kapital** werfen. Der erste Band hat die Analyse des Produktionsprozesses zum Gegenstand, wie wir gesehen haben. Doch weil der Kapitalismus ein System der verallgemeinerten Warenproduktion ist, erhält der Kapitalist in Wirklichkeit den Mehrwert, den er aus dem Arbeiter gezogen hat, nur, wenn er erfolgreich die Waren verkauft hat, in die dieser Wert eingeschlossen ist. Was Marx die Realisation des Werts, der in der Produktion geschaffen wurde, nannte – die Umformung in Geld – ist abhängig von der Warenzirkulation auf dem Markt.

Der zweite Band des **Kapital** beschäftigt sich mit dem Zirkulationsprozeß und untersucht seine Auswirkungen in zwei Richtungen. Einmal betrachtet Marx die verschiedenen Kreisläufe des Kapitals, die fortlaufende Umwandlung von z. B. Geldkapital in Arbeitskraft und Produktionsmittel, die benutzt werden, um Waren zu produzieren, und dann in eine größere Summe Geld, wenn diese Güter zu ihrem Wert verkauft werden. Marx betrachtet dann die Art und Weise, in denen die Kreisläufe der einzelnen Kapitalien miteinander verwoben sind, um die Reproduktion der gesamten Wirtschaft zu bewerkstelligen. Viel von dem, was er im zweiten Band sagt, ist brillant und innovativ, aber wir werden dieses Buch nur dann berühren, wenn wir im nächsten Teil die Krisen diskutieren.

Im dritten Band des **Kapital** wird die Analyse der Konkurrenz wichtig. Hier behandelt Marx die kapitalistische Produktion als Ganzes. Denn die Realisierung des Werts, der in der Produktion erzeugt wird, ist abhängig von der Warenzirkulation,

> „der kapitalistische Produktionsprozeß, im ganzen betrachtet, [ist] Einheit von Produktions- und Zirkulationsprozeß ... Die Gestaltungen des Kapitals, wie wir sie in diesem Buch entwickeln, nähern sich also schrittweise der Form, worin sie auf der Oberfläche der Gesellschaft, in der Aktion der verschiedenen Kapitale aufeinander, der Konkurrenz, und im gewöhnlichen Bewußtsein der Produktionsagenten selbst auftreten." (MEW 25, S. 33)

Die zentrale Bedeutung der Konkurrenz ist, daß durch ihren Druck die einzelnen Produzenten gezwungen werden, sich als Kapitalien zu verhalten. „Wirkung der einzelnen Kapitalien aufeinander bewirkt eben, daß sie als *Kapital* sich verhalten müssen." (Grundrisse, S. 550)

Das Wertgesetz – der Austausch von Waren im Verhältnis der gesellschaftlich notwendiger Arbeitszeit, die zu ihrer Produktion aufgewandt wurde – ist in doppelter Weise von der Konkurrenz abhängig. Marx unterscheidet zwischen dem Wert einer Ware und ihrem Marktpreis. Wert ist die gesellschaftliche Arbeit, die für sie aufgewandt wurde; der Marktpreis ist die Menge Geld, die sie zu irgendeinem Zeitpunkt einbringt. Beide werden sich oft unterscheiden, weil der Marktpreis in Reaktion auf das Pendeln in Angebot und Nachfrage schwankt. Marx sagt, daß sich diese Schwankungen über die Zeit gegenseitig aufheben.

Der Wert einer Ware ist aber, wie wir im ersten Teil dieses Kapitels gesehen haben, die *gesellschaftlich notwendige* Arbeit, die in seine Produktion einging. Sie kann sich unterscheiden von der tatsächlichen Menge Arbeit, die gebraucht wurde, um sie zu produzieren. Marx unterscheidet deshalb zwischen dem individuellen Wert der Ware, der in ihr verkörperten Arbeitszeit, und ihrem gesellschaftlichen oder Marktwert, der die vorherrschenden Produktionsbedingungen in der jeweiligen Industrie widerspiegelt.

Der Marktwert der Ware ist bestimmt durch die Konkurrenz zwischen den Kapitalien in diesem Industriezweig, wo jedes versucht, einen größeren Marktanteil als seine Rivalen zu gewinnen, und jedes versucht, dies durch Verbesserung seiner Produktionsbedingungen und damit durch die Verringerung des Werts seiner Waren zu erreichen. Normalerweise wird der daraus folgende Marktwert der Wert der Güter sein, die unter den durchschnittlichen Produktionsbedingungen dieser Industrie produziert werden. Das Produkt eines einzelnen Kapitals wird infolge dieser Konkurrenz zum Marktwert verkauft, selbst wenn die für die Produktion dieser Ware tatsächlich benötigte Arbeit, ihr individueller Wert, höher oder niedriger ist als der Marktwert.

Darüber hinaus gibt es einen zweiten Weg, auf dem die Konkurrenz in das Wirken des Wertgesetzes eingreift. Dieser entsteht aus der Tatsache, daß Waren *„Produkt des Kapitals„* (Resultate, S. 53) sind. Anders gesagt, der Kapitalist investiert sein Kapital in die Herstellung von Waren nicht um seinetwillen, sondern um Mehrwert zu produzieren. Wie wir in den vorangegangen Teilen gesehen haben, ist die Quelle des Mehrwerts das variable Kapital, in anderen Worten, die Arbeiter, die der Kapitalist im Tausch für ihre Löhne beschäftigt; er muß auch Geld herausrücken für Maschinen, Gebäude, Rohstoffe, usw., die notwendig sind, wenn die Arbeiter Waren herstellen sollen. Was für den Kapitalisten zählt, ist nicht einfach der Gewinn, den er auf das variable Kapital erzielt, sondern vielmehr derjenige, den er auf seine gesamte Investition erzielt, also variables Kapital plus konstantes Kapital, das in den Produktionsmitteln gebunden ist.

Die Anerkennung dieser Tatsache führt dazu, daß Marx zwischen der Mehrwertrate und der *Profitrate* unterscheidet. Die Mehrwertrate ist einfach das Verhältnis von Mehrwert und variablem Kapital. Wie wir früher gesehen haben, mißt sie den Ausbeutungsgrad der Arbeitskraft. Die Profitrate dagegen ist das Verhältnis zwischen Mehrwert und gesamten Kapital, variablem *plus* konstantem Kapital. Vom Standpunkt des Verständnisses des Kapitalismus ist die Mehrwertrate grundlegender, weil Arbeitskraft die Quelle des Werts ist. Was aber für den Kapitalisten zählt, ist die *Profit*rate, weil er einen angemessenen Gewinn auf seine ganze Investition braucht, nicht nur auf das, was er für Löhne ausgibt.

Es ist offensichtlich, daß sich diese beiden Raten unterscheiden werden. Nehmen wir einen Kapitalisten, der 100 Arbeiter zu einem Wochenlohn von je 50 DM beschäftigt. Seine gesamten Lohnausgaben – sein variables Kapital – betragen 5.000 DM in der Woche. Wenn die Mehrwertrate 100 Prozent ist, dann ist der Mehrwert, der jede Woche produziert wird, auch 5.000 DM. Das ist sein Profit. (Der Kapitalist erhält auch seine ursprünglichen 5.000 DM zurück, weil er insgesamt 10.000 DM einnimmt.) Nehmen wir jedoch an, daß der Kapitalist auch pro Woche 2.500 DM vorschießen muß, um die Fabrik, Gebäude, usw., zu bezahlen. Das ist sein konstantes Kapital. Das gesamte investierte Kapital pro Woche ist also 7.500 DM und die Profitrate, die er in Bezug auf seine gesamte Investition erzielt, ist das Verhältnis des Profits zum gesamten Kapital, oder 5.000 DM : 7.500 DM – 66 Prozent.

Das Vorhandensein einer Profitrate ist eine Illustration wie, nach Marx, die Konkurrenz die wirklichen Produktionsverhältnisse verschleiert. Denn es ist die Profitrate, die die Kapitalisten in ihren täglichen Kalkulationen verwenden. Weil dieser Begriff den Mehrwert in Beziehung zum gesamten Kapital setzt, wird die Tatsache verborgen, daß die Arbeitskraft die Quelle des Mehrwerts ist. Es erscheint so, also ob das konstante Kapital, das in die Produktionsmittel investiert ist, auch für die Schaffung von Wert und Mehrwert verantwortlich ist. Das ist ein Beispiel für das, was Marx den Fetischismus der Ware nannte, die Art, wie die Bewegung der kapitalistischen Wirtschaft Leute dazu bringt zu glauben, daß ihre gesellschaftlichen Beziehungen auf irgendeinem mystischen Weg durch dingliche Sachen regiert werden – durch Gebrauchswerte und Maschinen, die benutzt werden, um sie zu produzieren. Auf diese Weise werden die Profite des Kapitals gerechtfertigt, da der Kapitalist als Besitzer der Produktionsmittel genauso wie der Arbeiter einen Anspruch auf einen Teil des Produkts hat, das sie, wie unterstellt wird, in Kooperation hergestellt haben.

Über die Profitrate muß allerdings noch mehr als diese Mystifizierung gesagt werden. Marx diskutiert, daß die Profitrate sich von Industrie zu Industrie unterscheidet, in Abhängigkeit von den vorherrschen Produktionsbedingungen. Um das zu erklären benutzt er einen anderen Begriff, den der *organischen Zusammensetzung des Kapitals.* Das ist das Verhältnis von konstantem zu variablem Kapital. In anderen Worten, sie spiegelt (im Wertausdruck) die Menge von Maschinen, Rohstoffen usw., die nötig ist, um eine gegebene Ware zu produzieren im Verhältnis zur benötigten Arbeitskraft, wider.

Eigentlich ist sie ein Maß für die Arbeitsproduktivität. Denn je wirkungsvoller die Arbeitskraft ist, desto mehr Maschinerie wird ein einzelner Arbeiter in Gang setzen, desto mehr Rohstoffe wird er verbrauchen, usw. Je höher also die Arbeitsproduktivität, desto höher wird auch die organische Zusammensetzung des Kapitals sein.

Was bedeutet das für die Profitrate?

Wir wollen den Fall von zwei Kapitalisten, A und B, untersuchen. Wir wollen annehmen, daß jeder die gleiche wöchentliche Lohnsumme ausgibt – 5.000 DM – und, wie Marx es macht, jeder die gleiche Mehrwertrate von 100 Prozent hat. So erzielt jeder einen wöchentlichen Profit von 5.000 DM. Doch während A jede Woche 5.000 DM an konstantem Kapital investiert, muß B, in einem anderen Zweig der Industrie, 10.000 DM investieren.

Für A ist dann die organische Zusammensetzung seines Kapitals, das Verhältnis von konstantem zu variablem Kapital, 5.000 DM : 5.000 DM, oder 1 : 1. Sein Profit von 5.000 DM ist mit einem gesamten Kapital von 10.000 DM gemacht worden. Daher ist seine Profitrate 5.000 DM : 10.000 DM oder 50 Prozent. Die organische Zusammensetzung des Kapitals von B auf der anderen Seite ist 10.000 DM : 5.000 DM, oder 2 : 1 – das Doppelte von A. Die Profitrate des B ist 5.000 DM : 15.000 DM, oder nur 33 Prozent.

Je höher also die organische Zusammensetzung des Kapitals, je mehr Maschinen und Rohstoffe von jedem Arbeiter benutzt werden, desto niedriger die Profitrate – weil nur Arbeitskraft Mehrwert produziert.

Nun streben die Kapitalisten danach, den größtmöglichen Ertrag für ihre Investitionen zu gewinnen, die höchstmögliche Profitrate. Da der Umfang von Maschinen, Gebäuden usw., die für die Produktion gebraucht werden, von Industrie zu Industrie variiert, anders gesagt, einige Industrien eine höhere organische Zusammensetzung des Kapitals haben als andere, wird das Kapital danach streben, dorthin zu fließen, wo die Profitrate am höchsten ist – oder anders gesagt, dorthin, wo die organische Zusammensetzung des Kapitals niedrig ist.

Warum sollte dann aber der Kapitalist B weiterhin sein ganzes Geld in etwas investieren, das ihm nur einen Ertrag von 33 Prozent einbringt, wenn er 50 Prozent bekommen kann, indem er sein Kapital in die Industrie A steckt ?

Das führt zu dem, was Marx den Ausgleich der Profitraten nennt. Der Fluß des Kapitals von einer Industrie zur anderen führt dazu, daß sich die Unterschiede in den Profitraten angleichen. Die Folge ist, daß sich eine Durchschnittsprofitrate bildet, die die Beziehung zwischen dem gesamten in der ganzen Wirtschaft produzierten Mehrwert und dem gesamten gesellschaftlich investierten Kapital spiegelt. Die einzelnen Kapitalien werden einen Anteil des gesamten, gewonnenen Mehrwerts erhalten, nicht im Verhältnis zum vorgeschossenen variablen Kapital, sondern zu ihrem gesamten investierten Kapital.

Um zu sehen, was das bedeutet, kehren wir zurück zu A und B und nehmen an, daß sie die einzigen zwei Kapitalien in der Wirtschaft sind. Der gesamte Mehrwert ist 10.000 DM und das gesamte gesellschaftliche Kapital 25.000 DM. Die *allgemeine* Profitrate ist 10.000 DM : 25.000 DM, oder 40 Prozent. Sie ist höher als die ursprünglichen 33 1/3 Prozent von B, aber niedriger als die 50 Prozent von A. Jeder wird jetzt einen Ertrag von 40 Prozent auf sein gesamtes Kapital erhalten. Auf seine 10.000 erhält A 4.000 DM, während B auf seine 15.000 DM 6.000 DM bekommt. Da jedes Unternehmen aus seinen Arbeiter 5.000 DM Mehrwert herauszieht, wurden 1.000 DM zwischen ihnen transferiert.

Wie passiert das? Unglücklicherweise ist unser obiges Modell mit Kapitalist A und B zu vereinfacht, um den Mechanismus zu zeigen, der diese Übertragung des Mehrwerts verursacht, aber wir können es immer noch benutzen, um zu zeigen, wie dieser Mechanismus in Bewegung gesetzt wird.

Der Kapitalist B sieht, wie A eine höhere Profitrate als er selbst macht und wird natürlich daran gehen, ein Stück davon zu bekommen. Er schiebt etwas von seinem Kapital in die Industrie A. Das führt zu einer Produktionssteigerung und diese Steigerung wird sich fortsetzen bis das Angebot dieser

Güter die Nachfrage übersteigt. Wenn es erst einmal mehr von diesen Gütern zum Verkauf gibt als Käufer, dann wird ihr Preis fallen. Schließlich werden diese Waren unter ihrem Wert verkauft und die Industrie A wird weniger profitabel geworden sein.

Umgekehrt wird die Produktion der Güter B fallen, sobald der Kapitalist B etwas von seinem Geld aus seiner eigenen Industrie abgezogen hat. Wenn das Angebot dieser Güter niedriger ist als die Nachfrage, wird der Preis dieser Güter steigen, und sie werden zu Preisen über ihrem Wert verkauft. Die Profitrate der Industrie B, anfänglich niedrig, wird steigen.

Da das Kapital beständig auf der Suche nach dem höchsten Ertrag ist, wird die Steigerung von Investitionen in Industrien mit einem im Vergleich zur Arbeitskraft niedrigen Gebrauch von Fabrikanlagen, Maschinen und Rohstoffen, in anderen Worten mit einer niedrigen organischen Zusammensetzung des Kapital und deshalb hoher Profitrate, darauf hinauslaufen, daß die Preise nach unten gehen und die Profitrate sinkt. Das Gegenteil wird in Industrien mit hoher organischer Zusammensetzung des Kapitals geschehen.

Wie Marx schreibt: „Diese beständige Aus- und Einwandrung", durch die das Kapital beständig unter den verschiedenen Sphären der Produktion neu verteilt wird, in Abhängigkeit von ihrer relativen Profitabilität, wird sich fortsetzen, bis sie ein „solches Verhältnis der Zufuhr zur Nachfrage [bewirkt], daß der Durchschnittsprofit in den verschiednen Produktionssphären derselbe wird und daher die Werte sich in Produktionspreise verwandeln." (MEW 25, S. 206) Das Gleichgewicht ist erreicht, wenn die Preise der verschiedenen Güter auf einem Niveau festgelegt sind, bei denen jedes Kapital die gleiche Profitrate erreicht.

Es ist so, wie wenn der ganze Mehrwert, der aus den Arbeitern herausgepumpt wurde, wo immer sie auch beschäftigt gewesen sind, in einen einzigen Topf fließt, aus dem die Kapitalisten ihren Profit ziehen im Verhältnis zu den von ihnen investierten Summen. So wird der Ursprung des Mehrwerts noch weiter mystifiziert, da die Profite, die die Kapitalisten machen, in keinerlei Beziehung mehr zur Masse der Arbeit, die die Arbeiter geleistet haben, zu stehen scheinen. „Alle diese Erscheinungen", kommentiert Marx, „scheinen ... der Bestimmung des Werts durch die Arbeitszeit zu widersprechen. *Es erscheint also in der Konkurrenz alles verkehrt.*" (MEW 25, S. 219)

Der Schein wird aufgelöst, wenn wir das Gesamtverhältnis zwischen der kapitalistischen Klasse und der Arbeiterklasse betrachten:

> „Jeder einzelne Kapitalist (ist), wie die Gesamtheit aller Kapitalisten jeder besondren Produktionssphäre, in der Exploitation der Gesamtarbeiterklasse durch das Gesamtkapital ... beteiligt, weil, alle andern Umstände ... als gegeben vorausgesetzt, die Durchschnittsprofitrate abhängt von dem Exploitationsgrad der Gesamtarbeit durch das Gesamtkapital." (MEW 25, S. 207)
>
> „... als daß die Kapitalisten das Quantum unbezahlter Arbeit, das sie der Arbeiterklasse auspressen ..., bestrebt sind (dies Streben ist aber die Konkurrenz), untereinander zu verteilen, nicht in dem Verhältnis, worin ein besondres Kapital unmittelbar Surplusarbeit produziert, sondern im Verhältnis, erstens, worin dies besondre Kapital einen aliquoten Teil des Gesamtkapitals bildet, zweitens, im Verhältnis, worin das Gesamtkapital selbst Surplusarbeit produziert. Die Kapitalisten teilen sich brüderlich-feindlich in die Beute der angeeigneten fremden Arbeit, so daß im Durchschnitt der eine soviel unbezahlte Arbeit aneignet wie der andere." (MEW 26.2, S. 23)
>
> „Man hat also hier den mathematisch exakten Nachweis, warum die Kapitalisten, sosehr sie in ihrer Konkurrenz untereinander sich als falsche Brüder bewähren, doch einen wahren Freimaurerbund bilden gegenüber der Gesamtheit der Arbeiterklasse." (MEW 25, S. 208)

Eine Folge der Angleichung der Profitrate ist, daß das Wertgesetz modifiziert werden muß. „Es ist klar, daß die ... Herstellung der *allgemeinen Profitrate* die *Verwandlung der*

Werte in von ihnen *verschiedene Kostpreise ernötigt.*" (MEW 26.2, S. 436)

Um zu erkennen, warum das so ist, wollen wir zu unseren alten Freunden, den Kapitalisten A und B zurückkehren. Gehen wir wieder zum Wert ihres wöchentlichen Produkts. Laßt uns annehmen, daß der Wert des ganzen konstanten Kapitals, das sie jede Woche vorschießen, auf die Waren, die sie produzieren, übertragen wird. Der gesamte Wert ihres wöchentlichen Produkts ist dann gleich dem variablen Kapital + Mehrwert + konstantem Kapital. Im Fall des A ist das 5.000 + 5.000 + 5.000 = 15.000, in Bs Fall ist es 5.000 + 5.000 + 10.000 = 20.000. Doch die Angleichung der Profitrate bedeutet, daß 1.000 DM des Mehrwerts von A zu B übertragen wurde. Die produzierten Werte müssen also modifiziert werden, um diese Neuverteilung zu beachten. Für A erhalten wir dann 4.000 + 5.000 + 5.000 = 14.000 und für B 6.000 + 5.000 + 10.000 = 21.000.

Marx nannte diese geänderten Werte, die die Bildung der allgemeinen Profitrate spiegeln, die *Produktionspreise.* Ihre Bildung ist die unvermeidliche Konsequenz der Tatsache, daß „Kapital existiert und kann nur existieren als viele Kapitalien". „Was die Konkurrenz, zunächst in der Sphäre (der Produktion) fertigbringt, ist die Herstellung eines gleichen Marktwerts und Marktpreises aus den verschiedenen individuellen Werten der Waren. Die Konkurrenz der Kapitalien in den verschiedenen Sphären aber bringt erst den Produktionspreis hervor, der die Profitraten zwischen den verschiedenen Sphären egalisiert. (MEW 25, S. 190) Diese Umwandlung der Werte in Produktionspreise ist Teil des gesamten Prozesses wie die Bildung der Werte selbst. Denn es ist die Konkurrenz in den einzelnen Industrien, die dazu führt, daß die Waren zu ihrer gesellschaftlich notwendigen Arbeitszeit verkauft werden.

Die Umwandlung der Werte in Produktionspreise vervollständigt daher die Arbeitswerttheorie und untergräbt sie nicht. Marx betont, daß die Abweichung der Produktionspreise von den Werten „sich immer dahin auf[löst], daß, was in der einen

Ware zuviel, in der andren zuwenig für Mehrwert eingeht, und daß daher auch die Abweichungen vom Wert, die in den Produktionspreisen der Waren stecken, sich gegeneinander aufheben.“ (MEW 25, S. 171) „Und in dieser Weise ist in der Gesellschaft selbst ... die Summe der Produktionspreise der produzierten Waren gleich der Summe ihrer Werte.“ (MEW 25, S. 169) Wenn wir auf den Fall von A und B zwei Absätze vorher zurückkommen, sehen wir das der Gesamtwert ihrer Produkte, 35.000 DM, vor und nach der Umwandlung der Werte in Produktionspreise der gleiche ist.

Das sogenannte „Transformationsproblem„ hat trotzdem eine riesige Kontroverse hervorgerufen, die gleich nach Erscheinen des dritten Bandes des **Kapital** einsetzte und bis heute anhält. Ein Teil der Kritik ist einfach eine Sache der Ignoranz. Zum Beispiel argumentierte der österreichische Ökonom Eugen von Boehm-Bawerk, Autor der ersten kritischen Diskussionsbeiträge zum Thema „Transformationsproblem“, daß Marx nach der Niederschrift des ersten Bandes des **Kapital** seine Auffassung geändert und entschieden habe, daß Waren sich doch nicht nach ihren Werten austauschen. Das läßt die Tatsache außer acht, daß Engels, als er nach Marxens Tod den dritten Band des **Kapital** veröffentlichte, darauf hinweist, daß die Manuskripte, auf dem er basiert, von Marx in den Jahren 1864 und 1865 geschrieben worden waren, also bevor er den letzten Entwurf des ersten Bandes fertiggestellt hat. Auf jeden Fall zeigen die **Theorien über den Mehrwert**, die aus noch früheren Manuskripten, nämlich 1861/63 entstanden sind, daß Marx, wie vor ihm Ricardo, sich sehr wohl bewußt war, daß die Existenz einer allgemeinen Profitrate eine Modifikation des Wertgesetzes notwendig macht.

Es gibt einige gewichtigere Kritiken im Detail. In seinen Modifizierungsbeispielen läßt er die Tatsache unbeachtet, daß der Wert der Waren, die durch das variable und konstante Kapital repräsentiert werden, selbst in Produktionspreise umgewandelt werden müssen. Es geht nicht, wie ich es in meiner eigenen Illustration getan habe, daß das Kapital von A

10.000 DM und das Kapital von B 15.000 DM sowohl vor wie nach der Umwandlung bleibt. Die Güter, die die Arbeiter konsumieren und die Fabrikanlage, die Maschinen usw., die sie benutzen, um Waren zu produzieren, werden selbst von der Bildung der Durchschnittsprofitrate berührt sein und ihre Werte werden auch in Produktionspreise umgewandelt sein. Marx kannte dieses Problem, aber er sah es nicht als wichtig genug an, um sich darüber zu beunruhigen. (vgl. MEW 25, S. 174) Spätere Untersuchungen weisen darauf hin, daß er hiermit nicht Recht hatte, und daß die völlige Umwandlung der Werte in Produktionspreise sehr viel weiter reichende Folgen hat, als Marx dachte. Doch entkräften die mathematischen Lösungen des Problems, die gefunden wurden, Marxens grundlegende Darstellung der Umwandlung der Werte in Produktionspreise nicht.

Einige Ökonomen, einschließlich einer Reihe von Marxisten, bestehen weiterhin darauf, daß das „Transformationsproblem„ beweise, daß die Arbeitswerttheorie zurückgewiesen werden müsse. Ihr Hauptargument ist, daß es Techniken gibt, die Warenpreise zu bestimmen, die nicht deren Werte zum Ausgangspunkt nehmen. Das ist völlig richtig, mißversteht aber die Absicht der Arbeitswerttheorie. Ihr Hauptzweck ist nicht, uns mit einer Formel zur Bestimmung des Verhältnisses, in dem Waren sich austauschen, zu versorgen (auch wenn das möglich ist, wenn wir die Marxsche Version der Umwandlung korrigiert haben). Die Absicht von Marx ist es, „das ökonomische Bewegungsgesetz der modernen Gesellschaft zu enthüllen“ – die Tendenzen der historischen Entwicklung, die in der kapitalistischen Produktionsweise enthalten sind, aufzudecken. Die Arbeitswerttheorie ist ein Instrument, um dieses Ziel zu erreichen.

Marxens Vorgehensweise im **Kapital** spiegelt seine generelle Methode, „vom Abstrakten zum Konkreten aufzusteigen“. In Band 1 und 2, in denen er das „Kapital im Allgemeinen“ analysiert, die grundlegenden Merkmale der kapitalistischen Produktionsverhältnisse, nimmt er an, daß die Waren sich zu ihren Werten austauschen. Diese Annahme kann völlig begründet gemacht werden, weil das Transformationsproblem erst dann auftritt, wenn wir anfangen, die *Unterschiede* zwischen den Kapitalien zu beachten. Erst wenn Marx die Sphäre der „vielen Kapitalien" betrachtet und die Konkurrenz, die zwischen ihnen stattfindet, wie im dritten Band des **Kapital**, ist er verpflichtet, die Annahme, daß Waren sich zu ihrem Wert austauschen, fallenzulassen. Das ist notwendig, wenn „es gilt ... die konkreten Formen aufzufinden und darzustellen, welche aus dem Bewegungsprozeß des Kapitals, *als Ganzes* betrachtet, hervorwachsen." (MEW 25, S. 33)

Doch wir können das nur erfolgreich tun, wenn wir die anfängliche Abstraktion gemacht haben, wenn wir angenommen haben, daß sich die Waren zu ihren Werten tauschen, was notwendig war, um das „Kapital im Allgemeinen" zu analysieren. Marxens zentraler Kritikpunkt an Ricardo war, daß dieser einfach die Existenz einer allgemeinen Profitrate annimmt und aufhört, Wert und Mehrwert isoliert von der Konkurrenz zu betrachten. Sein Irrtum war ein „Mangel an Abstraktionskraft, Unfähigkeit, bei den Werten der Waren die Profite zu vergessen, eine aus der Konkurrenz ihm gegenübertretende Tatsache." (MEW 26.2, S. 188)

Bisher haben wir das Verhältnis zwischen dem „Kapital im Allgemeinen" und den „vielen Kapitalien" statisch betrachtet und haben wir nur darauf geachtet, wie es die Bildung des Werts beeinflußt. Jetzt wollen wir eine dynamischere Sichtweise einnehmen und die Rolle der Konkurrenz zwischen den Kapitalien in der Entwicklung der bürgerlichen Wirtschaft untersuchen.

Akkumulation und Krise

Eine der wesentlichen Eigenschaften des Kapitalismus, die ihn von anderen Produktionsweisen unterscheidet, ist die Akkumulation von Kapital. In Sklaven- oder feudalen Gesellschaften konsumiert der Ausbeuter die Masse des Mehrprodukts, das er den unmittelbaren Produzenten weggenommen hat. Die Produktion ist noch beherrscht vom Gebrauchswert: Ihr Ziel ist der unmittelbare Bedarf.

Das ändert sich, sobald die kapitalistische Produktionsweise vorherrscht. Der Großteil des Mehrwerts, der aus den Arbeitern herausgepreßt wird, wird nicht konsumiert. Vielmehr wird er in weitere Produktion wieder investiert. Dieser Prozeß, durch den der Mehrwert unaufhörlich in die Produktion von noch größerem Mehrwert zurückgeführt wird, bezeichnet Marx als Akkumulation des Kapitals.

In einem berühmten Abschnitt im ersten Band des Kapitals zeigt Marx, wie das der Entstehung einer Ideologie der „Abstinenz" in der kapitalistischen Klasse Auftrieb gibt, in der die Bourgeoisie ermutigt wird, selbst ihren eigenen Konsum einzuschränken und so viel Mehrwert wie möglich anzusparen, damit er reinvestiert werden kann:

> „Akkumuliert, Akkumuliert! Das ist Moses und die Propheten! 'Die Industrie liefert das Material, welches die Sparsamkeit akkumuliert.' (A. Smith) Also spart, spart, d. h. rückverwandelt möglichst große Teile des Mehrwerts oder Mehrprodukts in Kapital! Akkumulation um der Akkumulation, Produktion um der Produktion willen, in dieser Formel sprach die klassische Ökonomie den historischen Beruf der Bourgeoisperiode aus." (MEW 23, S. 621)

Aber, sagt Marx, das Motiv dafür ist nicht die Habgier (auch wenn der einzelne Kapitalist habgierig sein mag). Wir müssen nicht nach irgendeinem „natürlichen Hang zum Feilschen und Tauschen" in der menschlichen Natur suchen. Das System selbst liefert den Beweggrund des Kapitalisten:

> „... soweit der Kapitalist personifiziertes Kapital ist, ... sind auch nicht Gebrauchswert und Genuß, sondern Tauschwert und dessen Vermehrung sein treibendes Motiv. ... Als solches teilt er mit dem Schatzbildner den absoluten Bereicherungstrieb. Was aber bei diesem als individuelle Manie erscheint, ist beim Kapitalisten Wirkung des gesellschaftlichen Mechanismus, worin er nur ein Triebrad ist." (MEW 23, S. 618)

Dieser „gesellschaftliche Mechanismus" ist die Konkurrenz zwischen den „vielen Kapitalien„. Wir haben gesehen, daß Marx der Auffassung war, „Wirkung der einzelnen Kapitalien aufeinander bewirkt eben, daß sie als *Kapital* sich verhalten müssen“. Das gilt insbesondere für die Akkumulation selbst. Ein Kapital, das den Mehrwert nicht reinvestiert, wird sich bald von seinen Rivalen überholt sehen, die in verbesserte Produktionsmethoden investiert haben, deshalb billiger produzieren können und damit die Preise der Güter des ersten Kapitals unterbieten können. Ein Kapital, das bei der Akkumulation versagt, wird bald in den Bankrott gedrängt sein.

Der Akkumulationsprozeß ist keine reibungslose oder glatte Angelegenheit, gerade weil er mit der Konkurrenz zwischen den Kapitalien untrennbar verbunden ist. Marx legt dar, daß der Akkumulationsprozeß auch die Reproduktion der kapitalistischen Produktionsverhältnisse ist. Was er damit meint, ist, daß die Gesellschaft nicht fortbestehen kann, wenn die Produktion nicht beständig wieder hergestellt wird, und das ist davon abhängig, ob die Kapitalisten den Wert, den sie auf dem Markt realisiert haben, wieder in die Produktion zurückführen.

Marx unterscheidet zwischen zwei Formen der Reproduktion. Die *einfache* Reproduktion findet statt, wenn die Produktion auf dem gleichen Niveau wie zuvor wieder hergestellt wird – und die Wirtschaft stagniert und nicht wächst. Die *erweiterte* Reproduktion bedeutet, daß das Mehrprodukt dazu benutzt wird, die Produktion zu steigern. Letzteres ist im Kapitalismus die Norm.

Im zweiten Band des Kapitals analysiert Marx die Bedingungen, unter denen die einfache oder erweiterte Reproduktion stattfindet. Er zeigt, daß hier der Gebrauchswert eine sehr wichtige Rolle spielt. Denn damit die Reproduktion zustande kommt, reicht es nicht, daß Geld vorhanden ist, um Arbeitskraft und Werkzeuge zu kaufen. Es muß auch genug Konsumgüter geben, um die Arbeiter zu ernähren und genug Maschinerie, Rohstoffe usw., um sie arbeiten zu lassen.

Marx teilt die Wirtschaft in zwei Hauptsektoren, die Abteilungen I und II. In Abteilung I der Wirtschaft werden die Produktionsmittel produziert: beispielsweise Fabriken, die

Maschinen produzieren und Bergbau zur Gewinnung von Rohstoffen. In Abteilung II werden Konsumgüter produziert: Nahrungsmittel, Kleidung usw. Marx zeigt, daß in beiden Abteilungen Güter in einem bestimmten Verhältnis produziert werden müssen, damit sowohl die einfache wie auch die erweiterte Reproduktion zustande kommt.

Doch ob sich dieses Verhältnis zwischen den verschiedenen Sektoren der Wirtschaft bewährt, ist weitgehend eine Sache des Zufalls. Die Kapitalisten produzieren nicht für den Eigenbedarf, sondern für den Markt. Es gibt überhaupt keinerlei Garantie, daß das, was produziert wird, auch konsumiert wird. Ob dies geschieht, ist davon abhängig, daß es eine effektive Nachfrage für die Ware gibt. Mit anderen Worten muß sie nicht nur irgend jemand kaufen wollen, sie müssen auch das Geld dafür haben. Diese Nachfrage besteht oft nicht. Das Ergebnis ist eine wirtschaftliche Krise.

Nehmen wir ein Beispiel: die Kapitalisten in Abteilung I (Produktionsmittel) kürzen die Löhne ihrer Arbeiter, um die Mehrwertrate zu erhöhen. Diese Arbeiter werden dann weniger Produkte der Abteilung II (Konsumgüter) kaufen können. Die Kapitalisten der Abteilung II könnten auf diesen Rückgang der Nachfrage auf ihren Märkten mit einer Reduzierung ihrer Aufträge für neue Anlagen und Ausrüstungen reagieren. Die Kapitalisten der Abteilung, die jetzt vom Rückgang der Nachfrage für ihre Produkte betroffen werden, könnten Arbeiter entlassen, was die Kapitalisten in der Abteilung II dazu bringt, das Gleiche zu tun … und so weiter. Dieser Prozeß, der von den bürgerlichen Ökonomen erst wirklich verstanden wurde mit dem Erscheinen des Buchs **Allgemeine Theorie der Beschäftigung, des Zinses und des Geldes** von J. M. Keynes im Jahre 1936, wurde von Marx im zweiten Band des **Kapital** schon 70 Jahre früher analysiert.

Die Möglichkeit ökonomischer Krisen liegt im Wesen der Ware selbst. Rufen wir uns in Erinnerung, daß die einfache Warenzirkulation die Form W-G-W annimmt. Eine Ware wird verkauft und das Geld wird benutzt, um eine andere Ware zu kaufen. Aber es gibt keinen zwingenden Grund, warum einem

Verkauf notwendigerweise ein anderer Kauf folgt. Wenn der Verkäufer seine Ware verkauft hat, könnte er sich entschließen, das Geld, das er erhalten hat, zu horten. Es gibt oft Bedingungen, unter denen die Kapitalisten sich entscheiden, genau das zu tun, weil die Profitrate zu niedrig ist, als daß es sich für sie lohnt, zu investieren.

Daher ist die Ursache der Krise letztlich der ungeplante Charakter der kapitalistischen Produktion, da „das Gleichgewicht – bei der naturwüchsigen Gestaltung dieser Produktion – selbst ein Zufall ist." (MEW 24, S. 491) Das jedoch zeigt nur, daß Krisen möglich sind. Um zu verstehen, warum sie wirklich stattfinden, müssen wir tiefer in das Wesen des Akkumulationsprozesses eindringen.

Marxens Erklärung der wirtschaftlichen Krisen gründet auf einem Umstand, den er das Gesetz des tendenziellen Falls der Profitrate nennt, das „... in jeder Beziehung das wichtigste Gesetz der modernen politischen Ökonomie und das wesentlichste, um die schwierigen Verhältnisse zu verstehen" (Grundrisse, S. 634), ist.

Die Profitrate hat im Kapitalismus eine *allgemeine* Tendenz zu fallen, sagt Marx. Nicht nur in besonderen Bereichen der Wirtschaft, nicht nur in bestimmten Perioden, sondern allgemein, und er sagt, daß der Grund das ständige Ansteigen der Arbeitsproduktivität ist. Um seine Worte zu gebrauchen: „Die progressive Tendenz der allgemeinen Profitrate zum Sinken ist also nur ein *der kapitalistischen Produktionsweise eigentümlicher Ausdruck* für die fortschreitende Entwicklung der gesellschaftlichen Produktivkraft der Arbeit." (MEW 25, S. 223)

Je höher die Arbeitsproduktivität, desto mehr Maschinerie und Rohstoffe setzt ein einzelner Arbeiter in Bewegung. Anders gesagt, die Menge des in eine Betriebsstätte, Ausrüstung und Rohstoffe investierten konstanten Kapitals wächst relativ zu dem variablen Kapital, das zur Bezahlung der Arbeiterlöhne gebraucht wird. In Wertbegriffen heißt das, daß die organische Zusammensetzung des Kapitals höher ist. Und wie wir schon gesehen haben: je höher die organische Zusammensetzung des Kapitals, desto niedriger ist die Profitrate, weil die Arbeitskraft die Quelle des Mehrwerts ist. Deshalb fällt die Profitrate, wenn die Produktivität ansteigt.

Doch wenn das so ist, warum sollte dann irgendein Kapitalist jemals investieren, um eine höhere Produktivität zu erreichen? Die Antwort ist, daß er kurzfristig davon einen Vorteil hat und langfristig durch die Konkurrenz dazu *gezwungen* wird.

Erinnern wir uns, daß der einzelne Wert einer Ware, die tatsächlich in ihr verkörperte Arbeit, vom gesellschaftlichen oder Marktwert sich unterscheiden kann, der durch die durchschnittlichen Produktionsbedingungen in dieser Industrie bestimmt ist. Nehmen wir den Fall eines Einzelkapitalisten, der diese durchschnittlichen Produktionsbedingungen benutzt. Nehmen wir an, er führt eine neue Technik ein, die die Produktivität seiner Arbeiter über den Durchschnitt erhöht. Der individuelle Wert seiner Waren wird unter ihren gesellschaftlichen Wert fallen, weil sie wirkungsvoller als normalerweise in diesem Sektor produziert wurden. Der Kapitalist kann nun seine Preise auf einem Niveau festlegen, das einerseits niedriger ist als der gesellschaftliche Wert, und kann damit seine Konkurrenten unterbieten; andererseits kann der Preis für seine Waren noch höher sein als ihr individueller Wert, und er kann so einen Extraprofit realisieren.

Doch diese Situation wird nicht ewig andauern. Andere Kapitalisten werden die neue Technik einführen, um sich selbst dagegen zu schützen, unterboten und aus dem Geschäft gedrängt zu werden. Wenn aber die Innovation die Norm in der Industrie wird, wird der gesellschaftliche Wert fallen und sich dem individuellen Wert der Ware des innovativen Kapitalisten anpassen und dessen Vorteil beseitigen.

Durch den Druck der Konkurrenz werden die Kapitalien deshalb gezwungen, neue Techniken zu übernehmen und die Arbeitsproduktivität zu erhöhen. „Dasselbe Gesetz der Wertbestimmung durch die Arbeitszeit„ wirkt so „als Zwangsgesetz der Konkurrenz“, schreibt Marx. (MEW 23, S. 337) Den einzelnen Kapitalisten interessiert „die Wertbestimmung als solche ... nur, soweit sie die Produktionskosten der Ware für ihn selbst erhöht oder erniedrigt, also nur soweit sie ihn in eine Ausnahmeposition setzt." (MEW 25, S. 880) Jeder Kapitalist ist daran interessiert, die Arbeitsproduktivität zu steigern, um seine Konkurrenten zu übertreffen. Die Folge ist, daß alle die „vielen Kapitalien" gezwungen sind, sich dem Wertgesetz anzupassen und ständig die Arbeitsproduktivität zu erhöhen.

Allerdings ist das Ergebnis aller dieser eigennützigen Handlungen der Kapitalisten, die die Menge des Mehrwerts, den sie sich von ihren Arbeitern und ihren Konkurrenten aneignen, steigern wollen, die Senkung der allgemeinen Profitrate:

> „Kein Kapitalist wendet eine neue Produktionsweise, sie mag noch soviel produktiver sein oder um noch soviel die Rate des Mehrwerts vermehren, freiwillig an, sobald sie die Profitrate vermindert. Aber jede solche neue Produktionsweise verwohlfeilert die Waren. Er verkauft sie daher ursprünglich über ihrem Produktionspreis, vielleicht über ihrem Wert. Er steckt die Differenz ein, die zwischen ihren Produktionskosten und dem Marktpreis der übrigen, zu höheren Produktionskosten produzierten Waren besteht. Er kann dies, weil ... seine Produktionsprozedur ... über dem Durchschnitt der gesellschaftlichen (steht). Aber die Konkurrenz verallgemeinert sie und unterwirft sie dem allgemeinen Gesetz. Dann tritt das Sinken der Profitrate ein – vielleicht zuerst in dieser Produktionssphäre, und gleicht sich nachher mit den andren aus –, das also ganz und gar unabhängig ist vom Willen der Kapitalisten." (MEW 25, S. 275)

Diese Tendenz zum Fall der Profitrate spiegelt die Tatsache, daß „über einen gewissen Punkt hinaus ... die Entwicklung der Produktivkräfte eine Schranke für das Kapital [wird]; also das Kapitalverhältnis eine Schranke für die Entwicklung der Produktivkräfte der Arbeit." (Grundrisse, S. 635) Die größere Arbeitsproduktivität, die die wachsende Macht der Menschheit über die Natur spiegelt, nimmt innerhalb der kapitalistischen Produktionsverhältnisse die Form einer wachsenden organischen Zusammensetzung des Kapitals an und damit einer fallenden Profitrate. Das ist der Prozeß, der den ökonomischen Krisen zugrunde liegt. „In schneidenden Widersprüchen, Krisen, Krämpfen drückt sich die wachsende Unangemessenheit der produktiven Entwicklung der Gesellschaft zu ihren bisherigen Produktionsverhältnissen aus.“ (Grundrisse, S. 635)

Die fallende Profitrate ist aber nur der Ausgangspunkt der Marxschen Analyse der kapitalistischen Krisen. Er betont, daß „gegenwirkende Einflüsse im Spiel sein [müssen], welche die Wirkung des allgemeinen Gesetzes durchkreuzen und aufheben und ihm nur den Charakter einer Tendenz geben“, „ein Gesetz, dessen absolute Durchführung durch gegenwirkende Umstände aufgehalten, verlangsamt, abgeschwächt wird.“ (MEW 25, S. 242 und 244) Tatsächlich „bringt hier wieder dieselbe Ursache, die die fallende Tendenz der Profitrate erzeugt, ein Gegengewicht gegen diese Tendenz hervor, das ihre Wirkung mehr oder minder paralysiert.“ (MEW 25, S. 247)

Ein Beispiel: die wachsende organische Zusammensetzung des Kapitals bedeutet, daß eine kleinere Zahl von Arbeitern eine gegebene Menge von Waren produzieren kann. Der Kapitalist könnte die überflüssigen Arbeiter entlassen – das kann ja sein erstes Ziel bei der Einführung der neuen Technik gewesen sein. Das Ergebnis ist, daß die Akkumulation von Kapital die ständige Entfernung von Arbeitern aus der Produktion notwendig macht. Es entsteht, wie Marx es nennt, eine „relative Überbevölkerung". Dabei ist es keineswegs so, wie Malthus und seine Nachfolger behaupten, daß es mehr Menschen als Nahrungsmittel gibt, um diese zu ernähren. Vielmehr gibt es mehr Menschen als der Kapitalismus braucht, und so sieht sich der überschüssige Bevölkerungsanteil der Löhne beraubt, ohne die ein Arbeiter nicht existieren kann.

Die kapitalistische Wirtschaft erzeugt folglich eine „industrielle Reservearmee„ von arbeitslosen Arbeitern, die eine entscheidende Rolle im Akkumulationsprozeß spielt. Nicht nur, daß die Arbeitslosen einen Pool von Arbeitern liefern, die in neue Produktionszweige geworfen werden können. Sie helfen auch zu verhindern, daß die Löhne zu hoch ansteigen.

Die Arbeitskraft hat wie jede Ware einen Wert – die Arbeitszeit, die für ihre Produktion benötigt wird, und einen Preis – die Geldmenge, die für sie gezahlt wird. Der Preis der Arbeitskraft ist der Lohn, und wie alle Marktpreise schwanken die Löhne in Reaktion auf Anstieg und Rückgang bei Angebot und Nachfrage der Arbeitskraft. Das Vorhandensein einer industriellen Reservearmee hält das Angebot an Arbeitskraft groß genug, um zu verhindern, daß der Preis der Arbeitskraft über ihren Wert steigt. So schreibt Marx: „Im großen und ganzen sind die allgemeinen Bewegungen des Arbeitslohns ausschließlich reguliert durch Expansion und Kontraktion der industriellen Reservearmee." (MEW 23, S. 666)

Das bedeutet *nicht,* daß Marx an das „eherne Lohngesetz„ glaubte, demzufolge die Löhne nicht über das rein physische Existenzminimum steigen können würden. Wie er in der **Kritik des Gothaer Programms** betonte, gründet dieses sogenannte „Gesetz„ auf der Malthusschen Bevölkerungstheorie und ist deshalb völlig verkehrt. Der Kapitalismus hat, wie wir gesehen haben, eine ständige Steigerung der Arbeitsproduktivität zur Folge. Das führt mit Notwendigkeit zu einer ständigen Senkung des Werts der Waren, einschließlich der Arbeitskraft. Die sinkenden Werte der Konsumgüter bedeuten, daß die Kaufkraft der Löhne der Arbeiter gleich bleiben oder sogar steigen kann, während der Wert der Arbeitskraft gefallen ist. Daher kann der Lebensstandard der Arbeiter sehr wohl absolut steigen. Zugleich verschlechtert sich ihre Position jedoch relativ, weil die Rate des Mehrwerts gestiegen und deshalb ihr Anteil am gesamten Wert, den sie geschaffen haben, gefallen ist.

Das Vorhandensein einer industriellen Reservearmee stärkt die Position des Kapitalisten und erleichtert es ihm, die Mehrwertrate zu erhöhen. Wenn die gesamte Menge des Kapitals gleich bleibt, dann wird die Profitrate steigen. Deshalb hat eine größere Ausbeutungsintensität einen der fallenden Profitrate entgegenwirkenden Effekt.

Eine Erhöhung der Ausbeutungsrate ist jedoch eine zweischneidige Sache. Wenn sie erreicht wird durch eine Erhöhung der Arbeitsproduktivität, dann wird die organische Zusammensetzung des Kapitals steigen, und deshalb wird in diesem Fall die höhere Mehrwertrate eine niedrigere Profitrate bedeuten. Marx nahm an, daß eine solche Situation für den tendenziellen Fall der Profitrate typisch ist. Er lehnte jeden Versuch ab, die ökonomische Krise mit der Erringung höherer Lohnsteigerungen durch die Arbeiter zu erklären:

> „Das tendenzielle Sinken der Profitrate ist verbunden mit einem tendenziellen Steigen in der Rate des Mehrwerts ... Nichts alberner daher, als das Sinken der Profitrate aus einem Steigen in der Rate des Arbeitslohns zu erklären, obgleich auch dies ausnahmsweise der Fall sein mag ... Die Profitrate fällt nicht, weil die Arbeit unproduktiver, sondern weil sie produktiver wird. Beides, Steigen der Rate des Mehrwerts und Fallen der Rate des Profits, sind nur besondre Formen, worin sich wachsende Produktivität der Arbeit kapitalistisch ausdrückt." (MEW 25, S. 250)

Marx legt dar, daß das Gleiche auch für einen zweiten entgegenwirkenden Einfluß gilt, die Verbilligung der Elemente des konstanten Kapitals. Steigende Produktivität in Abteilung I, der Produktion von Produktionsmitteln, heißt, daß der Wert der Betriebsstätte, der Maschinerie usw., die das konstante Kapital ausmachen, fällt:

> „Mit dem Wachsen der Proportion des konstanten Kapitals zum variablen wächst auch die Produktivität der Arbeit, die produzierten Produktivkräfte, mit denen die gesellschaftliche Arbeit wirtschaftet. Infolge derselben zunehmenden Produktivität der Arbeit wird zwar ein Teil des vorhandnen konstanten Kapitals beständig entwertet, indem sein Wert sich nicht nach der Arbeitszeit richtet, die es ursprünglich gekostet hat, sondern nach der Arbeitszeit, mit der es reproduziert werden kann, und diese beständig abnimmt mit der zunehmenden Produktivität der Arbeit." (MEW 26.2, S. 417)

Viele Kritiker von Marx (einige davon Marxisten) haben argumentiert, daß die Tatsache, daß die steigende Arbeitsproduktivität die Elemente des konstanten Kapitals verbilligt, bedeutet, daß die organische Zusammensetzung des Kapitals nicht steigt und deshalb die Profitrate nicht fällt. Sie behaupten, daß selbst dann, wenn die technische Zusammensetzung des Kapitals, in anderen Worten das physische Verhältnis zwischen Produktionsmitteln und Arbeitskraft, enorm anwächst, die Proportion in Wertbegriffen die gleiche bleibe, weil die Kosten zur Produktion der Produktionsmittel gefallen sind. Was sie übersehen, ist, daß für den Kapitalisten von Bedeutung ist, welchen Ertrag er aus seiner *ursprünglichen* Investition zieht. Sie besteht aus dem Geld, das er für die Anlage, die Ausrüstung usw. vorgeschossen hat, um diese Produktionsmittel zu ihrem ursprünglichen Wert zu kaufen, nicht aus der Arbeitszeit, die es jetzt kosten würde, sie zu ersetzen. Er muß in Bezug auf diese Investition einen angemessenen Profit ziehen, und nicht in Bezug auf das, was es ihn jetzt kosten mag, ihn zu machen.

Doch schauen wir uns nun die Krisen selbst an.

Es geschieht tatsächlich hauptsächlich durch die Krisen, daß der Wert des konstanten Kapitals in Übereinstimmung gebracht wird mit „der Arbeitszeit, mit der es reproduziert werden kann", und nicht mit „der Arbeitszeit, die es ursprünglich gekostet hat". Wirtschaftliche Krisen können durch eine Reihe von Faktoren ausgelöst werden. Zum Beispiel kann eine Krise durch das plötzliches Steigen der Preise bei irgendeinem wichtigen Rohstoff ausgelöst werden – wie durch die Vervierfachung der Ölpreise 1973/74. Oft beginnen Krisen durch irgendeine Störung im Finanzsystem – z. B. durch den Bankrott einer großen Bank oder einen Börsenkrach. Ein großer Teil des dritten Bands des **Kapital** ist der Erklärung gewidmet, wie die Entwicklung des Kreditsystems, das zum Ergebnis hat, daß immer mehr Geld von den Banken selbst geschaffen wird, eine lebenswichtige Rolle sowohl bei der Verhinderung wie auch bei der Entstehung von Krisen spielt. Doch die zugrunde liegende Ursache der Krise ist immer der tendenzielle Fall der Profitrate und die entgegenwirkenden Einflüsse, die er mit sich bringt.

Wir haben gesehen, daß es in der Natur der Ware liegt, daß W-G nicht notwendigerweise zu G-W führt. Das Geld, das beim Verkauf einer Ware erzielt wird, kann gehortet werden, anstatt dazu benutzt zu werden, eine andere Ware zu kaufen. Das findet in massivem Maß während einer wirtschaftlichen Krise statt. Eine riesige Zahl von Waren bleibt unverkäuflich.

Das unterscheidet den Kapitalismus wesentlich von früheren Produktionsweisen. In Sklaven- und Feudalgesellschaften waren die Krisen solche der Unterproduktion, der Knappheit, in denen es nicht genug gab, um alle zu ernähren. Kapitalistische Krisen dagegen sind solche der Überproduktion. Das bedeutet nicht, wie Marx betont, „daß die Masse der Produkte überflüssig wäre im Verhältnis zu den Bedürfnissen nach ihnen – [davon kann] absolut nicht die Rede sein. … Die Schranke der Produktion ist der Profit der Kapitalisten, keineswegs das Bedürfnis der Produzenten.“ (MEW 26.2, S. 528) Um für den Kapitalisten einen angemessen Profit zu realisieren, wurden zu viele Waren produziert. Wenn wir ein Beispiel haben wollen, müssen wir nicht weiter blicken als zu den Butterbergen und Weinseen, die geschaffen wurden, um den Preis landwirtschaftlicher Güter hoch zu halten, während mehr als 700 Millionen Menschen in der Dritten Welt hungern.

Krisen sind Ausdruck der inneren Widersprüche der Kapitalakkumulation und sind zugleich „immer nur momentane gewaltsame Lösungen der vorhandenen Widersprüche.“ (MEW 25, S. 259) Die „momentane gewaltsame Lösung“ findet statt durch die Entwertung des Kapitals, wie Marx es ausdrückte. Der Zusammenbruch der Märkte für ihre Güter zwingt viele Kapitalien aus dem Geschäft. Eine große Masse Kapital wird so vernichtet.

Die Vernichtung von Kapital geschieht bisweilen buchstäblich – Maschinen verrosten, gelagerte Güter verrotten oder werden zerstört. Doch fallende Preise löschen auch große

Teile des Werts der Produktionsmittel aus. „*Zerstörung des Kapitals* durch Krisen [bedeutet] Depreziation [Entwertung] von Wertmassen, die sie hindert, später wieder ihren Reproduktionsprozeß als Kapital auf derselben Stufenleiter zu erneuern." (MEW 26.2, S. 496) Auf diese Weise, durch die ökonomische Krise, wird der Wert des konstanten Kapital in Übereinstimmung gebracht, nicht mit der Arbeitszeit, die ursprünglich für seine Produktion eingesetzt wurde, sondern mit dem, was es jetzt kosten würde, sie zu reproduzieren. So wird die organische Zusammensetzung des Kapitals verringert, und die Profitrate erholt sich wieder.

Deshalb dienen Krisen dazu, das Kapital wiederherzustellen zu Bedingungen, unter denen es profitabel beschäftigt werden kann:

> „Die periodische Entwertung des vorhandnen Kapitals, die ein der kapitalistischen Produktionsweise immanentes Mittel ist, den Fall der Profitrate aufzuhalten und die Akkumulation von Kapitalwert durch Bildung von Neukapital zu beschleunigen, stört die gegebnen Verhältnisse, worin sich der Zirkulations- und Reproduktionsprozeß des Kapitals vollzieht, und ist daher begleitet von plötzlichen Stockungen und Krisen des Produktionsprozesses." (MEW 25, S. 259f.)

Aber Krisen dienen auch noch auf andere Art dazu, die Tendenz zum Fall der Profitrate auszusetzen. Marx schreibt, „daß die Krisen jedesmal gerade vorbereitet werden durch eine Periode, worin der Arbeitslohn allgemein steigt und die Arbeiterklasse realiter größern Anteil an dem für Konsumtion bestimmten Teil des jährlichen Produkts erhält." (MEW 24, S. 409)

Das spiegelt die Tatsache, daß auf der Höhe des wirtschaftlichen Booms viele Waren knapp werden, weil sie von so vielen Kapitalien nachgefragt werden, die darauf erpicht sind, einen größtmöglichen Marktanteil zu ergattern. Das gilt auch für die Arbeitskraft: wenn sich der Gang des wirtschaftlichen Wachstums beschleunigt, verringert sich die industrielle Reservearmee, und die Arbeiter, insbesondere die Facharbeiter, werden rar. Die verbesserte Verhandlungsposition der Arbeiter ermöglicht es ihnen, den Preis der Arbeitskraft in die Höhe zu treiben. Eine wirtschaftliche Rezession, die die Arbeitslosigkeit hochtreibt, macht es den Arbeitergebern leichter, die Löhne herunterzudrücken und diejenigen Arbeiter, die noch einen Job haben, zu nötigen, schlechtere Arbeitsbedingungen zu akzeptieren.

Krisen sind daher Perioden, in denen das kapitalistische System reorganisiert und umgestaltet wird, um die Profitrate wieder auf einem Niveau herzustellen, auf dem wieder Investitionen stattfinden. Nicht alle Kapitalien haben den gleichen Nutzen von diesem Prozeß. Die schwächeren und weniger effizienten Firmen sowie diejenigen mit einer besonders großen Belastung durch veraltete Maschinerie werden aus dem Geschäft gedrängt. Die stärkeren und produktiveren Kapitalien überleben und kommen stärker aus der Rezession heraus. Sie können Land und Produktionswerkzeuge zu Tiefstpreisen kaufen und den Arbeitern Änderungen im Arbeitsprozeß aufzwingen, die die Mehrwertrate erhöhen.

Krisen tragen deshalb zu dem Prozeß bei, den Marx die Zentralisation und Konzentration des Kapitals nannte. Konzentration findet statt, wenn Kapitalien in ihrer Größe durch die Akkumulation von Mehrwert anwachsen. Zentralisation hat, auf der anderen Seite, zur Folge, daß kleinere durch größere Kapitalien aufgesogen werden. Der Prozeß der Konkurrenz fördert diesen Trend, weil die produktiveren Firmen ihre Konkurrenten unterbieten und sie dann übernehmen können. Wirtschaftskrisen beschleunigen den Prozeß, indem sie es den überlebenden Kapitalien möglich machen, Produktionsmittel billig aufzukaufen. Eine beständiges Anwachsen der Größe der Einzelkapitalien ist deshalb ein unvermeidlicher Teil des Akkumulationsprozesses.

„Der charakteristische Lebenslauf der modernen Industrie„ schreibt Marx, hat „die Form eines durch kleinere Schwankungen unterbrochenen … Zyklus von Perioden mittlerer Lebendigkeit, Produktion unter Hochdruck, Krise und Stagnation.“ (MEW 23, S. 661) Der Wechsel zwischen Auf- und

Abschwung ist eine wesentliche Eigenschaft der kapitalistischen Wirtschaft. Oder wie Trotzki es sagte, „der Kapitalismus lebt durch Krisen und Aufschwünge, genauso wie ein Mensch durch Einatmen und Ausatmen lebt ... Krisen und Aufschwünge sind dem Kapitalismus seit seiner Geburt eigen; sie werden ihn bis zu seinem Grab begleiten."

Die Analyse der Art und Weise, auf die die Krisen in die Akkumulation des Kapitals eingebaut sind, und die Marx im **Kapital** entwickelt, wird auf einem ziemlich hohen Abstraktionsniveau durchgeführt. Es muß herausgearbeitet werden, wie mit wachsender Reife des Kapitalismus und der damit verbundenen Zentralisation und Konzentration des Kapitals die Krisen immer weniger ihre bereinigende Wirkung zur Wiederherstellung profitabler Akkumulationsbedingungen spielen. Das werden wir im letzten Kapitel zeigen. Dennoch legt das **Kapital** die Grundlage für jeden Versuch, die kapitalistische Wirtschaft zu verstehen.

Schlußfolgerung

Die kapitalistische Produktionsweise illustriert die allgemeine These von Marx, daß die Realität dialektisch ist, daß sie in sich Widersprüche enthält. Denn auf der einen Seite gehören der technologische Wandel, die Einführung neuer Produktionsmethoden, gerade zum Wesen des Kapitalismus. Der Druck der Konkurrenz zwingt die Kapitalisten, ständig zu innovieren und vermehrt die Produktivkräfte. Auf der anderen Seite führt die Entwicklung der Produktivkräfte im Kapitalismus unvermeidlich zu Krisen. Marx formulierte es im Kommunistischen Manifest so:

> „Die Bourgeoisie kann nicht existieren, ohne die Produktionsinstrumente, also die Produktionsverhältnisse, also sämtliche gesellschaftlichen Verhältnisse fortwährend zu revolutionieren. Unveränderte Beibehaltung der alten Produktionsweise war ... die erste Existenzbedingung aller früheren industriellen Klassen. Die fortwährende Umwälzung der Produktion, die ununterbrochene Erschütterung der gesellschaftlichen Zustände, die ewige Unsicherheit und Bewegung

zeichnet die Bourgeoisepoche vor allen anderen aus.“ (MEW 4, S. 465)

Der Unterschied zwischen dem Kapitalismus und seinen Vorläufern entsteht aus den Produktionsverhältnissen:

> **„Indes ist klar, daß, wenn in einer ökonomischen Gesellschaftsformation nicht der Tauschwert, sondern der Gebrauchswert des Produkts vorwiegt, die Mehrarbeit durch einen engern oder weitern Kreis von Bedürfnissen beschränkt ist, aber kein schrankenloses Bedürfnis nach Mehrarbeit aus dem Charakter der Produktion selbst entspringt.“ (MEW 23, S. 250)**

Der Feudalherr z. B. war so lange zufrieden, wie er von seinen Bauern genug Zins erhielt, um sich selbst, seine Familie und seine Gefolgsleute in einem Stil, den sie gewohnt waren, zu unterhalten. Der Kapitalist hat jedoch einen „Heißhunger nach Mehrarbeit„ (MEW 23, S. 254), der der Notwendigkeit entspringt, es mit den technischen Verbesserungen der Konkurrenten aufnehmen zu müssen oder aus dem Geschäft getrieben zu werden.

Marx verteidigte entschlossen, was er „den großen zivilisierenden Einfluß des Kapitals„ (Grundrisse, S. 313) nannte, gegen diejenigen, die wie die Romantiker, nostalgisch nach rückwärts auf vorkapitalistische Gesellschaften blickten. Er pries Ricardo „nur die Entwicklung der Produktivkräfte im Auge“ gehabt zu haben. (MEW 25, S. 269) „Wollte man behaupten, wie es sentimentale Gegner Ricardos getan haben, daß die Produktion nicht als solche der Zweck sei, so vergißt man, daß Produktion um der Produktion halber nichts heißt als Entwicklung der menschlichen Produktivkräfte, also *Entwicklung des Reichtums der menschlichen Natur als Selbstzweck.*“ (MEW 26.2, S. 111)

Deshalb war der Kapitalismus historisch fortschrittlich.

> „Das Kapital treibt hinaus über nationale Schranken und Vorurteile und überlieferte, in bestimmten Grenzen selbstgenügsam eingepfählte Befriedigung vorhandner Bedürfnisse und Reproduktion alter Lebensweise. Es ist destruktiv gegen

alles dies und beständig revolutionierend, alle Schranken niederreißend, die die Entwicklung der Produktivkräfte, die Erweiterung der Bedürfnisse, die Mannigfaltigkeit der Produktion und die Exploitation und den Austausch der Natur- und Geisteskräfte hemmen." (Grundrisse, S. 313)

Doch gleichzeitig zeigt der tendenzielle Fall der Profitrate, daß der Kapitalismus nicht, wie die Vertreter der politischen Ökonomie glaubten, die rationalste Form der Gesellschaft ist. Vielmehr ist er historisch begrenzt und eine widersprüchliche Art der Produktion, die die Produktivkräfte, die er entwickelt, gleichzeitig fesselt. „Die *wahre Schranke* der kapitalistischen Produktion ist das *Kapital selbst",* schreibt Marx. (MEW 25, S. 260) „Gewaltsame Vernichtung von Kapital, nicht durch ihm äußre Verhältnisse, sondern als Bedingung seiner Selbsterhaltung, ist die schlagendste Form, worin ihm Rat gegeben wird, abzutreten und Platz zu machen für eine höhere Form der gesellschaftliche Produktion." (Grundrisse, S. 635f.)

Im Gegensatz zu dem, was viele Kommentatoren, einige von ihnen Marxisten, gesagt haben, war Marx nicht der Auffassung, daß der ökonomische Zusammenbruch des Kapitalismus unvermeidlich ist. „Permanente Krisen gibt es nicht." (MEW 26.2, S. 497, Anm. 4) Wie wir gesehen haben, sind „Krisen immer nur momentane gewaltsame *Lösungen* der vorhandenen Widersprüche„. Keine wirtschaftliche Krise ist so tief, daß das kapitalistische System sich davon nicht erholen kann, vorausgesetzt, die Arbeiterklasse ist bereit, den Preis mit Arbeitslosigkeit, sinkendem Lebensstandard und der Verschlechterung der Arbeitsbedingungen zu zahlen. Ob eine Krise zu einem „höheren Stand der gesellschaftlichen Produktion" führt, ist vom Bewußtsein und der Aktion der Arbeiterklasse abhängig.

Kapitel 7

Arbeitermacht

Die grundlegendste These des Marxismus ist, daß der Kapitalismus die materiellen und sozialen Bedingungen des Kommunismus erschafft. Die Abschaffung der Klassen ist nur möglich, wo die kapitalistische Produktionsweise die Arbeitsproduktivität so weit erhöht hat, daß es keinen Mangel mehr gibt. Wir haben gesehen, wie diese Produktionsweise als Fessel der Produktivkräfte wirkt, indem sie regelmäßige, zyklische Auf- und Abschwünge hervorbringt.

Man kann dies auch so ausdrücken, daß der Kapitalismus den Kommunismus sowohl historisch möglich als auch historisch notwendig macht. Aber es gehört noch mehr dazu. Der Kapitalismus bringt die soziale Kraft hervor, die ihn überwinden und die Klassen abschaffen wird. Diese Kraft ist die Arbeiterklasse.

Marx und Engels schrieben dazu im **Kommunistischen Manifest**:

> „Die wesentliche Bedingung für die Existenz und für die Herrschaft der Bourgeoisklasse ist die Anhäufung des Reichtums in den Händen von Privaten, die Bildung und Vermehrung des Kapitals; die Bedingung des Kapitals ist die Lohnarbeit. … Der Fortschritt der Industrie, dessen willenloser und widerstandsloser Träger die Bourgeoisie ist, setzt an die Stelle der Isolierung der Arbeiter durch die Konkurrenz ihre revolutionäre Vereinigung durch die Assoziation. Mit der Entwicklung der großen Industrie wird also unter den Füßen der Bourgeoisie die Grundlage selbst hinweggezogen, worauf sie produziert und die Produkte sich aneignet. Sie produziert vor allem ihren eigenen Totengräber. Ihr Untergang und der Sieg des Proletariats sind gleich unvermeidlich.“ (MEW 4, S. 473f.)

Der Sturz des Kapitals wird nicht automatisch erfolgen, wie einige diese Passage fehlinterpretiert haben. Er hängt von der Organisation, dem Bewußtsein und der Aktivität der Arbeiterklasse ab. 1879 faßten Marx und Engels ihre politischen Ideen mit diesen Worten zusammen:

> „Wir haben seit fast 40 Jahren den Klassenkampf als nächste treibende Macht der Geschichte, und speziell den Klassenkampf zwischen Bourgeoisie und Proletariat als den großen Hebel der modernen sozialen Umwälzung hervorgehoben; ... Wir haben bei Gründung der Internationalen ausdrücklich den Schlachtruf formuliert: Die Befreiung der Arbeiterklasse muß das Werk der Arbeiterklasse selbst sein." (MEW 34, S. 407f.)

Diese Idee der Selbstbefreiung der Arbeiterklasse steht, wie wir bereits wissen, im Zentrum von Marxens Denken. Hal Draper hat „die beiden Seelen des Sozialismus„ gegenübergestellt. Die eine, der „Sozialismus von oben", sieht Veränderungen als Ergebnis der Aktivitäten von aufgeklärten Führern, welche den Staat kontrollieren und ihn benutzen, um *stellvertretend für* die Arbeiter Reformen durchzuführen. Sozialdemokratische und kommunistische Parteien auf der ganzen Welt haben sich diese Sichtweise des Sozialismus zu eigen gemacht, wobei sie entweder die Parlamentarier oder die Partei als die eigentliche Kraft zur Veränderung betrachten. Marx trat jedoch für einen „Sozialismus von unten" ein, dafür, daß Arbeiter sich selbst durch ihr eigenes Handeln befreien.

Totengräber des Kapitalismus

„Die Bedingung für die Emanzipation der arbeitenden Klasse ist die Abschaffung jeder Klasse" (MEW 4, S. 181), schrieb Marx. Anders ausgedrückt bedeutet dies, daß die Überwindung des Kapitalismus nicht zu einer neuen Form von Klassengesellschaft führen wird. Vielmehr wird sie einen Vorläufer für die Erschaffung einer kommunistischen Gesellschaft darstellen, in der Ausbeutung und Klassenwiderspruch nicht mehr existieren.

Die Fähigkeit der Arbeiterklasse, die Klassen abzuschaffen, erwächst aus ihrer Stellung innerhalb der Produktionsverhältnisse. Wir haben gesehen, wie der Kapitalismus den kollektiven Arbeiter schafft, indem er die Arbeiter in immer größere Produktionseinheiten zusammenfaßt, wo die Arbeit jedes einzelnen von der Arbeit anderer abhängig ist. Marx glaubte, daß der Lauf der kapitalistischen Entwicklung die Arbeiter zwingt, sich zusammenzuschließen, um sich gegen ihre Ausbeutung zu wehren:

> „Die Großindustrie bringt eine Menge einander unbekannte Leute an einem Ort zusammen. Die Konkurrenz spaltet sie in ihren Interessen; aber die Aufrechterhaltung des Lohnes, dieses gemeinsame Interesse gegenüber ihrem Meister, vereinigt sie in einem gemeinsamen Gedanken des Widerstandes – *Koalition.* So hat die Koalition stets den doppelten Zweck, den, die Konkurrenz der Arbeiter unter sich aufzuheben, um dem Kapitalisten eine allgemeine Konkurrenz machen zu können. Wenn der erste Zweck des Widerstandes nur die Aufrechterhaltung der Löhne war, so formieren sich die anfangs isolierten Koalitionen in dem Maß, wie die Kapitalisten ihrerseits sich behufs der Repression vereinigen zu Gruppen, und gegenüber dem stets vereinigten Kapital wird die Aufrechterhaltung der Assoziationen notwendiger für sie als die des Lohnes. Das ist so wahr, daß die englischen Ökonomen ganz erstaunt sind zu sehen, wie die Arbeiter einen großen Teil ihres Lohnes zugunsten von Assoziationen opfern, die in den Augen der Ökonomen nur zugunsten des Lohnes errichtet wurden. In diesem Kampf – ein veritabler Bürgerkrieg – vereinigten und entwickeln sich alle Elemente für eine kommende Schlacht. Einmal auf diesen Punkt angelangt, nimmt die Koalition einen politischen Charakter an.
> Die ökonomischen Verhältnisse haben zuerst die Masse der Bevölkerung in Arbeiter verwandelt. Die Herrschaft des Kapitals hat für diese Masse eine gemeinsame Situation, gemeinsame Interessen geschaffen. So ist diese Masse bereits eine Klasse gegenüber dem Kapital, aber noch nicht für sich

> selbst. In dem Kampf, den wir nur in einigen Phasen gekennzeichnet haben, findet sich diese Masse zusammen, konstituiert sich als Klasse für sich selbst. Die Interessen, welche sie verteidigt, werden Klasseninteressen. Aber der Kampf von Klasse gegen Klasse ist ein politischer Kampf." (MEW 4, S. 180f.)

Wie andere Sozialisten seiner Zeit glaubte Marx, daß eine Gesellschaft, die sich auf Gemeinsamkeit, auf Teilen und Zusammenarbeit gründete, die Alternative zum Kapitalismus wäre, der sich auf Konkurrenz gründet. Kommunismus war für Marx die Herrschaft der vereinigten Produzenten. Die utopischen Sozialisten jedoch glaubten, daß eine solche Gemeinschaft aus einer hauptsächlich moralischen Verpflichtung aller Klassen der heutigen Gesellschaft, den Kapitalismus abzuschaffen, entstehen würde. Marx jedoch argumentierte, daß der Kommunismus das Ergebnis der materiellen Interessen und Kämpfe der Arbeiter innerhalb des Produktionsprozesses sei.

> „Wir nennen Kommunismus die *wirkliche* Bewegung, welche den jetzigen Zustand aufhebt." (MEW 3, S. 35)

Der Druck der kapitalistischen Ausbeutung zwingt die Arbeiter, sich zu organisieren und kollektiv zu handeln. Nur so können sie sich die Quelle ihrer wirklichen Macht erschließen, die aus ihrer Stellung innerhalb der kapitalistischen Produktionsverhältnisse erwächst. Die Selbstverwertung des Wertes hängt von ihrer Arbeit ab, und sie haben deshalb die Möglichkeit, das gesamte Produktionssystem lahm zu legen. Um diese Möglichkeit zu nutzen, müssen sie sich jedoch zusammenschließen. Solidarität ist das Grundprinzip jeder Aktion der Arbeiterklasse. Ohne sie würde jeder Streik fehlschlagen.

Ihre Stellung im kapitalistischen Ausbeutungssystem gibt der Arbeiterklasse also die Macht, die Klassen abzuschaffen. Der Kapitalismus sozialisiert den Arbeitsprozeß, indem er die Größe der Produktionsmittel enorm steigert und diese von der gemeinsamen Arbeit der kollektiven Arbeiter abhängig macht.

Diese Produktionsanlagen können nicht von Einzelnen bedient werden. Ebenso kann die Arbeiterklasse die Produktionsmittel nur kollektiv als Klasse in Besitz nehmen. Es wäre Unsinn, über die Aufteilung einer Fabrik unter die Arbeiter zu reden, indem sie in kleine Stücke zerlegt würde – falls man das täte, würde sie aufhören, eine Fabrik zu sein, und ihr gesamter Nutzen ginge verloren.

Die entscheidende Rolle, die Arbeiter im Kampf gegen den Kapitalismus spielen, folgt nicht daraus, daß sie die am stärksten unterdrückte Gruppe der Gesellschaft sind. Im Gegenteil, es mag andere geben, die in einer schlechteren Position sind. Marx betont zum Beispiel, daß es Teile der industriellen Reservearmee gibt, die er das „stockende Element" (MEW 23, S. 672) nennt, „Vagabunden, Verbrecher, Prostituierte, kurz das eigentliche Lumpenproletariat„ „die Verkommenen, Verlumpten, Arbeitsunfähigen" (MEW 23, S. 673), die dauerhaft aus dem Produktionsprozeß ausgeschlossen sind und die schlimmer dran sind als der Rest der Arbeiterklasse. Daraus folgt nicht, daß sie revolutionärer sind. Im Gegenteil, gerade weil sie nie der Disziplin der kapitalistischen Produktion unterworfen sind, ist es wahrscheinlicher, daß sie von reaktionären Bewegungen angezogen werden, die ihr Elend ausnützen. Marx sagte im **Manifest** voraus, daß das Lumpenproletariat „seiner ganzen Lebenslage nach … bereitwilliger sein [wird], sich zu reaktionären Umtrieben erkaufen zu lassen." (MEW 4, S. 472)

Auf diese Weise bildete Louis Bonaparte in der Folge der Revolution von 1848 die Gesellschaft des 10. Dezember, eine Privatarmee, die ihm als Napoleon III. an die Macht verhelfen sollte. In ähnlicher Weise sind die Arbeitslosen immer ein fruchtbares Rekrutierungsreservoir für faschistische Bewegungen, weil sie nicht mehr dem Druck der kapitalistischer Ausbeutung unterworfen sind, der die Arbeiter dazu bringt, sich gegen den Boß zusammenzuschließen.

Elend ist also keine hinreichende Bedingung dafür, eine gesellschaftliche Gruppe zur Triebkraft für den Kommunismus werden zu lassen, ebenso wenig Ausbeutung. Die Bauern als Klasse sind ausgebeutet. Mehrarbeit wird ihnen abverlangt in Form von Pacht an die Landbesitzer, Zinsen an Kreditgeber und Steuern an den Staat. Marx argumentiert, daß dies sie trotzdem nicht zu einer revolutionären Klasse macht. In **Der achtzehnte Brumaire des Louis Bonaparte** zeigt er, wie die französischen Bauern Napoleon III. die passive Unterstützung zukommen ließen, die es ihm ermöglichte, sich als Schiedsrichter zwischen Bourgeoisie und Proletariat zu präsentieren:

> „Die Parzellenbauern bilden eine ungeheure Masse, deren Glieder in gleicher Situation leben, aber ohne in mannigfache Beziehung zueinander zu treten. Ihre Produktionsweise isoliert sie voneinander, statt sie in wechselseitigen Verkehr zu bringen. … Ihr Produktionsfeld, die Parzelle, läßt in seiner Kultur keine Teilung der Arbeit zu, keine Anwendung der Wissenschaft, also keine Mannigfaltigkeit der Entwicklung, keine Verschiedenheit der Talente, keinen Reichtum der gesellschaftlichen Verhältnisse. Jede einzelne Bauernfamilie genügt sich beinahe selbst, produziert unmittelbar selbst den größten Teil ihres Konsums und gewinnt so ihr Lebensmaterial mehr im Austausche mit der Natur als im Verkehr mit der Gesellschaft. Die Parzelle, der Bauer und die Familie; daneben eine andre Parzelle, ein andrer Bauer und eine andre Familie. Ein Schock davon macht ein Dorf, und ein Schock von Dörfern macht ein Departement. So wird die große Masse der französischen Nation gebildet durch einfache Addition gleichnamiger Größen, wie etwa ein Sack von Kartoffeln einen Kartoffelsack bildet. Insofern Millionen von Familien unter ökonomischen Existenzbedingungen leben, die ihre Lebensweise, ihre Interessen und ihre Bildung von denen der andern Klassen trennen und ihnen feindlich gegenüberstellen, bilden sie eine Klasse. Insofern ein nur lokaler Zusammenhang unter den Parzellenbauern besteht, die Dieselbigkeit ihrer Interessen keine Gemeinsamkeit, keine nationale Verbindung und keine politische Organisation unter ihnen erzeugt, bilden sie keine Klasse.“ (MEW 8, S. 198)

Marx behauptet nicht, daß die Bauern niemals eine positive Rolle in sozialen und politischen Kämpfen spielen können. Die Kleinbauern leisteten einen entscheidenden Beitrag zum

Sieg der drei großen Revolutionen der Neuzeit, in Frankreich 1789, in Rußland 1917 und in China 1949. Aber weil die Produktionsbedingungen den Horizont der Bauern auf die Grenzen ihres Stücks Land, ihres Dorfes, höchstens ihrer Provinz beschränken, haben ihre Aufstände einen beschränkten Charakter. Der lokale Großgrundbesitzer wird gehängt, sein Herrenhaus niedergebrannt und sein Besitz unter die Bauern aufgeteilt. Alles wird besser, bis die Armee erscheint, ein paar Anführer hinrichtet und dem Sohn des Großgrundbesitzers den Besitz zurückgibt.

Nur wenn Bauernaufstände mit einem Zusammenstoß zwischen der herrschenden Klasse und einer anderen Klasse, die ihre Macht herausfordert, zusammenfällt, können sie einen Anteil an der Umgestaltung der Gesellschaft haben. Bauern können zu einer nationalen politischen Kraft werden, wenn sie von einer anderen Klasse geführt werden. In Frankreich 1789 war diese Klasse die Bourgeoisie. Marx glaubte, daß mit dem Entstehen des Kapitalismus die Arbeiterklasse die Unzufriedenheit der Bauern in eine nationale Bewegung gegen die bürgerliche Gesellschaft zusammenschweißen könnte. Die Schlußfolgerung seiner Analyse der französischen Bauern in **Der achtzehnte Brumaire** war, daß „die Bauern … also ihren natürlichen Verbündeten und Führer in dem *städtischen Proletariat* [finden], dessen Aufgabe die Überwindung der bürgerlichen Ordnung ist." (MEW 8, S. 202)

In seinem Werk **Der Bürgerkrieg in Frankreich** erklärt Marx wiederum, daß „die Kommune vollständig recht damit hatte, als sie den Bauern zurief: 'Unser Sieg ist eure Hoffnung'", und er fragte, wie die traditionelle Loyalität der Bauern zum Bonapartismus, welche von Napoleon III. vollkommen verraten worden war, „wie [sie] hätte bestehn können gegenüber dem Appell der Kommune an die lebendigen Interessen und dringenden Bedürfnisse der Bauern." (MEW 17, S. 344 und 346) Die Arbeiterbewegung sollte daher Marx zufolge versuchen, die Bauern auf ihre Seite zu ziehen, indem sie an deren materielle Interessen appelliert. Aber nur die

Arbeiterklasse selbst könne den Kapitalismus überwinden und, indem sie sich selbst befreit, ebenso all die anderen ausgebeuteten und unterdrückten Gruppen der Gesellschaft befreien.

Marx und Engels lernten von den utopischen Sozialisten und insbesondere von Fourier einen bitteren und unermüdlichen Haß gegenüber sexueller Unterdrückung, der Unterwerfung von Frauen unter Männer. **Das Kommunistische Manifest** enthält einen vernichtenden Angriff auf die bürgerliche Familie, und Engels beanspruchte in **Der Ursprung der Familie, des Privateigentums und des Staates** zu beweisen, daß die Unterdrückung der Frauen an die Entstehung der monogamen Familie, von Klassen und der „besonderen Formationen bewaffneter Menschen„ gebunden war, deren Aufgabe es ist, Besitzinteressen zu verteidigen. Er schloß daraus, daß die Emanzipation von Frauen nicht von der Arbeiterklasse getrennt werden könne.

Es gibt eine Reihe von Mängeln in Engels Analyse. Heute weiß man, daß sexuelle Ungleichheit vor der Entwicklung von Klassenwidersprüchen existierte, und deren Entstehung hat wohl mehr mit Faktoren wie Kriegen zwischen Stammesgesellschaften gemein, als Engels angenommen hatte. Darüber hinaus hatten Marx und Engels unrecht, als sie voraussagten, daß die Entwicklung des Kapitalismus zum Verschwinden der Familie in der Arbeiterklasse führen würde.

Trotzdem hat ihre Schlußfolgerung noch Bestand. Die Familie hat in der Form, in der sie seit dem Sieg des industriellen Kapitalismus existiert, ihre Grundlage in der Isolation und der Einengung verheirateter Frauen im Haus. Die Lebensbedingungen der Hausfrau gehören zu den am stärksten entfremdeten in der bürgerlichen Gesellschaft. Die Vereinzelung von Frauen zu Hause erschwert es ihnen, sich zu organisieren und kollektiv zu handeln. Eine der wichtigsten Entwicklungen des Kapitalismus in diesem Jahrhundert war die Art und Weise, in der er Frauen in den gesellschaftlichen Arbeitsprozeß einbezog, so daß heute in Großbritannien zwei von fünf Werktätigen Frauen sind, und die meisten Arbeiterinnen verbringen einen beträchtlichen Teil ihres Lebens am Arbeitsplatz. Dort können Frauen die kollektive Organisation und Macht erlangen, sich selbst zu befreien, in Verbindung mit den Männern, mit denen sie zusammenarbeiten und die wie sie der kapitalistischer Ausbeutung unterworfen sind.

Partei und Klasse

Aufgrund ihrer Stellung in den kapitalistischen Produktionsverhältnissen ist die Arbeiterklasse die einzige Klasse, die in der Lage ist, eine klassenlose Gesellschaft zu errichten. Die offensichtliche Schwierigkeit dabei ist zu Marxens Zeiten wie heute, daß die Masse der Arbeiter die dauerhafte Existenz des Kapitalismus als unvermeidlich akzeptiert. Täglich, von Kindesbeinen an, wird ihnen eingeflößt, daß die Arbeiter nicht in der Lage sind, die Gesellschaft zu leiten. Ihnen wird durch die Schule, durch die Zeitung, durch Fernsehen und Rundfunk vermittelt, daß diese Aufgabe Experten vorbehalten sein muß – Managern, Staatsbediensteten, Parlamentariern und Gewerkschaftsfunktionären. Die Rolle der Arbeiter besteht darin, Befehle von oben zu akzeptieren. Wie kann dieser Mangel an Vertrauen der Arbeiter in ihre Fähigkeit, die Gesellschaft zu verändern, beseitigt werden?

Marx drückte das folgendermaßen aus: Wie wird die Arbeiterklasse eine Klasse „für sich", das heißt, eine Klasse, die sich ihrer Rolle und ihrer Interessen in der kapitalistischen Gesellschaft und ihrer historischen Aufgabe, diese zu überwinden, bewußt ist? Er antwortete, daß sich die Arbeiter ihrer Interessen als Klasse durch den Klassenkampf selbst bewußt werden. Durch ihre täglichen Kämpfe mit dem Kapital im Produktionsprozeß erlangen Arbeiter das Bewußtsein, das Vertrauen und die Organisation, die sie brauchen, um eine revolutionäre Rolle zu spielen.

Dies führt uns zu der Bemerkung zurück, die wir in den „Thesen über Feuerbach„ und in der Schrift **Die deutsche Ideologie** fanden: „Das Zusammenfallen des Änderns der Umstände und der menschlichen Tätigkeit oder Selbstveränderung kann nur als revolutionäre Praxis gefaßt und rationell verstanden werden.“ (MEW 3, S. 6) Wenn Arbeiter durch die Ausbeutung, die sie im Produktionsprozeß erfahren, dazu getrieben werden, sich im Klassenkampf zu engagieren, fangen sie an, sowohl sich als auch die Gesellschaft zu verändern.

Diese Konzeption einer revolutionären Veränderung bedeutete, daß Marx eine sehr positive Haltung gegenüber Streiks und grundsätzlich gegenüber ökonomischen Klassenkämpfen einnahm, durch welche sich Arbeiter, in Gewerkschaften organisiert, bemühten, ihre Bedingungen im Rahmen des Kapitalismus zu verbessern. Dies wiederum unterschied Marx von den anderen Sozialisten seiner Zeit. Er schrieb über diese, wenn sie konfrontiert sind mit „Streiks, Koalitionen und den anderen Formen, unter welchen die Proletarier vor unseren Augen ihre Organisationen als Klasse vollziehen, so werden die einen von einer wirklichen Furcht befallen, während die anderen eine *transzendentale* Geringschätzung an den Tag legen.“ (MEW 4, S. 181) Eine derartige Haltung findet man heute noch unter manchen Sozialisten, die den Lohnkampf von Arbeitern verachten, da sie hier nur selbstsüchtige, wirtschaftliche Motive wirken sehen.

Marx hatte für diese Verachtung von Arbeiterkämpfen selbst nur Verachtung übrig. In **Lohn, Preis, Profit** widersprach er der weitverbreiteten Auffassung, die in diesem Fall von dem britischen Sozialisten John Weston, einem Anhänger Robert Owens vertreten wurde, daß nämlich der gewerkschaftliche Kampf bestenfalls unerheblich und schlimmstenfalls schädlich für den Lebensstandard der Arbeiter sei. Diese Behauptung gründete sich auf das „eherne Lohngesetz„, demzufolge die Löhne wegen des Bevölkerungsdrucks nicht über das physische Existenzminimum steigen können.

Marx benutzte die Arbeitswerttheorie, um dieses „Gesetz„ zu widerlegen. Er zeigte, daß, „der Wert der Arbeit in jedem Land bestimmt [ist] durch einen *traditionellen Lebensstandard* … die Befriedigung bestimmter Bedürfnisse, entspringend aus den gesellschaftlichen Verhältnissen, in die Menschen gestellt sind und unter denen sie aufwachsen“, während das Existenzminimum zugleich eine „äußerste Grenze“ darstellt, unter die die Löhne nicht fallen können, ohne die Reproduktion der Arbeitskraft zu gefährden. (MEW 16, S. 248)

Außerdem, „was aber die Profite angeht, so gibt es kein Gesetz, das ihr *Minimum* bestimmt.“ Die maximale Profitrate ist „begrenzt durch das physische Minimum des Arbeitslohns und das physische Maximum des Arbeitstages. ... Die Fixierung ihres faktischen Grads erfolgt nur durch das unaufhörliche Ringen zwischen Kapital und Arbeit ... Die Frage löst sich auf in die Frage nach dem Kräfteverhältnis der Kämpfenden.“ (MEW 16, S. 149)

Aber es war nicht in erster Linie die Rolle, die Streiks für die Verteidigung oder Erhöhung des Lebensstandards der Arbeiter spielten, die Marx dazu brachte, ihnen eine derart große Bedeutung zuzuschreiben. Der entscheidende Grund war, daß sie dazu beitrugen, das Bewußtsein und die Organisation der Arbeiterklasse auf ein höheres Niveau zu heben. 1853 kommentierte Marx eine Welle von Streiks in Lancashire und den Midlands, die ihre Stoßkraft von ungelernten und unorganisierten Arbeitern erhielten, und schrieb:

> „Es gibt eine Kategorie von Philanthropen und sogar Sozialisten, die Streiks als sehr schädlich für die Interessen des ‘Arbeiters selbst’ erachten und die ihre Hauptaufgabe darin sehen, eine Methode zu finden, ständige Durchschnittslöhne zu sichern. Abgesehen davon, daß die Tatsache des industriellen Zyklus mit seinen verschiedenen Phasen alle solche Durchschnittslöhne unmöglich macht, bin ich ganz im Gegenteil davon überzeugt, daß das aufeinanderfolgende Steigen und Fallen der Löhne und die ständigen daraus resultierenden Konflikte zwischen Fabrikanten und Arbeitern in der gegenwärtigen Organisation der Produktion die unerläßlichen Mittel sind, den Kampfgeist der Arbeiterklasse lebendig zu halten, diese in einer einzigen großen Vereinigung gegen die Übergriffe der herrschenden Klasse zusammenzufassen und sie davon abzuhalten, zu Mitleid heischenden, gedankenlosen, mehr oder weniger gut genährten Produktionsinstrumenten zu werden. In einer Gesellschaftsordnung, die auf dem Antagonismus der Klassen beruht, müssen wir, wenn

> wir die Sklaverei nicht nur in Worten, sondern auch in Taten verhüten wollen, den Kampf aufnehmen. Um den Wert von Streiks und Koalitionen richtig zu würdigen, dürfen wir uns nicht durch die scheinbare Bedeutungslosigkeit ihrer ökonomischen Resultate täuschen lassen, sondern müssen vor allen Dingen ihre moralischen und politischen Auswirkungen im Auge behalten. Ohne die längeren aufeinanderfolgenden Phasen von Abspannung, Prosperität, Aufschwung, Krise und Elend, welche die moderne Industrie in periodisch wiederkehrende Zyklen durchläuft, mit dem daraus resultierenden Auf und Ab der Löhne sowie dem ständigen Kampf zwischen Fabrikanten und Arbeitern, der in genauer Übereinstimmung mit jenen Schwankungen in den Löhnen und Profiten verläuft, würde die Arbeiterklasse Großbritanniens und ganz Europas eine niedergedrückte, charakterschwache, verbrauchte, unterwürfige Masse sein, deren Emanzipation aus eigner Kraft sich als ebenso unmöglich erweisen würde wie die der Sklaven des antiken Griechenland und Roms." (MEW 9, S. 170f.)

Engels äußerte sich ganz im Sinne von Marx, als er mehr als zwanzig Jahre später das Gothaer Programm, das von der deutschen Sozialdemokratischen Partei 1875 angenommen wurde, kritisierte, weil, neben anderen Irrtümern und Unterlassungen,

> „von der Organisation der Arbeiterklasse als Klasse vermittels der Gewerksgenossenschaften gar keine Rede ist. Und das ist ein sehr wesentlicher Punkt, denn dies ist die eigentliche Klassenorganisation des Proletariats, in der es seine täglichen Kämpfe mit dem Kapital durchficht, in der es sich schult und die heutzutage bei der schlimmsten Reaktion ... platterdings nicht mehr kaputtzumachen ist." (MEW 34, S. 128)

Der gewerkschaftliche Kampf ist jedoch kein Selbstzweck. Marx hatte argumentiert, daß die Höhe der Profitrate von dem „Kräfteverhältnis der Kämpfenden" abhängt. Aber diese Kräfte sind ungleich. Weil das Kapital die Produktionsmittel kontrolliert, kann es den Arbeitsprozeß so umorganisieren, daß die Menge der beschäftigten Arbeitskräfte abgebaut wird und die Arbeitslosigkeit ansteigt, wodurch die Position der Arbeiter im Produktionsprozeß geschwächt wird. „In seiner rein ökonomischen Aktion [ist] das Kapital der stärkere Teil." (MEW 16, S. 149)

> „Gewerkschaften tun gute Dienste als Sammelpunkte des Widerstands gegen die Gewalttaten des Kapitals. Sie verfehlen ihren Zweck zum Teil, sobald sie von ihrer Macht einen unsachgemäßen Gebrauch machen. Sie verfehlen ihren Zweck gänzlich, sobald sie sich darauf beschränken, einen Kleinkrieg gegen die Wirkungen des bestehenden Systems zu führen, statt gleichzeitig zu versuchen, es zu ändern, statt ihre organisierten Kräfte zu gebrauchen als einen Hebel zur schließlichen Befreiung der Arbeiterklasse, d. h. zur endgültigen Abschaffung des Lohnsystems." (MEW 16, S. 152)

Gewerkschaften halten die Existenz des Verhältnisses von Kapital und Lohnarbeit für selbstverständlich. Sie versuchen einfach, innerhalb diese Verhältnisses die Position der Arbeiter zu verbessern. Aber Lohnarbeit ist nur die Form, durch die den Arbeitern der Mehrwert abgerungen wird. Die Überlegenheit der Kapitalisten im Produktionsprozeß bringt es mit sich, daß jeder Sieg über sie nur vorübergehend sein kann und erneut bedroht ist, sobald sich das Gleichgewicht der Kräfte zugunsten des Kapitals verschiebt. Die einzige beständige Sicherheit besteht darin, das kapitalistische System zu stürzen, was bedeutet, die Lohnarbeit selbst aufzuheben. „Statt des *konservativen* Mottos: *'Ein gerechter Tagelohn für ein gerechtes Tagewerk!'"*, sagte Marx, sollten Arbeiter „auf ihr Banner die *revolutionäre* Losung schreiben: *'Nieder mit dem Lohnsystem!'"* (MEW 16, S. 152)

So kann der Klassenkampf der Arbeiterklasse nur erfolgreich sein, wenn er von einem ökonomischen in einen politischen Kampf umgewandelt wird, das heißt, in den „Kampf Klasse gegen Klasse", in dem sich Arbeiter ihres historischen Interesses bewußt werden und versuchen, den Kapitalisten die politische Macht zu entreißen. Marx glaubte, daß dem ökonomischen Klassenkampf in der Tat eine Tendenz innewohne, politisch zu werden.

Der Kampf um die gesetzliche Beschränkung des Arbeitstages war ein Beispiel dafür. Sie war „das Produkt eines langwierigen, mehr oder minder versteckten Bürgerkriegs zwischen der Kapitalistenklasse und der Arbeiterklasse." (MEW 23, S. 316) Jedenfalls „war das Resultat nicht durch private Vereinbarung zwischen Arbeitern und Kapitalisten zu erreichen." Es wurde erreicht „durch *legislative Einmischung"*, indem der Staat ein Gesetz verabschiedete. „Ohne den ständigen Druck der Arbeiter von außen hätte diese Einmischung nie stattgefunden." (MEW 16, S. 149)

Marx glaubte, daß der Klassenkampf sich weiterentwickeln würde von einem Kampf zwischen Kapital und Arbeit in einzelnen Betrieben oder Wirtschaftszweigen zu einer umfassenden Konfrontation zwischen den beiden Klassen, in der der Staat eine immer bedeutendere Rolle spielen würde. Marx begrüßte diese Entwicklung. Er verachtete Leute wie Bakunin und Proudhon, die sich dagegen stellten, daß der Klassenkampf eine politische Form annimmt. Er glaubte, daß die Arbeiterklasse sich nur selber befreien könne, indem sie die Macht ergreift, den kapitalistischen Staatsapparat zerstört und eine neue Staatsform errichtet, die von den Arbeitern kontrolliert wird. „Politische Macht zu erobern", erklärte Marx in der **Inauguraladresse der Internationalen Arbeiterassoziation**, „ist die große Pflicht der Arbeiterklassen." (MEW 16, S. 12)

Die beiden Arten des Kampfes würden zusammenwirken:

> „Die politische Bewegung der Arbeiterklasse hat natürlich zum Endzweck die Erobrung der politischen Macht für sie, und dazu ist natürlich eine bis zu einem gewissen Punkt entwickelte vorherige Organisation der Arbeiterklasse, die aus ihren ökonomischen Kämpfen selbst erwächst.
> Andrerseits ist aber jede Bewegung, worin die Arbeiterklasse als *Klasse* den herrschenden Klassen gegenübertritt und sie durch Druck von außen zu zwingen versucht, eine politische Bewegung. Z. B. der Versuch, in einer einzelnen Fabrik oder auch in einem einzelnen Gewerk durch Streiks etc. Von den

> einzelnen Kapitalisten eine Beschränkung der Arbeitszeit zu erzwingen, ist eine *ökonomische* Bewegung; dagegen die Bewegung, ein Achtstunden- etc. *Gesetz* zu erzwingen, ist eine *politische* Bewegung. Und in dieser Weise wächst überall aus den vereinzelten ökonomischen Bewegungen der Arbeiter eine *politische* Bewegung hervor, d. h. eine Bewegung der *Klasse*, um ihre Interessen durchzusetzen in allgemeiner Form, in einer Form, die allgemeine, gesellschaftlich zwingende Kraft besitzt. Wenn diese Bewegungen eine gewisse vorherige Organisation unterstellen, sind sie ihrerseits ebensosehr Mittel der Entwicklung dieser Organisation.
> Wo die Arbeiterklasse noch nicht weit genug in ihrer Organisation fortgeschritten ist, um gegen die Kollektivgewalt, d. h. die politische Gewalt, der herrschenden Klassen einen entscheidenden Feldzug [zu] unternehmen, muß sie jedenfalls dazu geschult werden durch fortwährende Agitation gegen die (und feindselige Haltung zur) Politik der herrschenden Klassen. Im Gegenfall bleibt sie Spielball in deren Hand." (MEW 33, S. 332f.)

Solange sich die Arbeiterklasse auf einen rein ökonomischen Kampf beschränkt, bleibt sie der politischen und ideologischen Vorherrschaft des Kapitals unterworfen. Denn der gewerkschaftliche Kampf fordert nicht die Existenz der kapitalistischen Produktionsverhältnisse heraus, er kämpft „gegen Wirkungen ..., nicht aber gegen die Ursachen dieser Wirkungen" (MEW 16, S. 152). Die politische Organisation der Arbeiterklasse, die Bildung einer Arbeiterpartei, sei notwendig, um die vollständige Unabhängigkeit des Proletariats von der Bourgeoisie zu erreichen, sagte Marx.

Im Anschluß an die Niederlage der Revolution von 1848 warnten Marx und Engels vor der Gefahr, in der sich die deutsche Arbeiterbewegung befand, nämlich in ein breites, klassenübergreifendes Bündnis zu versinken, das das Kleinbürgertum und sogar Teile der Bourgeoisie umfaßte. Dabei besannen sie sich auf ihre eigenen Erfahrungen von 1848/49, als sie selbst Zeugen waren, wie sich der Bund der Kommunisten aufgelöst hatte und sie statt dessen den äußersten linken Flügel der bürgerlich-demokratischen Bewegung bildeten.

> „Im gegenwärtigen Augenblicke [März 1850], wo die demokratischen Kleinbürger überall unterdrückt sind, predigen sie dem Proletariat im allgemeinen Einigung und Versöhnung, sie bieten ihm die Hand un streben nach der Herstellung einer großen Oppositionspartei, die alle Schattierungen in der demokratischen Partei umfaßt, das heißt, sie streben danach, die Arbeiter in eine Parteiorganisation zu verwickeln, in der die allgemein sozial-demokratischen Phrasen vorherrschend sind, hinter welchen ihre besonderen Interessen sich verstekken, und in der die bestimmten Forderungen des Proletariats um des lieben Friedens willen nicht vorgebracht werden dürfen. Eine solche Vereinigung würde allein zu ihrem Vorteile und ganz zum Nachteile des Proletariats ausfallen. Das Proletariat würde seine ganze selbständige, mühsame erkaufte Stellung verlieren und wieder zum Anhängsel der offiziellen bürgerlichen Demokratie herabsinken. Diese Vereinigung muß also auf das entschiedenste zurückgewiesen werden. Statt sich abermals herabzulassen, den bürgerlichen Demokraten als beifallklatschender Chor zu dienen, müssen die Arbeiter, vor allem der Bund, dahin wirken, neben den offiziellen Demokraten eine selbständige geheime und öffentliche Organisation der Arbeiterpartei herzustellen und jede Gemeinde zum Mittelpunkt und Kern von Arbeitervereinen zu machen, in denen die Stellung und Interessen des Proletariats unabhängig von bürgerlichen Einflüssen diskutiert werden." (MEW 7, S. 248f.)

Die Arbeiterklasse muß ihre eigene Partei aufbauen, damit sie nicht zum „beifallklatschendem Chor", zum „Anhängsel" der Bourgeoisie wird. Einige Kommentatoren haben argumentiert, daß jene „Ansprache der Zentralbehörde an den Bund (der Kommunisten) vom März 1850", aus dem die obige Passage entnommen ist, zu einer Zeit geschrieben wurde, als Marx und Engels den Ideen von Auguste Blanqui nahestanden, der, wie wir wissen, glaubte, daß eine geheime Verschwörerorganisation anstelle der Arbeiterklasse die Macht ergreifen könnte.

Marx und Engels jedoch schwankten nie in ihrem Schlachtruf, „daß die Emanzipation der Arbeiterklasse durch die Arbeiterklasse selbst erobert werden muß" (MEW 16, S. 15). Genau zur selben Zeit, als sie die „Ansprache" im März 1850 schrieben, zeichneten sie ein brillantes Porträt des professionellen blanquistischen Verschwörers, arbeitslos, in Kneipen herumhängend, mit einem zwieschlächtigen Verhältnis zur Geheimpolizei, welche recht froh war, ihn für ihre eigenen Zwecke zu gebrauchen, eher zum Lumpenproletariat als zur Arbeiterklasse gehörend.

> „Es versteht sich, daß diese Konspirateure sich nicht darauf beschränken, das revolutionäre Proletariat überhaupt zu organisieren. Ihr Geschäft besteht gerade darin, dem revolutionären Entwicklungsprozeß vorzugreifen, ihn künstlich zur Krise zu treiben, eine Revolution aus dem Stegreif, ohne die Bedingungen einer Revolution zu machen. Die einzige Bedingung der Revolution ist für sie die hinreichende Organisation ihrer Verschwörung. Sie sind die Alchimisten der Revolution und teilen ganz die Ideenzerrüttung und die Borniertheit in fixen Vorstellungen der früheren Alchimisten. Sie werfen sich auf Erfindungen, die revolutionäre Wunder verrichten sollen: Brandbomben, Zerstörungsmaschinen von magischer Wirkung, Emeuten, die um so wundertätiger und überraschender wirken sollen, je weniger sie einen rationellen Grund haben. Mit solcher Projektmacherei beschäftigt, haben sie keinen anderen Zweck als den nächsten des Umsturzes der bestehenden Regierung und verachten aufs tiefste die mehr theoretische Aufklärung der Arbeiter über ihre Klasseninteressen." (MEW 7, 273f.)

Die Aufgabe der Kommunisten ist also nicht, sich an die Stelle der Arbeiterklasse zu setzen und „dem revolutionären Entwicklungsprozeß vorzugreifen", indem sie versuchen, als aufgeklärte und verschwörerische Minderheit die Macht zu erlangen. Die Aufgabe von Kommunisten ist es vielmehr, „das revolutionäre Proletariat überhaupt zu organisieren" und dessen „theoretische Aufklärung" zu betreiben.

In diesem Licht müssen wir diese berühmten Zeilen des Kommunistischen Manifest verstehen:

„Die Kommunisten sind keine besondere Partei gegenüber den anderen Arbeiterparteien.
Sie haben keine von den Interessen des ganzen Proletariats getrennten Interessen.
Sie stellen keine besonderen Prinzipien auf, wonach sie die proletarische Bewegung modeln wollen.
Die Kommunisten unterscheiden sich von den übrigen proletarischen Parteien nur dadurch, daß einerseits sie in den verschiedenen nationalen Kämpfen der Proletarier die gemeinsamen, von der Nationalität unabhängigen Interessen des gesamten Proletariats hervorheben und zur Geltung bringen, andrerseits dadurch, daß sie in den verschiedenen Entwicklungsstufen, welche der Kampf zwischen Proletariat und Bourgeoisie durchläuft, stets das Interesse der Gesamtbewegung vertreten.
Die Kommunisten sind also praktisch der entschiedenste, immer weiter treibende Teil der Arbeiterparteien aller Länder; sie haben theoretisch vor der übrigen Masse des Proletariats die Einsicht in die Bedingungen, den Gang und die allgemeinen Resultate der proletarischen Bewegung voraus."
(MEW 4, S. 474)

Die revolutionäre Partei ist deshalb keine Einrichtung getrennt von der Arbeiterklasse, die in deren Namen handelt. Sie ist vielmehr *Teil,* „der entschiedenste, immer weiter treibende Teil" der Klasse, der ein klares und wissenschaftliches Verständnis der Bedingungen, unter denen die Arbeiterbewegung erfolgreich sein kann, besitzt. Deshalb kämpft sie für die breitest mögliche Einheit der Arbeiter, indem sie versucht, nationale und rassistische Spaltungen, die vom Kapitalismus gefördert werden, zu bekämpfen.

Bei all dem ist die Aufgabe der Kommunisten, die Selbsterziehung der Arbeiterklasse zu fördern. Wir haben gesehen, wie Marx zufolge die Arbeiter im Kampf lernen. Wenn Arbeiter in Streiks verwickelt sind und dadurch die Unternehmer und den Staat konfrontieren, stoßen ihre direkten Erfahrungen aufs schärfste mit dem Weltbild zusammen, das ihnen von den Institutionen der kapitalistischen Gesellschaft vermittelt wurde. Die revolutionäre Partei muß sich auf diese

Kämpfe orientieren, sagt Marx, weil die Arbeiter hier für den Kommunismus am zugänglichsten sind.

Marx und Engels betonten ihr ganzes Leben lang die Bedeutung des Klassenkampfs als Schule revolutionärer Politik. Als sie im September 1850 aus dem Deutschen Bildungsverein für Arbeiter in London austraten und den organisatorischen Bruch mit einer blanquistischen Tendenz im Bund der Kommunisten durchführten, prangerte Marx deren Vertreter an, von denen „statt der wirklichen Verhältnisse der *Wille* als Hauptsache in der Revolution hervorgehoben“ werde. „Während wir den Arbeitern sagen: Ihr habt 15, 20, 50 Jahre Bürgerkrieg durchzumachen, um die Verhältnisse zu ändern, um euch selbst zur Herrschaft zu befähigen ...“ (MEW 8, S. 598) (Marx meint nicht wörtlich fünfzig Jahre ununterbrochenen bewaffneten Kampfes; er benutzt „Bürgerkrieg“ oft als Metapher für den Klassenkampf.)

Ähnlich kritisierte Engels in den 1880er und 1890er Jahren die ersten marxistischen Gruppen in Großbritannien und in den USA, die „die marxistische Theorie der Entwicklung auf eine strikte Rechtgläubigkeit [reduzieren], welche Arbeiter nicht als Ergebnis ihrer Klassenkämpfe erreichen, sondern die wie ein Glaubensartikel auf einmal und ohne Entwicklung in ihre Hälse gestopft wird“. Als er über Amerika schrieb, führte er aus:

> „Die Massen müssen Zeit und Gelegenheit haben, sich zu entwickeln, und die Gelegenheit haben sie erst, so bald sie eine eigne Bewegung haben – einerlei in welcher Form, sobald es nur *ihre eigne* Bewegung ist –, in der sie durch ihre eignen Fehler weitergetrieben werden, durch Schaden klug werden... (MEW 36, S. 579)
> Was die Deutschen [die meisten amerikanischen Marxisten waren bis in die 30er Jahre des 20. Jh. deutscher oder russischer Herkunft] tun sollten, ist, gemäß ihrer eignen Theorie zu handeln – wenn sie es verstehen, wie wir 1845 und 1848 –, für jede wirkliche allgemeine Bewegung der Arbeiterklasse einzutreten, deren faktischen Ausgangspunkt als solchen zu akzeptieren und sie schrittweise dadurch auf die theoretische

Höhe zu bringen, daß sie zeigen, wie jeder begangene Fehler, jede erlittene Schlappe als notwendige Folge falscher theoretischer Ansichten im ursprünglichen Programm war." (MEW 36, S. 589)

Innerhalb dieses allgemeinen Entwurfs, wie die Arbeiterklasse eine „Klasse für sich" werden würde, hatten Marx und Engels eine ziemlich nüchterne Herangehensweise an die Frage, wie man sich organisieren sollte. In den 40er Jahren des achtzehnten Jahrhunderts kämpften sie dafür, eine gesonderte Kommunistische Partei aufzubauen, die zum Ziel haben sollte, die allgemeine Entwicklung der Arbeiterbewegung anzutreiben und nicht geheime Verschwörungen durchzuführen. Nachdem sich der Bund 1852 aufgelöst hatte, hielten sie sich bis 1864 von systematischen praktischen Aktivitäten fern. Obwohl Marx einen enormen Einfluß auf die Internationale ausübte, war dies ein Zusammenschluß von unterschiedlichen Gruppierungen, die unvermeidlich unter dem Druck innerer Widersprüche zerfallen mußte. Marx und Engels hatten die Tendenz, sich auf „unsere Partei" zu beziehen, selbst wenn keine auch nur ansatzweise kommunistische Organisation existierte.

Diese Einstellung war mit einer manchmal recht fatalistischen Haltung verbunden, die die Herausbildung eines revolutionären Klassenbewußtseins als das unvermeidliche Ergebnis eines natürlichen Entwicklungsprozesses betrachtete. Engels schrieb zum Beispiel 1886: „Die Hauptsache ist, zu erreichen, daß die Arbeiterklasse *als Klasse* handelt; ist das erst erreicht, so wird sie bald die rechte Richtung finden und alle, die widerstreben … werden mit ihren kleinen eigenen Sekten kaltgestellt werden." (MEW 36, S. 589) Diese und ähnliche Äußerungen legen nahe, daß Marx und Engels glaubten, die Logik des historischen Prozesses garantiere irgendwie, daß die Arbeiterklasse sozialistisches Bewußtsein erlange. Wenn man diesen Ansatz auf die Spitze treibt, führt er zu der Ansicht, daß die Arbeiterrevolution selbst unvermeidlich ist. Marx schreibt im **Kapital**, daß sie „mit der

Notwendigkeit eines Naturprozesses" (MEW 23, S. 791) stattfinden wird.

Diese Haltung widerspricht der Hauptstoßrichtung von Marx Geschichtskonzeption, derzufolge „Menschen ihre Geschichte machen, aber sie machen sie nicht aus freien Stükken" (MEW 8, S. 115).

Tatsächlich scheint es so, als sei die Geschichte ein Moloch, der sein eigenes Ende unabhängig vom Glauben und Handeln der Menschen herbeiführt. Das **Kommunistische Manifest** hatte gewarnt, daß der Klassenkampf auf zweierlei Weisen ausgehen könnte: „Mit einer revolutionäre Umgestaltung der ganzen Gesellschaft oder ... mit dem gemeinsamen Untergang der kämpfenden Klassen." (MEW 4, S. 462) Aber wenn der Sieg der Arbeiterklasse unvermeidlich ist, warum soll man sich dann bemühen und kämpfen?

Es wird verständlich, warum Marx und Engels soviel Wert auf die Entwicklung des Klassenbewußtsein als objektiven Prozeß gelegt haben, wenn wir uns daran erinnern, daß die meisten Revolutionäre des neunzehnten Jahrhunderts den Fall des Kapitalismus als „das Ergebnis eines *Willensaktes*", das Produkt einer elitären Verschwörung betrachteten. Mehr noch, ihr politisches Leben fiel großenteils in eine Zeit, als die Gewerkschaften nur einen sehr kleinen und zumeist hochprivilegierten Teil der Facharbeiter organisierten. Erst gegen Ende von Engels Leben und besonders nach der Gründung der Zweiten Internationale 1889 entstand in Europa eine Massenbewegung der Arbeiterklasse, die Millionen von Arbeitern in Gewerkschaften organisierte und ihre Stimmen in Wahlen zu den bürgerlichen Parlamenten gewann, die zunehmend auf Grundlage des allgemeinen Wahlrechts zustande kamen.

Erst dann kamen die Gefahren von Marx und Engels Parteiverständnis zur Geltung. Denn die neue Massenbewegung der Arbeiter brachte eine konservative Bürokratie sowohl in der Partei als auch in den Gewerkschaften hervor, die ihre Rolle darauf beschränkt sah, Verbesserungen für die Arbeiter im Rahmen des Kapitalismus auszuhandeln. Diese „Arbeiter-Offiziere des Kapitals", wie der amerikanische Revolutionär

Daniel de Leon sie nannte, konnten ganz zufrieden mit einer formalen Verpflichtung auf den Marxismus auskommen. Die deutsche Sozialdemokratische Partei (SPD), die 1891 ein marxistisches Programm annahm, wurde von Karl Kautsky geführt, dem theoretischen „Papst“ der Zweiten Internationale, der die Unvermeidlichkeit der proletarischen Revolution predigte, während die Partei- und Gewerkschaftsführer sich allmählich dem deutschen Kapital und Staat anpaßten. In seinen letzten Jahren warnte Engels mehrmals vor dieser Entwicklung, die in der Unterstützung des Ersten Weltkrieges durch die SPD 1914 ihren Höhepunkt fand.

Es blieb Lenin und den Bolschewiki in Rußland überlassen, ein anderes Verständnis der Arbeiterpartei zu entwickeln, das dem Geist der Ideen von Marx und Engels näher stand, wenn auch nicht den Buchstaben ihrer Schriften.

Genau wie letzterer im März 1850 argumentiert hatte, daß die politische Unabhängigkeit der Arbeiterklasse eine besondere Kommunistische Partei erforderte, drängte Lenin darauf, daß eine solche Partei eine feste Verpflichtung auf revolutionäre Prinzipien, welche all jene ausschloß, die diese Prinzipien nicht in Wort und Tat akzeptierten, mit einer ständigen und aktiven Beteiligung am Leben und an den Kämpfen der Arbeiterklasse verbinden sollte. Auf diese Weise wurde Marxens grundlegender Gedanke bewahrt, daß nämlich die Arbeiterklasse eine „Klasse für sich“ als Ergebnis einer ständigen Wechselwirkung zwischen der Partei und dem Rest der Klasse werden würde.

Die Diktatur des Proletariats

Wie wir gesehen hatten, glaubte Marx, daß der Kampf der Arbeiterklasse sich zunehmend in eine politische Bewegung verwandeln würde, dessen Ziel die Eroberung der Staatsmacht sein würde. Er glaubte, daß der Staat ein Produkt der Klassenauseinandersetzungen und ein Instrument der Klassenunterdrückung sei: „Die politische Gewalt im eigentlichen Sinn ist die organisierte Gewalt einer Klasse zur Unterdrückung einer anderen.“ (MEW 4, S. 482) Die Arbeiterklasse könne deswegen nur durch den Umsturz des kapitalistischen Staates den Sieg erringen. Das Kommunistische Manifest erklärt, „daß der erste Schritt in der Arbeiterrevolution die Erhebung des Proletariats zur herrschenden Klasse … ist“. (MEW 4, S. 481)

Marx ließ von Anfang an keinen Zweifel daran, daß diese Veränderung nicht friedlich erreicht werden könne, sondern die Zerstörung der existierenden Staatsmaschinerie erfordere. Im **Achtzehnten Brumaire** zeichnete er die Entwicklung des modernen kapitalistischen Staates in Frankreich „mit [seiner] ungeheuern bürokratischen und militärischen Organisation, mit [seiner] weitschichtigen und künstlichen Staatsmaschinerie, ein Beamtenheer von einer halben Million neben einer Armee von einer anderen halben Million, dieser fürchterliche Parasitenkörper“ (MEW 8, S. 196) nach, dessen Sieg Napoleon III. verkörperte. Marx bemerkte: „Alle Umwälzungen vervollkommneten diese Maschine statt sie zu brechen. Die Parteien, die abwechselnd um die Herrschaft rangen, betrachteten die Besitznahme dieses ungeheuren Staatsgebäudes als die Hauptbeute des Siegers.“ (MEW 8, S. 197) Die Arbeiterrevolution würde „alle ihre Kräfte der Zerstörung gegen sie … konzentrieren.“ (MEW 8, S. 197)

Während der Pariser Kommune von 1871, schrieb Marx einem seiner Unterstützer, Ludwig Kugelmann:

> „Wenn Du das letzte Kapitel meines ‘Achtzehnten Brumaire’ nachsiehst, wirst Du finden, daß ich als nächsten Versuch der französischen Revolution ausspreche, nicht mehr wie bisher die bürokratisch-militärische Maschinerie von der einen Hand in die andre zu übertragen, sondern sie zu *zerbrechen,* und dies ist die Vorbedingung jeder wirklichen Volksrevolution auf dem Kontinent.“ (MEW 33, S. 205)

Marx stellte in seiner Schrift **Die Klassenkämpfe in Frankreich** fest, daß auf den Ruinen des kapitalistischen Staates „die *Klassendiktatur* des Proletariats als notwendiger Durchgangspunkt zur *Abschaffung der Klassenunterschiede überhaupt*“ (MEW 7, S. 89) aufgebaut werden würde. Diese bekannte Formel von der „Diktatur des Proletariats“ sorgt bei vielen für Bauchschmerzen. In einen Jahrhundert, das Stalins blutigen Despotismus gesehen hat, ist es leicht zu glauben, daß die „Diktatur des Proletariats" eine Diktatur einer kleinen Minderheit *über* die Arbeiterklasse ist. Und dies ist tatsächlich die Ansicht Blanquis, der die Formel prägte.

Wir sollten uns aber daran erinnern, daß im neunzehnten Jahrhundert der Ausdruck „Diktatur" nicht so stark mit den Bilder von Geheimpolizei und Konzentrationslagern assoziiert war. Gebildeten Menschen wären sich darüber im klaren gewesen, daß der Diktator ursprünglich ein Beamter der antiken römischen Republik war, der in Notzeiten für eine begrenzte Zeit von sechs Monaten zum Herrscher ernannt wurde. Tatsächlich sah Marx die Diktatur des Proletariats als etwas *Temporäres*, als „notwendigen Durchgangspunkt" zwischen dem Kapitalismus und einer klassenlosen kommunistischen Gesellschaft.

Darüber hinaus glaubten Marx und Engels, wie wir gesehen hatten, daß der Staat in erster Linie ein Zwangsinstrument war, wie Lenin es kurz und bündig ausdrückte, „eine besondere Formation bewaffneter Menschen". In dieser Hinsicht würde die Diktatur des Proletariats sich nicht von irgendeiner vorangegangenen Staatsform unterscheiden, da sie alle auf Zwang aufgebaut waren, und sie würde auch nicht notwendigerweise irgendwie willkürlicher oder repressiver als ihre Vorgänger sein.

Der Hauptunterschied der Diktatur des Proletariats bestünde genau darin, daß sie das „als herrschende Klasse organisierte *Proletariat*" (MEW 4, S. 481) ist (Kursiv von mir). Zum ersten Mal in der Geschichte würden die direkten Produzenten, die Masse der normalen, arbeitenden Menschen, den Staat kontrollieren. Tatsächlich würden sie der Staat *sein*. Der Staat hätte aufgehört, ein Mittel in den Händen einer ausbeutenden Minderheit zur Beherrschung der ausgebeuteten Mehrheit zu sein. Er wäre die Diktatur der Mehrheit über die Minderheit.

Während Marx die wichtigsten Umrisse dieser Konzeption der Diktatur des Proletariats bereits nach der Revolution von

1848 erarbeitet hatte, war sie in der bisher beschriebenen Form ziemlich abstrakt. Es war keine theoretische Analyse, die Marxens Konzept der Arbeitermacht eine endgültige und konkrete Gestalt gab, sondern die Handlungen der Pariser Arbeiter 1871. Engels schrieb 20 Jahre später:

> „Der deutsche Philister ist neuerdings wieder in heilsamen Schrecken geraten bei dem Wort: Diktatur des Proletariats. Nun gut, ihr Herren, wollt ihr wissen, wie diese Diktatur aussieht? Seht euch die Pariser Kommune an. Das war die Diktatur des Proletariats." (MEW 22, S. 199)

Kurz nach der Niederlage der Kommune schrieb Marx im **Bürgerkrieg in Frankreich**:

> „sie [war] eine durch und durch ausdehnungsfähige politische Form ..., während alle früheren Regierungsformen wesentlich unterdrückend gewesen waren. Ihr wahres Geheimnis war dies: Sie war wesentlich eine *Regierung der Arbeiterklasse*, das Resultat des Kampfs der hervorbringenden gegen die aneignende Klasse, die endlich entdeckte politische Form, unter der die ökonomische Befreiung der Arbeit sich vollziehen konnte." (MEW 17, S. 342)

Was waren die Haupteigenschaften dieser politischen Form?

> „Das erste Dekret der Kommune war ... die Unterdrückung des stehenden Heeres und seine Ersetzung durch das bewaffnete Volk.
>
> Die Kommune bildete sich aus den durch allgemeines Stimmrecht in den verschiedenen Bezirken von Paris gewählten Stadträten. Sie waren verantwortlich und jederzeit absetzbar. Ihre Mehrzahl bestand selbstredend aus Arbeitern oder anerkannten Vertretern der Arbeiterklasse. Die Kommune sollte nicht eine parlamentarische, sondern eine arbeitende Körperschaft sein, vollziehend und gesetzgebend zu gleicher Zeit. Die Polizei, bisher Werkzeug der Staatsregierung, wurde sofort aller ihrer politischen Eigenschaften entkleidet und in das verantwortliche und jederzeit absetzbare Werkzeug der Kommune verwandelt. Ebenso die Beamten

aller andern Verwaltungszweige. Von den Mitgliedern der Kommune an abwärts, mußte der öffentliche Dienst für *Arbeiterlohn* besorgt werden ...
Die richterlichen Beamten verloren jene scheinbare Unabhängigkeit, die nur dazu gedient hatte, ihre Unterwürfigkeit unter alle aufeinanderfolgenden Regierungen zu verdecken, deren jeder sie, der Reihe nach, den Eid der Treue geschworen und gebrochen hatten. Wie alle übrigen öffentlichen Diener, sollten sie fernerhin gewählt, verantwortlich und absetzbar sein." (MEW 17, S. 338f.)

Marx und Engels glaubten, wie wir bereits gesehen hatten, daß der Staat „die Einrichtung einer öffentlichen Gewalt, welche nicht mehr unmittelbar zusammenfällt mit der sich selbst als bewaffnete Macht organisierenden Bevölkerung„ (MEW 21, S. 165) voraussetzte. Die gesamte Stoßrichtung der Maßnahmen der Kommune war, diese Trennung des Staates von der Masse der Bevölkerung niederzureißen, und ihn ihrer Kontrolle zu unterwerfen. In diesem Sinne ist die Diktatur des Proletariats eine höhere Form der Demokratie als alles, was man in bürgerlichen Gesellschaften je finden wird. „Freiheit", schrieb Marx, „besteht darin, den Staat aus einem der Gesellschaft übergeordneten in ein ihr durchaus untergeordnetes Organ zu verwandeln ..." (MEW 19, S. 27)

Die Kommune machte nicht mit einer repräsentativen Regierung Schluß, das heißt mit der Wahl von Menschen mit der Ermächtigung, Gesetze zu verabschieden und durchzusetzen. Dennoch, in einer bürgerlichen Demokratie bedeutet eine repräsentative Regierung „einmal in drei oder sechs Jahren zu entscheiden, welches Mitglied der herrschenden Klasse das Volk im Parlament ver- und zertreten soll" (MEW 17, S. 340). Die Wähler haben keine Kontrolle darüber, was ihre Vertreter nach ihrer Wahl tun, und wenn sich die Parteien zur Wiederwahl stellen, ist die Wahl normalerweise die des kleineren Übels. Darüber hinaus hat das Parlament selbst wenig Kontrolle über die Quelle der wirklichen politischen Macht, die ungewählte zivile und militärische Bürokratie.

In der Kommune jedoch waren alle öffentlichen Beamten nicht nur gewählt, sondern waren auch jederzeit von denen, die sie gewählt hatten, abwählbar. In dieser Hinsicht

> „sollte das allgemeine Stimmrecht dem in Kommunen konstituierten Volk dienen, wie das individuelle Stimmrecht jedem andern Arbeitgeber dazu dient, Arbeiter, Aufseher und Buchhalter in seinem Geschäft auszusuchen. Und es ist bekannt genug, daß Gesellschaften ebensogut wie einzelne, in wirklichen Geschäftssachen gewöhnlich den rechten Mann zu finden und, falls sie sich einmal täuschen, dies bald wieder gutzumachen wissen." (MEW 17, S. 340)

Die Macht, unbefriedigende Vertreter abzuwählen, würde offensichtlich die öffentliche Kontrolle über die Regierung massiv erhöhen. Gleichzeitig würde die Abschaffung des stehenden Heeres bedeuten, daß die Zwangsmittel in den Händen der „sich selbst als bewaffnete Macht organisierende Bevölkerung" lägen. Der Staat würde aufhören, eine „Einheit ..., unabhängig und überlegen ... gegenüber der Nation, an deren Körper sie doch nur ein Schmarotzerauswuchs war" (MEW 17, S. 340), zu sein.

Die Erfahrung der Pariser Kommune bestärkte und entwickelte so Marxens grundsätzliche Einsicht, daß „die Arbeiterklasse ... die fertige Staatsmaschinerie [nicht] einfach in Besitz nehmen und diese für ihre eigene Zwecke in Bewegung setzen [kann]" (MEW 17, S. 336). Es gibt aber zwei wichtige Einschränkungen bezüglich dieser Erfahrungen. Eine davon, bemerkte Marx, bestand in der „Gutmütigkeit" der Kommune, ihre Widerwilligkeit, gegen die bürgerlichen Feinde in Versailles die Offensive zu ergreifen und rücksichtslos gegen die drohende Konterrevolution zu handeln. (siehe z. B. MEW 33, S. 205)

Aus den Erfahrungen von 1848 hatten Marx und Engels gelernt, daß die Revolution eine Art des Krieges ist, und daß sie, wie jeder anderen Krieg, unbarmherzig und zielstrebig geführt werden muß. Angesichts der Ereignisse von 1848 stellte Engels etwas fest, was auf die Kommune und viele andere spätere Revolutionen übertragen werden kann:

> „Nun ist der Aufstand eine Kunst, genau wie der Krieg oder irgend eine andere Kunst, und gewissen Regeln unterworfen, deren Vernachlässigung zum Verderben der Partei führt, die sich ihrer schuldig macht … Erstens darf man nie mit dem Aufstand spielen, wenn man nicht fest entschlossen ist, alle Konsequenzen des Spiels auf sich zu nehmen. Der Aufstand ist eine Rechnung mit höchst unbestimmten Größen, deren Werte sich jeden Tag ändern können; die Kräfte des Gegners haben alle Vorteile der Organisation, der Disziplin und der hergebrachten Autorität auf ihrer Seite; kann man ihnen nicht mit starker Überlegenheit entgegentreten, so ist man geschlagen und vernichtet. Zweitens, hat man einmal den Weg des Aufstands beschritten, so handle man mit der größten Entschlossenheit und ergreife die Offensive. Die Defensive ist der Tod jedes bewaffneten Aufstands; er ist verloren, noch bevor er sich mit dem Feinde gemessen hat. Überrasche deinen Gegner, solange seine Kräfte zerstreut sind, sorge täglich für neue, wenn auch noch so kleine Erfolge; erhalte das moralische Übergewicht, das der Anfangserfolg der Erhebung dir verschafft hat; ziehe so die schwankenden Elemente auf deine Seite, die immer dem stärksten Antrieb folgen und sich immer auf die sicherere Seite schlagen; zwinge deine Feinde zum Rückzug, noch ehe sie ihre Kräfte gegen dich sammeln können; um mit den Worten Dantons, des größten bisher bekannten Meisters revolutionärer Taktik, zu sprechen: *Kühnheit, Kühnheit und abermals Kühnheit!*" (MEW 8, S. 95)

Die historischen Erfahrungen seit Marx und Engels haben gezeigt, daß diese Regeln des Aufstandes nur da erfolgreich angewendet werden können, wo eine revolutionäre Partei existiert, die das Ziel der Erringung der politischen Macht fest vor Augen hat. Der Sieg der russischen Arbeiterklasse im Oktober 1917 wäre ohne die Bolschewiki unter der Führung zweier größerer „Meister der revolutionären Taktik" als Danton, Lenin und Trotzki, unmöglich gewesen. Bis hierhin stimmten Marx und seine Nachfolger mit Blanqui überein: der Kampf der Arbeiterklasse um die Macht benötigt eine Partei, die bereit ist, die Kunst des Aufstandes anzuwenden. Sie unterschieden sich von Blanqui darin, daß sie darauf beharrten, daß eine solche Partei die Machtergreifung nur mit der aktiven Unterstützung der Mehrheit der Arbeiter in Angriff nehmen könnte.

Marx erkannte nicht die zweite Schwäche der Kommune. Sie wurde durch alle männlichen Bürger von Paris gewählt, das nach Bezirken eingeteilt war. Der Ausschluß der Frauen, der angesichts der herausragenden Rolle der Pariser Frauen in der Kommune besonders verwunderlich ist, spiegelte den Einfluß des Jakobinismus in der französischen Arbeiterbewegung wieder. Darüber hinaus bedeutete die Wahl der Vertreter auf der Basis von abgegrenzten Bezirken, daß die Kommune von Mitgliedern aller Klassen gewählt wurde. Genauso wie in bürgerlichen Wahlen wurden alle Bürger als gleich behandelt, unabhängig von ihrer Klassenposition. Normalerweise verbirgt die formelle Gleichheit die wirkliche Ungleichheit von Reichtum und Macht, die der bürgerlichen Demokratie zugrunde liegen. In Paris zur Zeit der Kommune hatte diese Art der Wahl nicht diese schädlichen Auswirkungen, weil der größte Teil der Bourgeoisie aus der Stadt geflohen war.

Daß die Kommune dieselbe Art der Wahl von Vertretern anwendete, die in bürgerlichen Demokratien existiert, reflektierte die Tatsache, daß 1871 die meisten französischen Arbeiter immer noch in kleinen Werkstätten schaffende Handwerker waren. Deshalb war der Arbeitsplatz nicht der Hauptbrennpunkt der Organisation und Aktion der Arbeiterklasse. Die Arbeiter konnten ihre kollektive Macht nur auf der Straße ausüben, und nicht innerhalb des Produktionsprozesses.

Erst nach der Entstehung der modernen industriellen Arbeiterklasse, organisiert in großen Fabriken mit maschineller Produktion, tauchte die besondere Form der Arbeiterherrschaft auf, der „Sowjet“, oder Arbeiterrat. Zum ersten Mal während der russischen Revolution von 1905 entstanden, bildeten sich Sowjets seitdem viele Male. Aus dem Kampf innerhalb des Produktionsprozesses als eine Körperschaft von Arbeitsplatzdelegierten entstehend, entwickelt sich der Sowjet zu einer Institution, die die gesamte Arbeiterklasse vereint und das Monopol der Bourgeoisie auf die politische Macht in

Frage stellt. Hierbei werden seine Vertreter, anders als in der Kommune, am Arbeitsplatz ausgesucht, wo die Fähigkeit der Arbeiterklasse, sich zu organisieren und kollektiv zu handeln, gegeben ist.

Das Auftreten der Sowjets hat Marxens Theorie der Diktatur des Proletariats vervollständigt, indem es eine Form der politischen Herrschaft geschaffen hat, die unmittelbar die Arbeitermacht im Produktionsprozeß widerspiegelte. Marx konnte diese Entwicklung nicht voraussehen: wie wir gesehen hatten, lernte er durch die Erfahrungen der Revolutionen von 1848 und 1871, und auch wir müssen weiterhin von zukünftigen Revolutionen lernen.

Allerdings zögerte Marx manchmal in seinen Schriften in der Frage, wie stark er die Lehren des Klassenkampfes in Frankreich verallgemeinern sollte. Beispielsweise erklärte er in einer Rede über den Haager Kongreß der Ersten Internationale, daß „es Länder gibt, wie Amerika, England und … Holland, wo die Arbeiter auf friedlichem Wege zu ihrem Ziel gelangen können." (MEW 18, S. 160) Ganz ähnlich sagt Marx in dem oben zitierten Brief an Kugelmann, daß es eine Notwendigkeit „jeder wirkliche Volksrevolution *auf dem Kontinent*", daß heißt, ausgenommen Großbritanniens, ist, die „bürokratisch-militärische Maschinerie" zu „zerbrechen". Mit anderen Worten: Marx denkt anscheinend, daß bürgerliche Demokratien, in denen die Arbeiter das Wahlrecht besitzen, anders sind als andere Formen des kapitalistischen Staates.

Das hieß *nicht*, daß Marx seine Ansicht verworfen hatte, nach der der bürgerlich-demokratische Staat ein auf „besondere Formationen bewaffneter Menschen" aufgebautes Mittel der Klassenherrschaft wäre. Engels schrieb in seinem Vorwort zur englischen Ausgabe des ersten Bandes des **Kapital**, daß Marx

> „zu dem Schluß [kam], daß, zumindest in Europa, England das einzige Land ist, wo die unvermeidliche soziale Revolution gänzlich mit friedlichen Mitteln durchgeführt werden könnte. Gewiß hat er nie vergessen hinzuzufügen, daß er kaum erwartete, die herrschenden Klassen Englands würden

sich ohne 'proslavery rebellion' dieser friedlichen und gesetzlichen Revolution unterwerfen." (MEW 23, S. 40)

Man könnte also von der Bourgeoisie erwarten, daß sie auf jeden Versuch, sie zu enteignen, mit gewaltsamen Widerstand reagiert, genau so wie die südlichen Staaten von Amerika 1861 einen Bürgerkrieg vom Zaun brachen, um die Abschaffung der Sklaverei zu verhindern.

Diese Voraussage war absolut realistisch. Die Erfahrungen seit den Zeiten von Marx und Engels haben gezeigt, daß Versuche, den Sozialismus friedlich einzuführen, ausnahmslos mit bewaffnetem Widerstand begegnet wurde. Der Militärputsch in Chile im September 1973 ist nur das jüngste Beispiel dafür. Die Kapitalistenklasse kann sich immer an die bewaffneten Kräfte wenden, deren stärkste Loyalität nicht dem Parlament, sondern der existierenden sozialen Ordnung gilt.

Aber warum versuchte Marx, Großbritannien (und im Prinzip andere bürgerliche Demokratien) von seiner allgemeinen Schlußfolgerung auszuschließen? Lenin versuchte, diese Unklarheit bei Marx aufzulösen, indem er in **Staat und Revolution** argumentierte, daß Britannien 1871 ein Land „ohne Militarismus und in hohem Grade ohne Bürokratie" gewesen sei, doch später „in den allgemeinen europäischen, schmutzigen, blutigen Sumpf der bürokratisch-militärischen Institutionen herabgesunken ist. Leider stimmt dieses Argument nicht. Während des ganzen neunzehnten Jahrhunderts besaß der britische Staat eine Militärmaschinerie, die nicht nur im „schmutzigen, blutigen Sumpf" der endlosen kolonialen Eroberungskriege benutzt wurde, sondern auch dafür, Irland unter britischer Herrschaft zu halten und, besonders in der ersten Hälfte des Jahrhunderts, gegen die Arbeiter in Großbritannien selbst. Marx lag ganz einfach falsch. Bürgerliche Demokratien sind wie jeder andere kapitalistische Staat auf „besondere Formationen bewaffneter Menschen" angewiesen, die das bewaffnete Proletariat zerschlagen muß, wenn es die Macht ergreifen und behalten will.

Marx wurde zu diesem Fehler durch eine lebenslange Tendenz zur Überschätzung der Folgen des allgemeinen Wahlrechts verleitet. Bevor er Kommunist wurde, argumentierte Marx 1842 in der **Kritik der Hegelschen Rechtsphilosophie**, daß die Einführung des allgemeinen Wahlrechts die Abschaffung der Trennung zwischen Staat und ziviler Gesellschaft mit sich bringen würde, die er damals als eine Form der menschlichen Entfremdung betrachtete.

Sogar nach der Ausarbeitung der materialistischen Geschichtskonzeption, glaubten Marx und Engels immer noch, daß die Einführung des allgemeinen Wahlrechts die bürgerliche Herrschaft untergraben würde. Dies ist ein Hauptgesichtspunkt der **Klassenkämpfe in Frankreich** und des **Achtzehnten Brumaires**, die die Widersprüche, die während der Zweiten Französischen Republik in den Jahren 1848 bis 1851 durch die Gewährung des Wahlrechts für alle männlichen Bürger entstanden sind, untersuchen. Bei der Betrachtung der britischen Klassenkämpfe von 1850 schrieb Engels in Worten, die Marx gutgeheißen hätte, daß

> „Die Wiederherstellung dieser Bill hat jetzt nur noch Sinn unter der Herrschaft des allgemeinen Stimmrechts, und das allgemeine Stimmrecht in dem zu zwei Dritteln von industriellen Proletariern bewohnten England ist die ausschließliche politische Herrschaft der Arbeiterklasse mit allen den revolutionären Veränderungen der gesellschaftlichen Zustände, die davon unzertrennlich sind.“ (MEW 21, S. 241)

Wir wissen, daß das allgemeine Wahlrecht nichts dergleichen bedeutet. Aber sogar das allgemeine Wahlrecht für Männer war im neunzehnten Jahrhundert selten. Von den Chartisten in Britannien gefordert, wehrte sich die herrschende Klasse, die Liberalen genau so wie die Tories, mit Händen und Füßen dagegen. Erst 1867 wurde das Wahlrecht auf einige Arbeiter ausgedehnt. Erst 1918 erhielten alle Männer das Wahlrecht; die Frauen erst zehn Jahre später. In den Ländern, in denen das Wahlrecht für Männer eingeführt wurde, wie zum Beispiel in Frankreich und in Deutschland nach 1870, bestand die Mehrheit der Bevölkerung aus Bauern, die die Massenbasis für bürgerliche oder aristokratische Parteien bildete. Deshalb konnte Marx leicht die Auswirkungen des allgemeinen Wahlrechts in einem Land, in dem die Arbeiterklasse die Mehrheit der Bevölkerung stellte, überschätzen.

Spätere Erfahrungen haben gezeigt, daß der Kapitalismus gut mit dem allgemeinen Wahlrecht leben kann, wie Engels in späteren Jahren bemerkte. Die Art der Wahl behandelt, wie wir gesehen hatten, alle Bürger trotz der wirklichen Unterschiede ihres Reichtums und ihrer Macht als gleich. Darüber hinaus regieren die vom Volk gewählten Parlamente eher dem Namen nach als tatsächlich. Sogar das Erscheinen von Massenorganisationen der Arbeiterklasse hat die kapitalistische Herrschaft nicht untergraben. Diese Organisationen werden normalerweise von einer konservativen Arbeiterbürokratie kontrolliert, die sich eher der Klassenkollaboration als dem Klassenkampf verschrieben haben. Unter diesen Umständen hängt die Stabilität der bürgerlichen Demokratie davon ab, ob der Kapitalismus in einem ausreichenden Maße wächst, um Verbesserungen der Lebensbedingungen der Arbeiterklasse zulassen zu können. Dies ist der Grund, warum sich diese politische Form hauptsächlich in den reicheren imperialistischen Ländern ausbreiten konnte.

Diese Kritiken laufen nicht auf eine Ablehnung von Marxens Konzept der Diktatur des Proletariats hinaus. Eher verstärken sie sie, denn sie zeigen, daß sogar in bürgerlichen Demokratien „die Arbeiterklasse … die fertige Staatsmaschinerie [nicht] einfach in Besitz nehmen“ kann, sondern sie zerschlagen muß.

Weltrevolution

Marx betonte, daß der Kapitalismus ein *weltumspannendes* System ist. Die „Konkurrenz auf dem Weltmarkt“, schrieb es, ist „die Basis und die Lebensatmosphäre der kapitalistischen Produktionsweise“ (MEW 25, S. 120). Tatsächlich ist die Herausbildung einer internationalen Wirtschaft das Ergebnis der Entwicklung der kapitalistischen Produktionsverhältnisse.

„Die Tendenz den *Weltmarkt* zu schaffen ist unmittelbar im Begriff des Kapitals selbst gegeben.“ (MEW 25, S. 311)

Die Entwicklung des Kapitalismus brachte die Bildung eines weltumspannenden Systems mit sich, in dem große Teile Asiens und ganz Amerika den europäischen Mächten unterworfen wurden. Auch Afrika war darin mit einbezogen, da schwarze Sklaven die Knochenarbeit leisteten, von der die Plantagenwirtschaften Westindiens und des amerikanischen Südens abhingen. Die Ausplünderung der Welt lieferte den notwendigen Reichtum für die „ursprüngliche Akkumulation des Kapitals“, die Konzentration des Geldes in den Händen europäischer Kapitalisten, womit die durch die Enteignung der Bauern von Produktionsmitteln „befreite“ Arbeit gekauft werden konnte.

> „Die Entdeckung der Gold- und Silberländer in Amerika, die Ausrottung, Versklavung und Vergrabung der eingeborenen Bevölkerung in den Bergwerken, die beginnende Eroberung und Ausplünderung von Ostindien, die Verwandlung von Afrika in ein Geheg zur Handelsjagd auf Schwarzhäute bezeichnen die Morgenröte der kapitalistischen Produktionsära. Diese idyllischen Prozesse sind Hauptmomente der ursprünglichen Akkumulation. Auf dem Fuß folgt der Handelskrieg der europäischen Nationen, mit dem Erdrund als Schauplatz. Er wird eröffnet durch den Abfall der Niederlande von Spanien, nimmt Riesenumfang an in Englands Antijakobinerkrieg, spielt noch fort in den Opiumkriegen gegen China usw.“ (MEW 23, S. 779)

Das Ergebnis dieser Vorgänge ist die Verwandlung der ganzen Welt in ein zusammenhängendes Wirtschaftssystem. Verschiedene Länder sind in der internationalen Teilung der Arbeit verwickelt. Die Sklavenplantagen im Süden der Vereinigten Staaten versorgten die Textilfabriken von Lancashire mit Baumwolle. Die heimische Textilindustrie Indiens wurde zerstört, um den britischen Waren einen größeren Markt zu verschaffen. Die Entstehung von anderen Industriemächten gegen Ende von Marxens Leben, die Britanniens wirtschaftliche Vorherrschaft in Frage stellten – Deutschland, die Vereinigten Staaten, Frankreich – intensivierte den Konkurrenzkampf zwischen den „vielen Kapitalien„ bloß und machte ihn wirklich international.

Marx argumentiert, daß die Konsequenzen aus der Entstehung des kapitalistischen Weltsystems, die proletarische Revolution, nur im internationalen Ausmaß erfolgreich sein könne. In einer weitsichtigen Äußerung in der **Deutschen Ideologie** schrieb er, daß die Weltrevolution notwendig sei,

> „weil ohne sie nur der Mangel, die *Notdurft* verallgemeinert, also mit der Notdurft auch der Streit um das Notwendige wieder beginnen und die ganze alte Scheiße sich herstellen müßte... Der Kommunismus ist empirisch nur als die Tat der herrschenden Völker 'auf einmal' und gleichzeitig möglich, was die universelle Entwicklung der Produktivkräfte und den mit ihnen zusammenhängenden Weltverkehr voraussetzt." (MEW 3, S. 34f.)

Dieses Argument ist eine Erweiterung von Marxens allgemeinerer These, daß der Kommunismus erst dann möglich wird, wenn sich die Produktivkräfte zu einem ausreichenden Maße entwickelt haben. Jetzt sagt er, daß diese Entwicklung in einem *weltweiten* Ausmaß stattfindet, nicht nur innerhalb einzelner Länder. Folglich werden Revolutionen, die auf ein Land beschränkt bleiben, fehlschlagen, weil sie nicht an die Ressourcen zur Abschaffung der Klassen herankommen werden, die nur international verfügbar sind. Die Zwänge des Weltsystems, die trotz des Sieges der Arbeiterklasse in einem Land noch bestehen, würden bedeuten, daß „die *Notdurft* verallgemeinert ... und die ganze alte Scheiße sich herstellen müßte". Die Produktivkräfte des betreffenden Landes würden nicht ausreichen, um die Klassen abzuschaffen, also würde der Klassenkampf weitergehen.

Engels antwortete in einem Programmentwurf für die Kommunistische Liga 1847, den **Grundsätzen des Kommunismus**, auf die Frage „Wird diese Revolution in einem einzigen Lande allein vor sich gehen können?" mit einem entschiedenen

> „Nein. Die große Industrie hat schon dadurch, daß sie den Weltmarkt geschaffen hat, alle Völker der Erde, und namentlich die zivilisierten, in eine solche Verbindung miteinander gebracht, daß jedes einzelne Volk davon abhängig ist, was bei einem anderen geschieht. Sie hat ferner in allen zivilisierten Ländern die gesellschaftliche Entwicklung so weit gleichgemacht, daß in allen diesen Ländern Bourgeoisie und Proletariat die beiden entscheidenden Klassen der Gesellschaft, der Kampf zwischen beiden der Hauptkampf des Tages geworden. Die kommunistische Revolution wird daher keine bloß nationale, sie wird eine in allen zivilisierten Ländern, d. h. wenigstens in England und Amerika, Frankreich und Deutschland gleichzeitig vor sich gehende Revolution sein." (MEW 4, S. 374)

Als Stalin in den zwanziger Jahren versuchte, die Idee des „Sozialismus in einem Lande" zu rechtfertigen, machte er sich über die Idee gleichzeitiger Revolutionen lustig, und tat sie als einen jugendlichen Überschwang von Marx und Engels ab. Aber eine solche Perspektive internationaler Umwälzungen wurde bestätigt, kaum als die Tinte, mit der die **Grundsätze des Kommunismus** geschrieben wurde, getrocknet war. 1848 *gab* es Aufstände in verschiedenen Ländern, und jeder folgte unmittelbar auf die anderen. In dieser Hinsicht war die Idee gleichzeitiger Revolution überhaupt nicht dumm.

Nichtsdestotrotz sind die Dinge zweifelsohne komplexer, als Marx und Engels in den 40er Jahren des achtzehnten Jahrhunderts glaubten. Lenin legt großes Gewicht auf das Problem der ungleichmäßigen Entwicklung, die Art, in der sich Gesellschaften mit unterschiedlichen Geschwindigkeiten und in unterschiedlichen Formen entwickeln, so daß sogar Länder mit denselben Produktionsverhältnissen sehr verschiedene soziale und politische Strukturen besitzen. Das heutige Amerika unterscheidet sich wesentlich von dem Großbritannien des 18. Jahrhunderts oder von Nazideutschland, aber alle diese waren kapitalistische Gesellschaftssysteme. In seinen Schriften über die russische Februarrevolution 1917 betonte Lenin, daß jede Revolution das Ergebnis einer Kombination von verschiedenen ökonomischen, politischen, sozialen und kulturellen Faktoren ist, die für jedes Land einzigartig sind. Marx war in seinen Schriften über einzelne Länder, sei es Frankreich, Spanien, Britannien oder die Vereinigten Staaten, ähnlich empfindlich für die besonderen Eigenschaften der verschiedenen Gesellschaften.

Es war Trotzki, der seine Aufmerksamkeit dem Phänomen der kombinierten Entwicklung zuwandte, wie er es nannte. Alle verschiedenen Gesellschaften sind Teil eines einzigen Weltsystems und seinen Zwängen unterworfen, die Staaten und Kapitalien zwingen, miteinander zu konkurrieren. Selbst wenn die Revolution nur in einem einzigen Land beginnen mag, kann sie deshalb nur in einem weltweiten Ausmaß vollendet werden. Auch wenn gleichzeitige Revolutionen unwahrscheinlich sind, ist die Weltrevolution wegen der kombinierten Entwicklung das Wesentliche.

Die berühmten Schlußworte des **Kommunistischen Manifestes** – „PROLETARIER ALLER LÄNDER, VEREINIGT EUCH!" (MEW 4, S. 493) – sind deshalb nicht nur irgendwelche hübschen literarischen Schnörkel, keine bloße ethische oder emotionale Verpflichtung zur Brüderlichkeit der Menschen. Der internationale Sieg der Arbeiterklasse ist eine absolut praktische Notwendigkeit, wenn eine kommunistische Gesellschaft aufgebaut werden soll. Der Kampf der Arbeiterklasse um die Macht in einem Land kann nur das Vorspiel zu einem solchen Sieg sein, und die erste Aufgabe der Diktatur des Proletariats in diesem Land wird es sein, die Revolution international auszuweiten.

Der Internationalismus stand im Mittelpunkt des Sozialismus von Marx und Engels. Marx war, wie wir bereits gesehen hatten, die Schlüsselfigur der ersten Internationalen, während Engels die letzten 25 Jahre seines Lebens damit zubrachte, die Entwicklung der internationalen Arbeiterbewegung zu unterstützen, indem er einen gewaltigen Briefwechsel in einer Vielzahl von Sprachen unterhielt, um Sozialisten in der ganzen Welt Rat und Mut zu geben.

Doch wie gingen Marx und Engels, die überzeugte revolutionäre Internationalisten waren, mit einem Europa um, in dem der Nationalismus grassierte, sei es der von Großmächten oder der der verschiedenen Befreiungsbewegungen innerhalb der multinationalen Reiche von Rußland, Österreich und der Türkei? Das neunzehnte Jahrhundert war die Epoche, in der die Nationen, die durch große europäische Staaten vereinnahmt worden waren – die Polen, Iren, Tschechen, Serben, Ungarn und viele andere – ihr Recht auf Selbstbestimmung beanspruchten.

Der Ausgangspunkt von Marx und Engels war, daß kein ernsthafter Revolutionär die Existenz nationaler Unterschiede ignorieren könne. Wie Marx auf einem Treffen der Generalkonferenz der Ersten Internationalen im Juni 1866 erklärte, als Proudhons Anhänger verkündeten, daß „alle Nationalitäten und sogar Nationen 'antiquirte Vorurteile' seien", kann eine solche Einstellung den nationalen Chauvinismus stärken. Er erzählte Engels nachher:

> „Die Engländer lachten sehr, als ich meinen Vortrag damit öffnete, daß unser Freund Lafargue etc., der die Nationalitäten abgeschafft hat, uns '*französisch*', i. e. in einer Sprache angeredet, die 9/10 des Auditoriums nicht verstand. Ich deutete weiter an, daß gänzlich unbewußt er unter Negation der Nationalitäten ihre Absorption in die französische Musternation zu verstehen scheine." (MEW 31, S. 229)

Hinter abstraktem Internationalismus, der die Existenz nationaler Unterdrückung ignoriert, kann sich also Nationalismus verstecken.

Allerdings waren weder Marx noch Engels Anhänger des abstrakten „Prinzips Nationalität". Sie glaubten, daß jede bestimmte nationale Bewegung nur in der Hinsicht unterstützt oder abgelehnt werden sollte, wie sie die Interessen der Revolution nützt oder schadet. Aber wie sollten diese Interessen beurteilt werden?

Es ist wichtig, hier den allgemeinen Charakter der Epoche, in der Marx den Hauptteil seines Lebens verbrachte, im Hinterkopf zu behalten. Lenin charakterisierte diese Epoche, die ihm zufolge 1789 beginnt und 1871 endet, also von der Großen Französischen Revolution bis zum Französisch-Preußischen Krieg und der Kommune reicht, mit folgenden Worten:

> „... der gemeinsame Zug der Epoche aber war gerade die Fortschrittlichkeit der Bourgeoisie, das heißt ihr noch nicht entschiedener, noch nicht abgeschlossener Kampf gegen den Feudalismus. Es ist ganz selbstverständlich, daß die Elemente der modernen Demokratie - und Marx als ihr Vertreter -, geleitet von dem unbestreitbar richtigen Prinzip der Unterstützung der fortschrittlichen (zum Kampf fähigen) Bourgeoisie gegen den Feudalismus ... Es ist ganz selbstverständlich, daß damals eine *andere* Frage gar nicht gestellt werden konnte als eben diese, ein Sieg *welcher* Bourgeoisie bei welcher Kombination und bei der Niederlage welcher der reaktionären (der feudal-absolutistischen, den Aufstieg der Bourgeoisie hemmenden) Mächte der modernen Demokratie größeren 'Spielraum' in Aussicht stellte."

In Europa war die zentrale Frage bis 1871 die der unvollendeten bürgerlich-demokratischen Revolution. Marx und Engels glaubten, daß die radikalste Lösung dieser Frage, das heißt die Einrichtung einer revolutionären demokratischen Republik nach dem Modell der Ersten Französischen Republik in den 1790er Jahren, den Interessen der Arbeiterklasse dienen würde, da sie den klarsten Ausdruck des Klassenkampfes zwischen Kapital und Arbeit hervorbringen würde, unbehindert von feudalen Überresten. Das Land, in dem dieser Punkt am schärfsten hervortrat, war ihr eigenes, nämlich Deutschland, dem sogar das grundlegendste Element des bürgerlichen Staatswesens fehlte, die nationale Einheit. Das Haupthindernis für die bürgerlich-demokratische Revolution in Deutschland und in Europa überhaupt stellte das zaristische Rußland dar, dessen gewaltige Bauernarmeen mit einem so tödlichen Ergebnis gegen die Revolutionen von 1848 eingesetzt worden waren.

Marx und Engels beurteilten nationale Bewegungen deshalb von dem Standpunkt aus, wie sie in diese Anordnung der europäischen Kräfteverhältnisse hineinpaßten, wie ihre Verhältnisse zu den Nationen waren, die die Vorhut der bürgerlich-demokratischen Revolution gegen Rußland und seine Verbündeten bildeten. Engels befürwortete 1849 eine „Allianz der revolutionären Völker gegen die kontrerevolutionären [...], eine Allianz, die nicht auf dem *Papier*, sondern auf dem *Schlachtfeld* zustande kommt." (MEW 6, S. 271)

Für Engels gab es drei bedeutende „revolutionäre Völker„ – die Deutschen, die Polen und die Ungarn. Der wichtigste Programmpunkt der **Neuen Rheinischen Zeitung** in den Jahren 1848 und 1849 war der Ruf nach einer vereinten deutschen Republik zur Führung eines revolutionären Krieges in Allianz mit Polen und Ungarn gegen Rußland, genauso wie die Jakobiner einen gesamteuropäischen Krieg gegen die Monarchien des *ancien régime* in den 90er Jahren des siebzehnten Jahrhunderts geführt hatten. Marx und Engels unterstützen während ihrer ganzen politischen Karriere durchgehend die polnische Unabhängigkeit und wichen niemals von dem von Marx 1848 formulierten Standpunkt ab, daß Polens „Befreiung Ehrensache aller Demokraten Europas geworden" ist. (MEW 4, S. 522)

Die andere Seite der Medaille war allerdings, daß es konterrevolutionäre Völker gab. Marx und Engels waren besonders feindlich gegenüber der Doktrin des Panslawismus, die sowohl von Anhängern des Zaren als auch von einigen seiner Gegner, bemerkenswerterweise auch von Bakunin, eingenommen wurde. Gemäß dieser Theorie sollten sich die Russen mit den Polen und anderen Slawen, die von Österreich und der Türkei beherrscht wurden – den Tschechen, den Slowaken und den südlichen Slawen (Serben, Kroaten, Bulgaren und andere) – vereinigen, um eine gemeinsame Nation zu gründen.

Angesichts der allgemeinen Strategie von Marx und Engels lagen die Gründe für ihre Ablehnung dieses Programms auf der Hand. Hinter der Maske des Panslawismus konnte sich allzu leicht der zaristische Expansionsdrang verstecken. „...

hinter dieser lächerlichen Theorie“, schrieb Engels, „stand die furchtbare Wirklichkeit des *russischen Reiches*, jenes Reiches, das mit jedem seiner Schritte den Anspruch erhebt, ganz Europa als Domäne der slawischen Rasse, insbesondere des einzigen kraftvollen Teils dieser Rasse, der Russen, zu betrachten“ (MEW 8, S. 53) Engels machte darauf aufmerksam, wie die österreichische Monarchie ihre südslawischen Untertanen zur Zerschlagung der ungarischen Revolution 1848 benutzt hatte.

Engels kokettierte mit dem von Hegel entlehnten Begriff der „Völker, die nie eine eigene Geschichte gehabt haben“, zu denen die Südslawen gehören würden. (MEW 6, S. 275) Dieser Begriff der „geschichtslosen Völker“ ist jedoch von zweifelhaftem Wert, ist er doch auf Hegels Vorstellung gegründet, derzufolge „in der Weltgeschichte ... nur von Völkern die Rede sein [kann], welche einen Staat bilden“. Die eigentliche Stoßrichtung der Engelsschen Argumentation war jedoch materialistisch. Die Bauern, damals die Masse der Bevölkerung Europas, konnten nur unter der Führung einer städtischen Klasse, in diesem Falle der Bourgeoisie, eine revolutionäre Rolle spielen. Auch für das Reich der Habsburger galt: „Die treibende Klasse, die Trägerin der Bewegung, die Bürgerschaft, war überall deutsch oder magyarisch.“ (MEW 6, S. 170)

So ist angesichts der damaligen Verhältnisse in Europa die Art, wie Marx und Engels 1848 und 1849 die nationale Frage behandelten, im großen und ganzen durchaus verständlich. Ende der 60er Jahre war ihr damaliger Ansatz jedoch nicht mehr von großer Bedeutung. Inzwischen war die bürgerlich-demokratische Revolution in Deutschland vollendet worden, jedoch anders und von anderen Kräften, als es Marx und Engels vorausgesehen hatten. Bismarck, ein Vertreter der reaktionären Grundbesitzerklasse der Junker, hatte Deutschland vereinigt. Es handelte sich also um etwas, was Gramsci „passive Revolution“ nannte, um eine Revolution von oben. Sie beruhte auf einem Bündnis zwischen den Junkern und der Industriebourgeoisie. Letztere überließen ersteren gerne die

Kontrolle über den Staatsapparat, um als Gegenleistung die Vereinigung des Landes und eine kapitalismusfreundliche Wirtschaftspolitik zu erhalten.

In dem Zeitalter, das mit dem deutsch-französischen Krieg angebrochen war, wurde Europa und die Welt insgesamt immer mehr von einer Handvoll kapitalistischer, untereinander um Gebiete und Menschen konkurrierender Mächte beherrscht. Die nationale Frage drehte sich nicht mehr in erster Linie um den Kampf zwischen revolutionären und konterrevolutionären Völkern. Nunmehr ging es um zwei Fragestellungen, die allerdings eng miteinander verbunden waren; zum einen gab es den Nationalismus, der die Arbeiter in den imperialistischen Ländern an ihre Ausbeuter band, und zum anderen den Nationalismus unterdrückter Völker, die gegen ihre fremden Herrscher kämpften.

Konkret war Marx mit dieser Frage so konfrontiert, wie sie in Großbritannien in Erscheinung trat – also mit dem uralten nationalen Befreiungskampf der Iren, der in den 60er und 70er Jahren des neunzehnten Jahrhunderts in Form der aufsehenerregenden bewaffneten Aktionen der Fenier geführt wurde. Während Marx die terroristischen Exzesse verurteilte, unterstützte er doch voll das Streben der Iren nach nationaler Unabhängigkeit, und er konnte in diesem Sinne auch die Internationale überzeugen. Hauptsächlich zwei Gründe waren für ihn maßgeblich. Der erste ist inzwischen weniger interessant. Marx betrachtete Irland als das wichtigste Bollwerk der englischen Landaristokratie und war daher der Ansicht, daß der Sieg der irischen Befreiungsbewegung und die anschließende Enteignung der Grundbesitzer die herrschende Klasse in Großbritannien stürzen würde.

Diese Analyse war schlicht falsch. Im späten neunzehnten Jahrhundert befand sich die britische Grundbesitzerklasse bereits in einem tiefen ökonomischen und politischen Niedergang. Ihre schwindende Bedeutung spiegelte sich in den politischen Maßnahmen der Regierungen unter Gladstone und Balfour in den achtziger Jahren des neunzehnten Jahrhunderts und in den Jahren kurz nach der Jahrhundertwende wider.

Diese Regierungen organisierten zusammen die friedliche Übergabe der Masse der anglo-irischen Grundstücke an die katholische Bauernschaft.

Das zweite Argument von Marx zugunsten einer Unterstützung der irischen nationalen Befreiungsbewegung war viel interessanter. Er argumentierte, daß die Unterdrückung Irlands die britischen Arbeiter an ihre Ausbeuter schmieden würde.

> „Alle wichtigen und kommerziellen Zentren Englands besitzen jetzt eine Arbeiterklasse, die in zwei *feindliche* Lager *gespalten* ist, englische Proletarier und irische Proletarier. Der gewöhnliche englische Arbeiter haßt den irischen Arbeiter als einen Konkurrenten, welcher den Lebensstandard herabdrückt. Er fühlt sich ihm gegenüber als Glied der *herrschenden Nation* und macht sich eben deshalb zum Werkzeug seiner Aristokraten und Kapitalisten *gegen Irland,* befestigt damit deren Herrschaft *über sich selbst.* Er hegt religiöse, soziale und nationale Vorurteile gegen ihn. Er verhält sich ungefähr zu ihm wie die armen Weißen zu den Niggern in den ehemaligen Sklavenstaaten der amerikanischen Union. ...
> Dieser Antagonismus wird künstlich wachgehalten und gesteigert durch die Presse, die Kanzel, die Witzblätter, kurz, alle den herrschenden Klassen zu Gebot stehenden Mittel. *Dieser Antagonismus* ist das *Geheimnis der Ohnmacht der englischen Arbeiterklasse,* trotz ihrer Organisation. Er ist das Geheimnis der Machterhaltung der Kapitalistenklasse. Letztere ist sich dessen völlig bewußt.“ (MEW 32, S. 669)

Diese Analyse ist offensichtlich von allgemeiner Bedeutung. In den imperialistischen Ländern dient der Nationalismus dazu, die Arbeiter zu spalten und sie an ihre Ausbeuter zu binden. „Schließlich sind wir alle Briten“, heißt es so schön. Marxens These wurde durch Lenin verallgemeinert. Lenin verlangte, daß die Arbeiter in den imperialistischen Ländern das Recht der unterdrückten Völker auf Selbstbestimmung unterstützen sollten. So sollte die Bindung der Arbeiter an ihre herrschenden Klassen gebrochen werden. Hier sehen wir abermals, daß es in dieser Frage darum geht, ob nationale Befreiungsbewegungen den allgemeinen Interessen der Revolution dienen, nur daß es sich jetzt um die Revolution der Arbeiter handelte, und daß politische Bewegungen danach beurteilt werden müssen, ob sie die internationale Einheit der Arbeiterklasse festigen oder aber untergraben.

Kommunismus

Die Diktatur des Proletariats, die zuerst in einzelnen Ländern, dann international errichtet wird, „daß diese Diktatur selbst nur den Übergang zur *Aufhebung aller Klassen* und zu einer *klassenlosen Gesellschaft* bildet“ (MEW 28, S. 508). Die Abschaffung des Kapitalismus sollte der Anfang sein, nicht das Ende. „Mit dieser Gesellschaftsformation“, schrieb Marx über den Kapitalismus, „schließt daher die Vorgeschichte der menschlichen Gesellschaft ab“ (MEW 13, S. 9).

Marx ist nicht der Ansicht, daß in einem Schritt sofort von der Klassengesellschaft zum Kommunismus übergegangen werden kann. Die Beseitigung aller Reste des Kapitalismus braucht eine gewisse Zeit. „Zwischen der kapitalistischen und der kommunistischen Gesellschaft liegt die Periode der revolutionären Umwandlung der einen in die andre. Der entspricht auch eine politische Übergangsperiode, deren Staat nichts andres sein kann als *die revolutionäre Diktatur des Proletariats.*“ (MEW 19, S. 28)

Marx machte weder über die Art des Übergangs noch über den Kommunismus selbst ins einzelne gehende Voraussagen. Vielmehr äußerte er sich über die utopischen Sozialisten, die häufig geradezu besessen versuchten, die zukünftige Beschaffenheit der Gesellschaft bis ins Detail festzulegen, sehr kritisch. Im **Kommunistischen Manifest** stellte er klar:

> „Die theoretischen Sätze der Kommunisten beruhen keineswegs auf Ideen, auf Prinzipien, die von diesem oder jenem Weltverbesserer erfunden oder entdeckt sind. Sie sind nur allgemeine Ausdrücke tatsächlicher Verhältnisse eines existierenden Klassenkampfes, einer unter unsern Augen vor sich gehenden geschichtlichen Bewegung.“ (MEW 4, S. 474f.)

Das soll nicht heißen, daß Marx und Engels alles, was die utopischen Sozialisten gesagt hatten, verworfen hätten. Im Gegenteil, offensichtlich lernten sie eine Menge von ihnen und stimmten mit vielen ihrer vorgeschlagenen Maßnahmen überein. Beide, besonders Engels, waren große Bewunderer von Fourier. Marx und Engels haben einen großen Teil ihrer Vorstellungen über die zukünftige Beschaffenheit des Kommunismus von den utopischen Sozialisten übernommen. Sie waren jedoch der Ansicht, daß es im Augenblick in erster Linie darum ginge, die historischen Kräfte zu begreifen, die diese zukünftige Gesellschaft hervorbringen sollten.

Am ausführlichsten hat Marx die verschiedenen Phasen des Übergangs zum Kommunismus in der **Kritik des Gothaer Programms** erörtert. Vorher hatte er die Aufgaben der Diktatur des Proletariats als „die Aneignung der Produktionsmittel, ihre Unterwerfung unter die assoziierte Arbeiterklasse, also die Aufhebung der Lohnarbeit, des Kapitals und ihres Wechselverhältnisses" (MEW 7, S. 42) bestimmt.

Diese Aufgaben standen in einem Zusammenhang. Marx sah die Kontrolle des Staates über die wichtigsten Produktionsmittel vor. Da der Staat dann das „als herrschende Klasse organisierte Proletariat" wäre, würde diese Maßnahme die Trennung der Arbeitskraft von den Produktionsmitteln, die Existenzgrundlage von Kapital und Lohnarbeit, abschaffen. (Dies sollte natürlich nicht heißen, daß *jede* Verstaatlichung die Lohnarbeit abschafft; dies ist nur der Fall, wenn der Staat unter der Kontrolle der Arbeiterklasse steht.)

Diese Schritte sollten auch die Einführung einer Planwirtschaft umfassen. Marx war der Ansicht, daß Arbeit „Naturbedingung der menschlichen Existenz" (MEW 13, S. 23) sei: „... bleibt, nach Aufhebung der kapitalistischen Produktionsweise ... die Wertbestimmung vorherrschend in dem Sinn, daß die Regelung der Arbeitszeit und die Verteilung gesellschaftlicher Arbeit unter die verschiedenen Produktionsgruppen ... wesentlicher denn je wird" (MEW 25, S. 859). Nur daß jetzt über die Verteilung der gesellschaftlichen Arbeit nicht mehr durch blindes Wirken der Konkurrenz entschieden würde, sondern in gemeinschaftlicher und demokratischer Beratung durch die assoziierten Produzenten, gemäß den Bedürfnissen der Gesellschaft.

In gewisser Hinsicht würde es auch weiterhin zusätzlich zur notwendigen Arbeit Mehrarbeit geben. Ein Teil der gesellschaftlichen Produktion würde nicht für den Konsum bestimmt sein, sondern für den Ersatz der verbrauchten Produktionsmittel, um für langfristige zukünftige Projekte Mittel bereit zu stellen oder als Reserve für Notfälle abgezweigt werden. Aber: „Außer der Mehrarbeit für die, die Alters wegen noch nicht oder nicht mehr sich an der Produktion beteiligen können, fiele alle Arbeit fort zum Unterhalt von solchen, die nicht arbeiten." (MEW 26, S. 855)

Von dem Teil des Gesamtprodukts der konsumiert wird, würde wiederum ein Teil gemeinschaftlich konsumiert, indem Schulen, Gesundheitsvorrichtungen usw. bereitgestellt werden. Erst der Rest würde unter die individuellen Produzenten verteilt. Die Grundsätze, nach denen diese Verteilung zu erfolgen hätte, würden sich Marx zufolge wohl in dem Maße ändern, wie die Gesellschaft zum Kommunismus fortschreitet.

„... in der ersten Phase der kommunistischen Gesellschaft, wie sie eben aus der kapitalistischen Gesellschaft nach langen Geburtswehen hervorgegangen ist", haben wir eine kommunistische Gesellschaft, die „in jeder Beziehung, ökonomisch, sittlich, geistig, noch behaftet ist mit den Muttermalen der alten Gesellschaft, aus deren Schoß sie herkommt" (MEW 19, S. 20f.). Zunächst wären die Menschen noch durch ihre Erfahrungen mit der Lohnarbeit im Kapitalismus geprägt, wonach sie eine materielle Entlohnung nach Maßgabe des Umfangs der geleisteten Arbeit erwarten konnten.

> „Demgemäß erhält der einzelne Produzent – nach den Abzügen – exakt zurück, was er gibt. ... Er erhält von der Gesellschaft einen Schein, daß er soundsoviel Arbeit geliefert ..., und zieht mit diesem Schein aus dem gesellschaftlichen Vorrat von Konsumtionsmitteln soviel heraus, als gleich viel Arbeit kostet." (MEW 19, S. 20)

Marx legt Wert auf die Feststellung, daß dieses Prinzip „jeder nach seinen Fähigkeiten, jedem nach seiner Leistung" dem „bürgerlichen Recht" entstammt. Es berücksichtigt nicht die Unterschiede zwischen den Individuen, daß etwa die eine Person stärker oder intelligenter ist oder mehr Menschen zu versorgen hat als die andere. Alle diese Dinge beeinflussen jedoch die Fähigkeit des Individuums zu arbeiten und damit die Fähigkeit, von der Gesellschaft eine Gegenleistung zu erhalten, oder sie haben zur Folge, daß das Individuum den Ertrag seiner Arbeit auf mehr Menschen verteilen muß.

> „Dies *gleiche* Recht ist ungleiches Recht für ungleiche Arbeit. Es erkennt keine Klassenunterschiede an, weil jeder nur Arbeiter ist wie der andere; aber es erkennt stillschweigend die ungleiche individuelle Begabung und daher Leistungsfähigkeit der Arbeiter als natürliche Privilegien an. *Es ist daher ein Recht der Ungleichheit, seinem Inhalt nach, wie alles Recht.*" (MEW 19, S. 20)

Diese eigentlich nicht wünschenswerte Vorgehensweise wird den assoziierten Produzenten deshalb aufgezwungen, weil sie gerade erst dem Kapitalismus entronnen sind, so daß sowohl die Entwicklung der Produktivkräfte als die noch vorherrschenden gesellschaftlichen Einstellungen keine radikalere Herangehensweise erlauben. Jedoch:

> „In einer höheren Phase der kommunistischen Gesellschaft, nachdem die knechtende Unterordnung der Individuen unter die Teilung der Arbeit, damit auch der Gegensatz geistiger und körperlicher Arbeit verschwunden ist; nachdem die Arbeit nicht nur Mittel zum Leben, sondern selbst das erste Lebensbedürfnis geworden; nachdem mit der allseitigen Entwicklung der Individuen auch ihre Produktivkräfte gewachsen und alle Springquellen des genossenschaftlichen Reichtums voll fließen – erst dann kann der enge bürgerliche Rechtshorizont ganz überschritten werden und die Gesellschaft auf ihre Fahnen schreiben: Jeder nach seinen Fähigkeiten, jedem nach seinen Bedürfnissen!" (MEW 19, S. 21)

Auf einem höheren Entwicklungsstadium wird die kommunistische Gesellschaft also in der Lage sein, die besonderen Bedürfnisse und Fähigkeiten der Individuen zu berücksichtigen, statt ohne Rücksicht auf Unterschiede allen Menschen denselben Maßstab anzulegen. Hier sehen wir, daß der übliche Vorwurf an den Marxismus, er würde Individualität nicht beachten und sogar unterdrücken, weil er alle Menschen über einen Kamm schert, unsinnig ist. Echte Gleichheit erfordert genaue Beachtung der individuellen Bedürfnisse und Fähigkeiten. Die höhere Stufe des Kommunismus ist „eine Assoziation, worin die freie Entwicklung eines Jeden die Bedingung für die frei Entwicklung aller ist" (MEW 4, S. 482). Die kommunistische Gesellschaft wird eine Gesellschaft sein, in der mit den Worten des marxistischen Philosophen Theodor Adorno „Menschen sich ohne Angst unterscheiden können".

Der Übergang zum Kommunismus wird also nach Marx dazu führen, daß der Staat als besondere Institution verschwindet:

> „Sind im Laufe der Entwicklung die Klassenunterschiede verschwunden und ist alle Produktion in den Händen der assoziierten Individuen konzentriert, so verliert die öffentliche Gewalt ihren politischen Charakter. Die politische Gewalt im eigentlichen Sinne ist die organisierte Gewalt einer Klasse zur Unterdrückung einer anderen. Wenn das Proletariat im Kampfe gegen die Bourgeoisie sich notwendig zur Klasse vereint, durch eine Revolution sich zur herrschenden Klasse macht und als herrschende Klasse gewaltsam die alten Produktionsverhältnisse aufhebt, so hebt es mit diesen Produktionsverhältnissen die Existenzbedingungen des Klassengegensatzes, die Klassen überhaupt, und damit seine eigene Herrschaft als Klasse auf." (MEW 4, S 482)

Der Staat ist ein Produkt der Klassengegensätze und wird deshalb mit diesen verschwinden. Diese Möglichkeit eines „Absterbens des Staates" ist in der Diktatur des Proletariats von Anfang an eingeschlossen. Engels kommt in seiner Untersuchung über die Folgen einer sozialistischen Revolution für den Staat zu folgenden Ergebnissen:

> *„Das Proletariat ergreift die Staatsgewalt und verwandelt die Produktionsmittel zunächst in Staatseigentum.* Aber damit hebt es sich selbst als Proletariat, damit hebt es alle Klassenunterschiede und Klassengegensätze auf, und damit auch den Staat als Staat. Die bisherige sich in Klassengegensätzen bewegende Gesellschaft hatte den Staat nötig, das heißt eine Organisation der jedesmaligen ausbeutenden Klasse zur Aufrechterhaltung ihrer jeweiligen Produktionsbedingungen, also namentlich zur gewaltsamen Niederhaltung der ausgebeuteten Klasse in den durch die bestehende Produktionsweise gegebnen Bedingungen der Unterdrückung (Sklaverei, Leibeigenschaft und Hörigkeit, Lohnarbeit). ... Sobald es keine Gesellschaftsklasse mehr in der Unterdrückung zu halten gibt, sobald mit der Klassenherrschaft und dem in der bisherigen Anarchie der Produktion begründeten Kampf ums Einzeldasein auch die daraus entspringenden Kollisionen und Exzesse beseitigt sind, gibt es nichts mehr zu reprimieren, das eine besondere Repressionsgewalt, einen Staat, mehr nötig machte. Der erste Akt, worin der Staat wirklich als Repräsentant der ganzen Gesellschaft auftritt – die Besitzergreifung der Produktionsmittel im Namen der Gesellschaft – ist zugleich sein letzter selbständiger Akt als Staat. Das Eingreifen einer Staatsgewalt in gesellschaftliche Verhältnisse wird auf einem Gebiete nach dem andern überflüssig und schläft dann von selbst ein. An die Stelle der Regierung über Personen tritt die Verwaltung von Sachen und die Leitung von Produktionsprozessen. Der Staat wird nicht 'abgeschafft', *er stirbt ab.“* (MEW 20, S. 261f.)

Die Diktatur des Proletariats ist also, um Lenins Worte zu gebrauchen, „nicht mehr ein Staat im eigentlichen Sinne“. Es muß jedoch bemerkt werden, daß das Absterben des Staates nicht sofort, sondern erst mit der Zeit stattfindet. Es handelt sich um einen allmählichen Prozeß, und zwar um einen, der von verschiedenen Faktoren abhängt, wie einer steigenden Arbeitsproduktivität und einer starken Verkürzung des Arbeitstages. Dies muß die Arbeiter zur Beteiligung an der Gestaltung der Gesellschaft frei machen.

In gewisser Hinsicht erinnert die sozialistische Demokratie an die Demokratie im alten Athen. Dank der Sklavenarbeit waren die [männlichen] Bürger Athens in der Lage, ihre Zeit in erster Linie öffentlichen Angelegenheiten zu widmen – so konnten sie auf dem Marktplatz diskutieren, in der souveränen Bürgervollversammlung Entscheidungen fällen und sich an der Verwaltung beteiligen (die meisten öffentlichen Ämter wurden im Wechsel von gewöhnlichen Bürgern bekleidet). Nach der gewaltigen Entwicklung der Produktivkräfte der letzten zweieinhalbtausend Jahre würden im Kommunismus dagegen die Bürger nicht dank der Arbeit elender Sklaven ihre Freizeit genießen, sondern dank der Arbeit lebloser, vom menschlichen Erfindungsgeist hervorgebrachter Maschinen.

„Verwaltung von Sachen“ an Stelle von „Regierung über Personen“, eine Formulierung, die ursprünglich von Saint-Simon geprägt wurde, heißt nicht, daß es im Kommunismus keinen Zwang mehr geben würde. Dies wäre ein utopischer Glaube. Es geht vielmehr darum, daß mit der Abschaffung der Klassen die Hauptursache sozialer Konflikte entfällt und damit auch die Notwendigkeit einer „besonderen Repressionsgewalt“. Es liegt auf der Hand, daß die assoziierten Produzenten nach wie vor über viele Dinge geteilter Meinung sein können – z. B. über Energieversorgung, Architektur oder Kindererziehung. Aber ohne den mahlenden materiellen Druck der Ausbeutung innerhalb einer Klassengesellschaft können diese Konflikte demokratisch durch Diskussionen und Mehrheitsentscheidungen gelöst werden. Falls Individuen die Ergebnisse solcher Entscheidungsprozesse zurückweisen, werden anstelle eines besonderen militärischen Polizeiapparates die assoziierten Produzenten selbst gegebenenfalls den notwendigen Zwang ausüben.

Weit davon entfernt, einem starken Staat das Wort zu reden, erwarteten Marx und Engels seine Abschaffung. So war für sie zum Beispiel der Begriff „Staatssozialismus“ ein Widerspruch in sich. Ständig kämpften sie gegen eine Ansicht, die durch Lassalle in der deutschen Arbeiterbewegung einen gewissen Einfluß gewonnen hatte. Danach handelte es sich beim Staat, wie er damals existierte, möglicherweise um eine gutwillige Institution, die für die Interessen der Arbeiter gewonnen werden könnte. Die Widerlegung dieser These war der Hauptzweck von Marxens **Kritik des Gothaer Programms**, die den schäbigen und wirren Kompromiß aufs Korn nahm, den das Mischmasch aus seinen und Lassalles Anhängern fabriziert hatte. Daß Marx ein totalitäres Bedürfnis, das Individuum im Staate aufgehen zu lassen, zugesprochen wird, ist die Folge von falschen Darstellungen durch die Liberalen und von Stalins schrecklichen Entstellung des Marxismus.

Eng verbunden mit der These, vom Absterben des Staates im Übergang zum Kommunismus ist die Ansicht von Marx, dieser Übergang mache auch die Abschaffung der Trennung von geistiger und körperlicher Arbeit erforderlich. Seit den **Ökonomisch-philosophischen Manuskripten** von 1844 geißelte Marx diese Trennung als eine der Hauptursachen, weshalb im Kapitalismus Menschen verkrüppelt, gequält und zu Unmenschlichkeiten herabgewürdigt würden. Menschen können nur dann ein glückliches und erfülltes Leben führen, wenn sie alle ihre Fähigkeiten, geistige und körperliche gleichermaßen, voll entwickeln und gebrauchen können, statt auf ein enges Arbeitsfeld beschränkt zu bleiben.

In einem berühmten Passus der **Deutschen Ideologie** schreibt Marx:

> „... in der kommunistischen Gesellschaft, wo jeder nicht einen ausschließlichen Kreis der Tätigkeit hat, sondern sich in jedem beliebigen Zweig ausbilden kann, die Gesellschaft die allgemeine Produktion regelt und mir eben dadurch möglich macht, heute dies, morgen jenes zu tun, morgens zu jagen, nachmittags zu fischen, abends Viehzucht zu treiben, nach dem Essen zu kritisieren, wie ich gerade Lust habe, ohne je Jäger, Fischer, Hirt oder Kritiker zu werden." (MEW 3, S. 33)

Häufig wurde dies in Kommentaren als utopische Idylle abgetan. Man kann sich in der Tat die Frage stellen, wie wörtlich Marx diese Worte verstanden wissen wollte, und es fällt auf, daß alle die von ihm aufgezählten Beschäftigungen in traditionellen, vorindustriellen Gesellschaften anzutreffen sind. Nichtsdestoweniger hat diese Beschreibung eine tiefere Bedeutung. Im Kommunismus werden die Produktivkräfte so weit entwickelt sein, daß die Menschen nicht mehr ein Dasein als Rädchen in einer ökonomischen Maschine fristen müssen.

Marx verfolgt diesen Punkt in einer der schönsten Stellen der **Grundrisse** weiter. Dort stellt er die These auf, daß die Tendenz im Kapitalismus zur Erhöhung der Produktivität und damit zur Erhöhung der organischen Zusammensetzung des Kapitals, des Anteils der Ausgaben für Produktionsmittel am gesamten vorgeschossenen Kapital, den Arbeitsprozeß in „ein *automatisches System der Maschinerie„* umwandeln wird, welches der Arbeiter nur noch „überwacht und ... vor Störungen bewahrt“ (Grundrisse, S. 592f.).

Dies führt dazu, daß die Bedeutung der körperlichen Arbeit im Produktionsprozeß schwindet:

> „In dem selben Maße, wie die Arbeitszeit – das bloße Quantum Arbeit – durch das Kapital als einziges wertbestimmendes Element gesetzt wird, in demselben Maße verschwindet die unmittelbare Arbeitszeit und ihre Quantität als das bestimmende Prinzip der Produktion – der Schöpfung von Gebrauchswerten – und wird sowohl quantitativ zu einer geringern Proportion herabgesetzt, wie qualitativ als ein zwar unentbehrliches, aber subalternes Moment gegen die allgemeine wissenschaftliche Arbeit, technologische Anwendung der Naturwissenschaften nach der einen Seite, wie [gegen die] aus der gesellschaftlichen Gliederung in der Gesamtproduktion hervorgehende allgemeine Produktivkraft – die als Naturgabe der gesellschaftlichen Arbeit (obgleich historisches Produkt) erscheint.“ (Grundrisse, S. 587f.)

Dieser Abschnitt stellt eine sehr schöne Voraussage der tatsächlichen Entwicklung des Kapitalismus in diesem Jahrhundert dar – die Einführung der Fließbandmassenproduktion in der ersten Hälfte des Jahrhunderts und die zunehmende Automatisierung des Arbeitsprozesses in der zweiten Hälfte.

Innerhalb der kapitalistischen Produktionsverhältnisse erfolgen diese Veränderungen in widersprüchlicher Weise – auf der einen Seite Massenarbeitslosigkeit, auf der anderen zunehmender Arbeitsdruck für diejenigen, die noch Arbeit haben; außerdem wird die Ausbildung der Facharbeiter entwertet. Aber diese Veränderungen machen eine Gesellschaft möglich, in der die Mühsal der schwierigen, immer gleichen körperlichen Arbeit abgeschafft ist, in der Menschen nicht mehr täglich an gesundheitsschädliche und stumpfsinnige Arbeit gefesselt sind. Die sich daraus ergebende Verkürzung der Wochenarbeitszeit – von Kapitalisten, weil profitschmälernd, heftig bekämpft – macht die Menschen frei für die Entwicklung ihrer geistigen Begabungen und körperlichen Geschicklichkeiten.

In der kommunistischen Gesellschaft würden dank der Entwicklung der Produktivkräfte und deren Unterwerfung unter die gemeinschaftliche Kontrolle der Gesellschaft viele Träume der utopischen Sozialisten Wirklichkeit werden. Die Schranke zwischen „Arbeit„ und „Spiel“ könnte, wie es Fourier vorausgesagt hatte, niedergerissen werden – Arbeit, um physisch zu überleben, und Arbeit zum bloßen Vergnügen wären nicht mehr voneinander getrennt und einander entgegengesetzt. Engels vertrat die Ansicht, daß auch der Gegensatz zwischen Stadt und Land durch die Schaffung von Kommunen der Art, wie sie von Fourier und Robert Owen vorgeschlagen worden waren, in denen sowohl landwirtschaftliche als auch industrielle Produktion betrieben werden würden, aufgehoben würde. Durch die technologische Entwicklung der letzten Jahre sind solche Kommunen einer Verwirklichung näher gebracht worden, machen doch die neuen Technologieformen dezentrale, miteinander durch hochentwickelte Kommunikationssysteme verbundene Produktionseinheiten erforderlich.

All dies hängt von der Entwicklung der Produktivkräfte ab, wie Marx betont:

> „Das Reich der Freiheit beginnt in der Tat erst da, wo das Arbeiten, das durch Not und äußere Zweckmäßigkeit bestimmt ist, aufhört; es liegt also der Natur der Sache nach jenseits der Sphäre der eigentlichen materiellen Produktion. ... Die Freiheit in diesem Gebiet kann nur darin bestehn, daß der vergesellschaftete Mensch, die assoziierten Produzenten, diesen ihren Stoffwechsel mit der Natur rationell regeln, unter ihre gemeinschaftliche Kontrolle bringen, statt von ihm als einer blinden Macht beherrscht zu werden; ihn mit dem geringsten Kraftaufwand und den ihrer menschlichen Natur würdigsten und adäquatesten Bedingungen vollziehn. Aber es bleibt immer ein Reich der Notwendigkeit. Jenseits desselben beginnt die menschliche Kraftentwicklung, die sich als Selbstzweck gilt, das wahre Reich der Freiheit, das aber nur auf diesem Reich der Notwendigkeit als seiner Basis aufblühen kann. Die Verkürzung des Arbeitstages ist die Grundbedingung." (MEW 26, S. 828)

Der Kommunismus wird also die Mühe, das zum Leben Notwendige der Natur abzuringen, drastisch vermindern und uns so für andere Tätigkeiten frei machen. Er wird auch den Arbeitsprozeß, „das Reich der Notwendigkeit„, der vernünftigen und gemeinschaftlichen Kontrolle unterwerfen. In Engels' Worten: „Es ist der Sprung der Menschheit aus dem Reiche der Notwendigkeit in das Reich der Freiheit." (MEW 20, S. 264)

Kapitel 8

Marx heute

Wer sich mit dem Leben und den Ideen von Karl Marx beschäftigt, kann die Veränderungen nicht ignorieren, die seit seinem Tod stattgefunden haben. Marxens Ziel war es schließlich gewesen, die Grundlage für eine wissenschaftliche Theorie der Geschichte und insbesondere der kapitalistischen Produktionsweise zu schaffen. Und die einzige Möglichkeit herauszufinden, ob eine wissenschaftliche Theorie auch nur annähernd zutrifft, besteht darin, ihre Vorhersagen mit den tatsächlichen Ereignissen zu vergleichen.

Legt man diesen Maßstab an, so behaupten viele, muß der Marxismus als fehlerhaft bewertet werden. Der Verlauf der Geschichte habe Marxens Ideen vollständig widerlegt. Die meisten seiner Vorhersagen stünden im Widerspruch zu den tatsächlichen Entwicklungen, und selbst dort, wo seine Ideen sich durchgesetzt hätten, sei dies vermutlich in einer Art und Weise geschehen, die im Gegensatz zu Marxens Hoffnungen und Erwartungen stehe. Sogar innerhalb der Arbeiterbewegung selbst hat es eine Reihe von „Krisen des Marxismus" gegeben – die erste wenige Jahre nach Engels Tod 1895 –, und in jeder dieser Krisen wurde erklärt, daß die Ideen von Marx für die zeitgenössische Gesellschaft bedeutungslos seien.

Das vorliegende Buch kann natürlich nicht ausführlich all diese Kritikpunkte behandeln. Es soll im folgenden lediglich darum gehen, sich kurz mit den drei wichtigsten Argumenten, die gegen Marx vorgebracht werden, auseinanderzusetzen. Das erste betrifft die Entstehung und das Wesen der sogenannten „sozialistischen" Länder, das zweite den Zustand des heutigen Kapitalismus und das dritte die Stellung der Arbeiterklasse im modernen kapitalistischen System.

Der „real existierende Sozialismus"

Die Russische Revolution im Oktober 1917 war zweifellos das wichtigste Ereignis des zwanzigsten Jahrhunderts. Eine Arbeiterklasse unter einer Führung, die sich offen zum Marxismus bekannte, übernahm die Macht. Trotzdem haben zahlreiche Kritiker behauptet, daß die Revolution und ihre Folgen Marx vollständig widerlegen.

Es gibt zwei wichtige Argumentationslinien in diesen Auseinandersetzungen. Zum einen wird behauptet, daß Marx erwartete, daß Revolutionen als erstes in entwickelten Industriestaaten stattfinden würden. Wie könnte er dann die Tatsache erklären, daß die erste erfolgreiche Revolution in einem rückständigen, größtenteils agrarischen Land stattfand?

Erhärtet wird dieser Kritikpunkt durch die Entstehung von sogenannten „marxistisch-leninistischen" Regimen in verschiedenen unterentwickelten Ländern wie China, Vietnam, Kuba usw. Zum anderen beweise die spätere Entartung der Russischen Revolution hin zur blutigen Tyrannei Stalins angeblich, daß Marx wiederum unrecht hatte. Die Diktatur des Proletariats führe nicht zu einer Ausweitung der Demokratie und zur letztendlichen Abschaffung der Klassen, sondern zu einer Tyrannei, die schlimmer ist als das System, das sie ersetzt hat.

Der erste Teil dieser Argumentation ist relativ einfach zu widerlegen. Marx wird darin eine Geschichtsauffassung unterstellt, nach der die Menschheit bestimmte Stufen durchlaufen muß, so daß einzelne Produktionsweisen, gemäß dem eisernen Gesetz der historischen Notwendigkeit, aufeinander folgen.

Eine derartige Version des Marxismus wurde in der Tat von einigen russischen Sozialisten wie z. B. Georg Plechanow und den Menschewiki vertreten. Sie glaubten, daß der Sozialismus in Rußland erst dann möglich sein würde, wenn die Entwicklung des Kapitalismus das Land in ein Industrieland wie Deutschland oder Großbritannien verwandelt hätte.

Das jedoch war nicht Marxens Ansicht. Rußland war eines der ersten Länder, in dem seine Ideen aufgegriffen wurden.

Er stand den Versuchen, seine im achten Kapitel des ersten Bands des **Kapital** enthaltene Analyse der Entwicklung des Kapitalismus als auf alle Gesellschaften anwendbar zu betrachten. Marx kritisierte einen russischen Schriftsteller, weil er „meinen historischen Entwurf über die Entstehungsgeschichte des Kapitalismus in Westeuropa in eine geschichtsphilosophische Theorie eines allgemeinen Weges, den alle Menschen beschreiten müssen, egal unter welchen geschichtlichen Bedingungen sie sich befinden", umgedeutet hat. Solch ein Herangehen behandelt den Marxismus als eine „allgemeine geschichtsphilosophische Theorie, deren größter Vorzug darin besteht, übergeschichtlich zu sein". (MEW 19, S. 112)

Marx hütete sich davor, die Möglichkeit auszuschließen, daß eine soziale Revolution es Rußland ermöglichten könnte, den Sozialismus zu erreichen, ohne eine kapitalistische Phase zu durchlaufen, vorausgesetzt daß „die Russische Revolution das Signal für eine proletarische Revolution im Westen" wird. (MEW 19, S. 296)

Im vorigen Kapitel haben wir gesehen, daß Revolutionen als Resultat eines Prozesses einer „ungleichzeitigen und kombinierten Entwicklung„ stattfinden. Mit anderen Worten: sie entstehen aus der einzigartigen Klassenstruktur und wirtschaftlichen Entwicklungsstufe der jeweiligen Gesellschaft, die wiederum in das kapitalistische Weltsystem eingebunden ist. Genau das trifft auf die Russische Revolution zu.

Als unterentwickelte, in erster Linie agrarische Gesellschaft, erlebte Rußland um die Wende vom neunzehnten zum zwanzigsten Jahrhundert eine Phase rascher Industrialisierung. Diese Industrialisierung wurde von zwei Kräftezentren vorangetrieben: zum einem von einer Regierung, der es darum ging, den Westen auf wirtschaftlichem Gebiet einzuholen, da sie befürchtete, andernfalls militärisch angreifbar zu sein; zum andern von ausländischen Kapitalisten, die darauf erpicht waren, die billigen russischen Arbeitskräfte auszubeuten.

Das Ergebnis war der Aufbau einer kleinen, hoch konzentrierten Industriearbeiterklasse, die ein soziales und politisches Gewicht besaß, das stärker war als ihre Zahl. Zu dem uralten Kampf zwischen Landbesitzer und Bauer kam der Widerspruch zwischen Kapital und Arbeit.

Daß es sich um eine explosive Mischung handelte, wurde zum ersten Mal in der Revolution von 1905 deutlich. Der zaristische Staat überlebte diesen Aufstand zwar noch einmal, aber das Rückgrat wurde ihm später durch die Niederlage im Ersten Weltkrieg gebrochen. Die Februarrevolution von 1917 fegte den zaristischen Staat hinweg und ließ eine Situation der „Doppelmacht" entstehen, mit der bürgerlichen Provisorischen Regierung auf der einen und den Sowjets, den Arbeiter- und Soldatenräten, auf der anderen Seite. Im Oktober 1917 übernahmen die Sowjets unter der Führung der Bolschewiki, einer fest in der städtischen Arbeiterklasse verankerten Partei, die Macht. Dabei half ihnen die wohlwollende Neutralität der Bauern, denen sie den Grundbesitz des Landadels versprochen hatten.

Eine viel schwerwiegerende Infragestellung des Marxismus als die Tatsache einer Revolution in einem unterentwikkelten Land ist das, was in Rußland nach dem Oktober 1917 geschah, nämlich die Verwandlung eines demokratischen Arbeiterstaates in ein bürokratisches Monstrum.

Die Antwort darauf kann in beharrlichen Hinweisen Marxens gefunden werden, daß der Sozialismus nur als weltumfassendes System gelingen kann. Wie er, so waren auch die Bolschewiki der Überzeugung, daß das Sowjetregime nur überleben konnte, wenn es zum „Signal für die proletarische Revolution im Westen" wird.

Aber trotz der revolutionären Welle, die Europa zum Ende des ersten Weltkrieges erschütterte, blieb die neue Sowjetrepublik isoliert. Hinzu kam der blutige Krieg, den die westlichen Mächte und konterrevolutionäre Kräfte gegen Rußland entfesselten, und der eine riesige Zerstörung verursachte. Die industrielle Wirtschaft brach zusammen, und die Arbeiter strömten zurück in die Dörfer, die sie erst kurz zuvor verlassen hatten. Am Ende des Bürgerkrieges im Jahre 1921 war das Land erschöpft, die Arbeiterklasse aufgelöst, die Räte nur noch eine leere Hülse der Arbeitermacht und die Bolschewiki quasi nur noch die Diktatur einer Minderheit, die quasi über einer größtenteils feindlich gesinnten Klasse von Kleinbauern schwebte.

Wie Marx vorhergesagt hatte, bedeutete die Begrenzung der Revolution auf ein Land, daß „das ganze schmutzige Geschäft" von Ausbeutung und Klassenkampf wiederhergestellt wurde. Das niedrige Entwicklungsniveau der Produktivkräfte in Rußland war eine unzureichende Grundlage für eine Bewegung in Richtung Kommunismus. Nur die im Weltmaßstab vorhandenen Reichtümer hätten dies garantieren können.

Die bolschewistische Führung paßte sich zunehmend dieser Lage an, vor allem nachdem Lenins politisches Leben mit seinem ersten Schlaganfall 1922 beendet war. Allmählich erachteten sie die Interessen des Sowjetstaates für wichtiger als die der weltweiten Arbeiterklasse. So wurden zwischen 1923 und 1936 mehrfach revolutionäre Möglichkeiten – in China, Frankreich und Spanien – vergeben, weil sie in Konflikt zu den damaligen Zielen der russischen Außenpolitik standen. Um diese Herangehensweise zu rechtfertigen, wurde die Doktrin des „Sozialismus in einem Land" formuliert. Kritiker innerhalb des Regimes, wie etwa Trotzki und die Linke Opposition, wurden ausgeschlossen, eingesperrt, ins Exil getrieben und ermordet. Die Unterdrückung innerhalb der Partei begünstigte die Entwicklung von Stalins persönlicher Diktatur, die der Herrschaft einer Schicht von privilegierten Bürokraten über Rußland eine konkrete Form gab.

Die Niederlagen, die die Arbeiterklasse außerhalb Rußlands erlitt, verstärkte die Isolation des russischen Regimes und die Gefahr einer Invasion von außen. Um dieser Bedrohung zu begegnen, benötigte Rußland modernste Waffen, die nur von einer industriell entwickelten Wirtschaft produziert werden konnten. Aber die zur Industrialisierung des Landes benötigten Mittel konnten nur aus der Mehrarbeit der Arbeiter und Bauern kommen. In den Jahren 1928 und 1929 setzte Stalin einen abrupten Kurswechsel hin zu einer beschleunigten Industrialisierung durch.

Das Land wurde „kollektiviert“, mit anderen Worten, es wurde unter die Kontrolle des Staates gestellt. Millionen von Bauern kamen in diesem Prozeß um. Durch diesen Schritt wurde das Regime mit dem Getreide versorgt, das für die Versorgung der Städte sowie den Verkauf ans Ausland notwendig war, wodurch Devisen hereinkamen, die für den Kauf von modernen westlichen Maschinen gebraucht wurden. Gleichzeitig wurden riesige schwerindustrielle Anlagen aus dem Boden gestampft. Bauern wurden vom Lande vertrieben – und massenweise in die neuen Fabriken gesteckt. Es war ihre Mehrarbeit, die die Industrialisierung möglich machte: ein russischer Ökonom errechnete, daß die wirtschaftliche Expansion in den 30er Jahren durch einen riesigen Anstieg der Auspressung von Mehrwert, sowohl des relativen als des absoluten, finanziert wurde.

Marx hatte geschrieben, daß die „ursprüngliche Akkumulation“ des Kapitals in Westeuropa mit massiver Gewaltanwendung verbunden war: um die Bauern vom Land zu vertreiben; um Handwerker zu zwingen, länger zu arbeiten und dadurch absoluten Mehrwert zu produzieren; um den Reichtum der Welt zu plündern; um arbeitslose Vagabunden, die ihren Lebensunterhalt nicht bestreiten konnten davon abzuhalten, die Gesellschaft zu bedrohen.

„Diese Methoden... benutzen (alle aber) die Staatsmacht, die konzentrierte und organisierte Gewalt der Gesellschaft, um den Umwandlungsprozeß der feudalen in die kapitalistische Produktionsweise treibhausmäßig zu fördern und den Übergang abzukürzen.“ (MEW 23, S. 779)

Dieses blutige Werk, das im westlichen Europa Jahrhunderte brauchte, wurde in Rußland auf ein Jahrzehnt zusammengedrängt. Das Resultat war dasselbe. Die Bauern wurden von den Produktionsmitteln getrennt und das, was von den Errungenschaften der Arbeiter aus der Revolution von 1917 noch übrig geblieben war, wurde vernichtet. Das Resultat war, so sicher wie bei dem von Marx analysierten Prozeß der „ursprünglichen Akkumulation“, die direkten Produzenten von den Produktionsmitteln zu trennen und sie zu zwingen, ihre Arbeitskraft zu verkaufen.

Es ist richtig, daß dies durch einen Umstand verschleiert wurde, den Marx als eine „metaphysische und juristische Illusion“ bezeichnen würde, nämlich daß, rechtlich gesehen, der Staat der Besitzer der Produktionsmittel war und die Arbeiter den Staat kontrollierten. Hinter dieser Erscheinung verbarg sich, ähnlich wie bei der von Marx beschriebenen formellen Gleichheit von Kapitalisten und Arbeitern, die Realität einer Klassenausbeutung. Nicht die Arbeiter kontrollieren den Staat, sondern die Partei – und Staatsbürokratie, angeführt von Stalin, besaß die politische Macht und übte dadurch das eigentliche Eigentum über die Produktionsmittel aus.

Wir haben gesehen, daß der Kapitalismus zwei Trennungen beinhaltet. Als erste, die Trennung der direkten Produzenten von den Produktionsmitteln, die in Rußland durch die forcierte Kollektivierung und Industrialisierung in den dreißiger Jahren eingeführt wurde. Aber was ist mit der zweiten Trennung, der Aufteilung der Wirtschaft in konkurrierende Kapitalien? Es liegt nahe zu glauben, daß solch ein Zustand in der Sowjetunion nicht existiert, weil der Markt für Güter (anders als für Arbeitskräfte) innerhalb des Landes größtenteils durch Staatskontrolle und Planung ersetzt wurde.

Auch hier wieder ist die Realität anders, als sie erscheint. Wenn wir Rußland im Zusammenhang mit dem kapitalistischen Weltsystems setzen, sieht die Angelegenheit anders aus. Es ist klar, daß der Sowjetstaat den Zwängen des Weltsystems unterworfen ist. Das spiegelt sich in der Priorität wider, die der Produktion von Militärgütern in der russischen Wirtschaft eingeräumt wird, und diese macht die enorme Summe von 12 bis 14 Prozent des Bruttosozialproduktes aus. Die anfängliche Entscheidung in den 20er Jahren zu kollektivieren und zu industrialisieren war nicht das Ergebnis von Stalins Boshaftigkeit und Machtgier, sondern dem Druck objektiver Umstände geschuldet – der Notwendigkeit, sich mit der westlichen Militärmacht messen zu können. Es ist derselbe Druck, der heute Rußland ans Weltsystem bindet, und dafür sorgt, daß die Mehrarbeit nicht den vereinten Produzenten zukommt, sondern daß sie wieder in die Produktion zurückfließt.

Das Ergebnis ist eine Situation, die im Prinzip identisch ist mit der, die Marx im **Kapital** analysierte. Das Ziel der Produktion im Kapitalismus ist nicht Konsumtion, sondern Akkumulation, Produktion um der Produktion willen. Und dieses Ziel ist nicht das Ergebnis einer freiwilligen Entscheidung des Kapitalisten, sondern er ist gezwungen, als Resultat der Konkurrenz, entweder seine Profite zu reinvestieren oder von seinen Konkurrenten aus dem Geschäft geworfen zu werden. „Der Einfluß des einzelnen Kapitals auf das andere hat den Effekt genau, daß es sich selbst als Kapital verhalten muß.“ (Grundrisse, S. 550) Das gleiche gilt für die Beziehung zwischen Rußland und dem Westen, nur daß wir es hier mit Staatskapital zu tun haben, anstatt mit privaten Firmen, und diese konkurrieren militärisch ebenso wie wirtschaftlich.

Die vorherrschenden Produktionsverhältnisse in der Sowjetunion sind somit nicht sozialistisch, es handelt sich vielmehr um Systeme eines bürokratischen Staatskapitalismus. Die Arbeiterklasse wird kollektiv ausgebeutet von einer Staatsbürokratie, die mit ihren westlichen Gegenstücken konkurriert. Somit widerlegt das Schicksal der russischen Revolution Marx nicht: im Gegenteil, es kann nur auf dem Boden seiner Theorie erklärt werden, als eine unausweichliche Konsequenz des Scheiterns der Ausdehnung der Revolution und des Drucks des kapitalistischen Weltsystems.

Die Entstehung von „sozialistischen“ Regimen überall in der Welt kann mit dieser Sichtweise verstanden werden. In Osteuropa sind sie als verlängerter Arm der sowjetischen Militärmacht zu sehen, geschaffen als eine Kette von Pufferstaaten gegen eine westliche Invasion. Ereignisse in Polen seit dem August 1980 haben offenbart, wie wenig sie mit Arbeiterstaaten zu tun haben. Wir haben eine Arbeiterklasse gesehen, die gegen „ihren“ Staat revoltierte, um letztlich vom Militär niedergeschlagen zu werden.

Die Auftauchen von „sozialistischen" Staaten in der Dritten Welt spiegelt die Schwierigkeiten bürgerlich-demokratischer Revolutionen in unterentwickelten Ländern wider. Marx schrieb 1848: „Die deutsche Bourgeoisie hatte sich so träg, feig und langsam entwickelt, daß im Augenblikke, wo sie gefahrdrohend dem Feudalismus und Absolutismus gegenüberstand, sie selbst gefahrdrohend das Proletariat erblickte und alle Fraktionen des Bürgertums, deren Interessen und Ideen dem Proletariat verwandt sind." (MEW 6, S. 108) So war die Bourgeoisie nicht gewillt, in der gleichen entschiedenen und revolutionären Art und Weise wie ihre englischen und französischen Vorfahren zu handeln.

Marx schlußfolgerte, daß das daraus entstehende Vakuum nur von der Arbeiterklasse ausgefüllt werden konnte:

> „Es ist unser Interesse und unsere Aufgabe, die Revolution permanent zu machen, so lange, bis alle mehr oder weniger besitzenden Klassen von der Herrschaft verdrängt sind, die Staatsgewalt vom Proletariat erobert und die Assoziation der Proletarier nicht nur in einem Lande, sondern in allen herrschenden Ländern der ganzen Welt so weit vorgeschritten ist, daß die Konkurrenz der Proletarier in diesen Ländern aufgehört hat und daß wenigstens die entscheidenden produktiven Kräfte in den Händen der Proletarier konzentriert sind." (MEW 7, S. 247f.)

Gerade solch ein Prozeß der „permanenten Revolution„ trat in Rußland 1917 ein. Die Bourgeoisie war – wie in Deutschland – zu schwach und hatte Angst, gegen die Arbeiterklasse vorzugehen. Ihr Handeln beschränkte sich darauf, sich mit dem zaristischen Regime in der Hoffnung zu verbünden, daß nur eine „passive Revolution" ähnlich der unter Bismarck in Deutschland stattfindet. Aber nur die Arbeiterklasse war dazu in der Lage, die Bauern in ihrem Kampf mit dem feudalen Adel zu unterstützen. So verschmolz in Rußland die bürgerlich-demokratische Revolution gegen den Feudalismus mit der proletarisch-sozialistischen Revolution gegen den Kapitalismus unter der Führung der Arbeiterklasse zu einer einzigen Bewegung. Leider wurde die Revolution letztendlich, weil sie sich nicht auf andere Länder ausweitete, niedergeschlagen.

In anderen unterentwickelten Ländern, wo die Bourgeoisie ähnlich schwach war und eine passive Rolle spielte, war die Arbeiterklasse selbst unfähig, die revolutionäre Rolle zu übernehmen, wie es die russischen Arbeiter 1917 taten. Die Ursachen dafür lassen sich entweder in der wirtschaftlichen Unterentwicklung, dem Einfluß nicht-revolutionärer Parteien oder den Privilegien, derer sich einige Arbeiter der Dritten Welt erfreuten, finden. Als in den Kolonien und Vorkolonien nationale Unabhängigkeitsbewegungen entstanden, gerieten sie unter die Führung anderer sozialer Kräfte.

Dabei handelte es sich größtenteils um Schichten der bürgerlichen Intelligenz, die den Westen und die einheimischen Kapitalisten ablehnten, zugleich aber keinerlei Neigung für eine Befreiung der Arbeiterklasse zeigten. Sie waren vor allem Nationalisten mit dem Wunsch, starke und unabhängige Nationalstaaten aufzubauen. Vielen erschien das stalinistische Rußland als ein attraktives Modell für die nachholende Industrialisierung eines rückständigen Landes mittels staatlicher Kontrolle, daher bezeichneten sie sich als „Marxisten-Leninisten". Aber ihr Sozialismus hatte mit der Selbstemanzipation der Arbeiterklasse nichts gemein. Als sie erfolgreich ihre ausländischen Herren vertrieben hatten, reproduzierten sie alle wichtigen Merkmale des bürokratischen Staatskapitalismus, wie er in Rußland existierte; dies galt insbesondere für China, Vietnam und Kuba.

Der „real existierende Sozialismus„ im Ostblock ist somit die Negation des Sozialismus, so wie ihn sich Marx vorstellte. Er beruht nicht auf der Selbstemanzipation der Arbeiterklasse, sondern auf deren Ausbeutung. Jeder, der an Marxens Theorie festhält, muß mit ganzen Herzen für einen Sturz dieser Regime eintreten.

Kapitalismus heute

Die zweite wichtige Kritik, die oft an Marx geäußert wird, betrifft die Tatsache, daß der Kapitalismus sich seit Marxens

Zeit verändert hat. Es wird kritisiert, daß das **Kapital** trotz der Genauigkeit, mit der es Marxens Welt wiedergibt, trotzdem nur ein schlechter Kompaß für uns heute ist. Die schlüssigsten Argumente dazu finden wir in zwei Büchern, die beide 1956 von Intellektuellen der Labour Party veröffentlicht wurden. Eines stammt von Anthony Crosland und lautet **The Future of Socialism**, das andere stammt von John Strachey: **Contemporary Capitalism**. Strachey war ein sehr einflußreicher Marxist und Publizist in den Dreißigern; Crosland war eine bestimmende Person in einer Generation von Labour-Politikern, die vertraten, daß Klassenkampf und Verstaatlichung für sozialistische Politik nicht länger von Bedeutung sei.

Crosland und Strachey gehen davon aus, daß sich die Strukturen des Kapitalismus grundlegend geändert haben. Das Wachstum von Monopolen habe zu einer Verschmelzung von Staat und Großindustrie geführt, die wirtschaftliche Planung nun erst ermöglicht habe, wie dies in früheren Zeiten der kapitalistischen Entwicklung nicht der Fall gewesen wäre. Populär wurde die These von der Trennung von Eigentum und Verfügungsgewalt. Die großen Konzerne wären danach nicht mehr von ihren juristischen Eigentümern, den Aktionären, sondern von Managern kontrolliert, die selbst keine großen persönlichen Anteil am Konzern besäßen und sich daher am langfristigen Wachstum statt am kurzfristigen Profit orientierten.

Crosland, weniger vorsichtig als Strachey, der an einigen seiner alten marxistischen Vorstellungen festhielt, kam zur Schlußfolgerung, daß „es uns auf den falschen Weg führt, wenn wir weiterhin von 'Kapitalismus' in Großbritannien reden." „Wir stehen ... an der Schwelle zum Massenüberfluß", verkündete er. Die Stoßrichtung der Aktivität von Sozialisten, so Crosland, sollte auf die allmähliche Vernichtung der verbleibenden Ungleichheit und Armut gerichtet sein. Der Klassenkampf gehört für immer der Vergangenheit an: „Man kann sich heute nicht ein absichtliches Angriffsbündnis zwischen der Regierung und den Arbeitgebern vorstellen ... mit all den brutalen Maßnahmen von Lohnkürzungen, nationalen Aussperrungen und Anti-Gewerkschaftsgesetzen."

Es ist relativ einfach, 1983, inmitten der tiefsten Wirtschaftskrise innerhalb eines halben Jahrhunderts, und unter einer äußerst reaktionären Tory-Regierung, Croslands Optimismus zu verhöhnen. Dennoch ist es klar, daß sich der Kapitalismus seit Marx beträchtlich verändert hat. Außerdem erfreute sich die Weltwirtschaft nach Ende des Zweiten Weltkriege über 25 Jahre eines anhaltenden Aufschwungs – das Weltbruttosozialprodukt wuchs zwischen 1948 und 1973 um das Dreieinhalbfache an. Kann die Theorie von Marx diese Entwicklung erklären?

Weit davon entfernt, der Marxschen Theorie zu widersprechen, ist die These von der Entstehung des Monopolkapitals für sie zentral. Marx betonte, daß die Konkurrenz zwischen den Kapitalien zur Vergrößerung der Produktionseinheiten führt. Dieser Prozeß äußert sich in zwei zusammenhängenden Formen – der Konzentration von Kapital durch die Akkumulation von Mehrwert und der Zentralisation von Kapital, das Verschlingen von kleineren, weniger effizienten Firmen durch größere, leistungsfähigere Rivalen.

Zur selben Zeit wie diese „beständige abnehmende Anzahl der Kapitalmagnaten" (MEW 23, S. 790) verändern sich die gesetzlichen Eigentumsformen. Marx beschrieb die Entwicklung von Aktiengesellschaften als „die Aufhebung des Kapitals als Privateigentum innerhalb der Grenzen der kapitalistischen Produktionsweise" unter Einbeziehung der „Verwandlung des wirklich fungierenden Kapitalisten in einen bloßen Dirigenten, Verwalter fremdes Kapitals, und der Kapitaleigentümer in bloße Besitzer, bloße Geldkapitalisten" (MEW 25, S. 452) Die berühmte „Trennung von Eigentum und Verfügungsgewalt" hätte Marx nicht überrascht.

Das Wachstum des Monopolkapital ist während des zwanzigsten Jahrhunderts rasch fortgeschritten. So konnten z. B. 1970 die 100 größten Firmen in Großbritannien 46 Prozent der industriellen Nettoproduktion für sich verbuchen. Seit dem zweiten Weltkrieg handeln die großen Firmen zunehmend im internationalen Maßstab, ihre Geschäfte auf den gesamten Globus ausbreitend.

Diese Veränderungen haben das Verhalten der Industriellen nicht weniger kapitalistisch gemacht. Gegenteilige Annahmen greifen eher auf psychologische Theorien über Geschäftsleute zurück – sie beziehen sich auf die Differenzen zwischen dem viktorianischen Laissez-faire-Kapitalisten, der das meiste für sich herausholen wollte und dem Typ des sanften, „sozial verantwortungsvollen" Geschäftsführers in der Mitte des zwanzigsten Jahrhunderts, der um die Interessen seiner Firma besorgter erscheint als um seine eigenen.

Selbst wenn wir die Frage außer Acht lassen, wie genau diese Bilder zutreffen, sind sie für die zentrale Frage, was das Wesen des gegenwärtigen Kapitalismus ist, unbedeutend. Marx betonte, daß die Dynamik, die die Kapitalisten dazu verleitet, Mehrwert auszupressen und zu akkumulieren, nichts mit ihren persönlichen Wünschen zu tun hat, sondern aus dem unpersönlichen Druck des Konkurrenzsystems, deren Teil sie sind, entstammt. Der Konkurrenzkampf zwischen den Kapitalien ist so grausam wie eh und je, auch wenn der Kampf heute eher zwischen multinationalen Firmen stattfindet als zwischen einzelnen Kapitalisten.

In solch einer konkurrierenden Umwelt bleiben Profite der einzig geeignete Maßstab von Erfolg und Mißerfolg – vor allem, weil sie die Quelle des Fonds für Reinvestitionen sind. Der Wechsel von kurzfristigem zu langfristigem Wachstum spiegelt, wenn er überhaupt stattfand, einfach die Veränderung der Mittel, Profit zu maximieren, nicht eine Aufgabe des Ziel an sich, wider.

Die andere bedeutende Veränderung in der Struktur des Kapitalismus bildete die zunehmende Rolle des Staates. Selbst im neunzehnten Jahrhundert spielte der Staat niemals die Rolle eines „Nachtwächters", auf die ihn liberalen Ideologen so gerne zu beschränken versuchen, sondern seine Aktivitäten umfaßten größtenteils die Bereitstellung, wie Engels es nannte, von „externen Bedingungen" der Kapitalakkumulation: Armee, Polizei, Gerichte und Armengesetze. Heute jedoch ist der Staat selbst Kapitalist im großen Maßstab, der mittels eigener verstaatlichter Firmen Waren produziert.

Zur selben Zeit beschäftigt er einen großen Teil der Arbeiterschaft, vor allem durch die Bereitstellung von Dienstleistungen im Gesundheitswesen, in der Erziehung und der Wohlfahrt. Schließlich hat die Regierung eine übergeordnete Verantwortlichkeit für die Leitung der Wirtschaft.

Besonders von Strachey wurden diese Entwicklungen als Triumph des „kontrollierten Kapitalismus„ begrüßt, in dem Arbeiter ihre politische Macht durch Wahlen benutzen können, um die Wirtschaft in ihrem Sinne zu lenken. Wiederum erscheinen solche Annahmen in den achtziger Jahren weniger glaubwürdig als in den fünfziger Jahren. Damals herrschte der Glaube, daß der Staat, durch keynesianische Maßnahmen zur Steuerung der Nachfrage, die Wirtschaft auf einem konstanten Niveau halten könne. Aber heute erscheinen die Nationalstaaten machtlos angesichts einer weltweiten wirtschaftlichen Rezession, und eine politische und ideologische Kampagne gegen die Politik der Staatsintervention brachte rechte Populisten wie Ronald Reagan und Margaret Thatcher ins Amt.

Das Wachstum des wirtschaftlichen Gewichts des Staates ist eng an die Entwicklung des Monopolkapitalismus gebunden. Die immense Ausweitung der Größe der einzelnen Unternehmen hat die Notwendigkeit einer wirksamen Koordinierung ihrer Aktivitäten geschaffen. Mit der Verstaatlichung von unprofitablen, aber notwendigen Industrien wie Kohle, Eisenbahn und Stahl wurde Mehrwert von unproduktiverem auf leistungsfähigeres Kapital übertragen. Und die Notwendigkeit einer verhältnismäßig gut ausgebildeten und gesunden Arbeiterschaft wurde durch den Ausbau des Sozialstaates (der, zumindest in Großbritannien, wiederum größtenteils aus Arbeiterlöhnen, die seit den fünfziger Jahren von einer stetig steigenden Steuerlast geschmälert wurden, finanziert wurde) gewährleistet.

Auch waren einige dieser Veränderungen erst auf Druck der organisierten Arbeiterbewegung entstanden: das britische nationale Gesundheitswesen z. B. repräsentierte für viele

Arbeiter den Triumph der sozialen Sicherheit über den privaten Profit. Das langfristige Interesse des Kapitals an einer gesunden und leistungsstarken Arbeiterklasse deckte sich mit Forderungen der Arbeiterbewegung, ähnlich wie bei der von Marx analysierten Fabrikgesetzgebung.

Ebenso wichtig war allerdings die Aufgabe des Staates, die auswärtigen Interessen des Kapitals zu verteidigen. Um die Wende zum zwanzigsten Jahrhundert spielte sich die folgenschwere Aufteilung der Welt unter den westlichen Mächten ab. Um ihre Interessen im Kampf um wirtschaftlichen und politischen Einfluß durchzusetzen, wandten sich die Kapitalisten zunehmend an den Staat. Das Ergebnis war eine Intensivierung der militärischen Konkurrenz zwischen den Staaten, die neben die wirtschaftlichen Konkurrenz zwischen Firmen trat und zwei Weltkriege auslöste.

Während und kurz nach dem Ersten Weltkrieg analysierte der russische Marxist Nikolai Bucharin diese Veränderungen. Bucharin behauptete, daß die Entstehung des kapitalistischen Weltsystems und die Tendenz zur Herausbildung staatskapitalistischer Strukturen innerhalb der Einzelstaaten zusammengehöre. Staat und Monopolkapital würden zunehmend miteinander verschmelzen und so ein relativ einheitliches Staatskapital bildeten. Obwohl es also innerhalb der Nationalstaaten zur Herausbildung monopolistischer Strukturen kam, wuchs die Konkurrenz zwischen den Staatsmonopolen weltweit. Diese Konkurrenz war jetzt aber sowohl militärischer wie wirtschaftlicher Natur, so Bucharin.

Diese Analyse war eine Weiterentwicklung von Marxens Darstellung im **Kapital**, in dem er beschreibt, wie eben die Konkurrenz das Kapital dazu zwingt, als Kapital zu handeln. Bucharins Analyse liefert eine Einsicht in die Arbeitsweise des Weltsystems, die viele Entwicklungen seit dem Ersten Weltkrieg erklärt. Auch haben wir gesehen, wie der Druck der militärischen Konkurrenz die Herrscher Rußlands dazu zwang, die Akkumulation um der Akkumulation willen zu ihrem vorherrschenden Motiv zu machen.

Der militärische Kampf zwischen den großen Staatskapitalien war wesentlich für die vergleichsweise hohe Stabilität und den Wohlstand, deren sich die Weltwirtschaft in den fünfziger und sechziger Jahren erfreute. Denn die Verwendung von Mitteln für die Produktion von Rüstungsgütern schwächt paradoxerweise einige der Faktoren, die das System in die Krise treiben, ab.

Um das zu verstehen, müssen wir uns zuerst in Erinnerung rufen, daß Marx zwei Abteilungen der Wirtschaft unterschieden hatte, die Abteilung I (Produktionsmittel) und die Abteilung II (Konsumgüter). Die in diesen Abteilungen hergestellten Waren werden produktiv konsumiert. Mit anderen Worten, sie werden benutzt, um neue Waren herzustellen. Produktionsmittel (Maschinen, Fabriken etc.) sind offensichtlich notwendig, damit noch mehr Güter hergestellt werden können. Konsumgüter werden wiederum gebraucht, um die Arbeitskraft am Leben und leistungsfähig zu erhalten.

Es gibt jedoch noch einen dritten Sektor in der Ökonomie, den Marx Abteilung IIb nannte, der aber allgemein als Abteilung III bekannt ist und dessen Produkte nicht produktiv konsumiert werden. Marx selbst dachte dabei an Luxusgüter, die von den Kapitalisten konsumiert werden und keinen Beitrag zur Erweiterung der Produktion leisten, weil sie aus einem Teil des Mehrwert bezahlt werden, der auch wieder hätte investiert werden können. Waffen wirken im Prinzip ebenso wie Luxusgüter: sie werden nicht benötigt, um andere Waren herzustellen. Bestenfalls lagern sie nur – griffbereit für den Kriegsfall – solange, bis sie veraltet sind, schlimmstenfalls werden sie eingesetzt, um Menschen und Sachen zu zerstören. Waffenproduktion ist Verschwendungsproduktion.

Wie wir gesehen haben, zwingt die Konkurrenz das Kapital dazu, den Mehrwert zu reinvestieren, um die Produktionsmethoden weiter zu entwickeln. Damit wächst die organische Zusammensetzung des Kapitals – das ist der Anteil der Produktionsmittel an den Gesamtinvestitionen – und die Profitrate fällt. Verschwendungsproduktion wirkt jedoch diesem Prozeß entgegen. Mehrwert, der sonst dazu benutzt würde, die Arbeitsproduktivität und damit auch die organische Zusammensetzung des Kapitals zu erhöhen, wird statt dessen unproduktiv verbraucht.

„Krieg versteht sich von selbst", schrieb Marx, „da er unmittelbar ökonomisch dasselbe ist, als wenn die Nation einen Teil ihres Kapitals ins Wasser würfe." (Grundrisse, S. 47) Indem Kapital aus der Warenproduktion herausgenommen wird, werden die Kräfte, die zur Krise führen, geschwächt.

Darüber hinaus zeigen verbesserte Versionen über die Art, wie Marx die Verwandlung von Werten in Produktionskosten darstellte, daß die Profitrate in der Abteilung III nicht die Bildung der allgemeinen Profitrate beeinflußt. Das bedeutet, daß selbst dann, wenn die organische Zusammensetzung des Kapitals in der Rüstungsproduktion höher ist als in den anderen Abteilungen der Wirtschaft, die allgemeine Profitrate nicht herabgedrückt wird. Abteilung III kann einen Markt für die Produkte der beiden anderen Abteilungen bereitstellen, ohne die allgemeine Profitabilität des Kapitals zu unterlaufen.

Dieser stabilisierende Effekt der Rüstungsproduktion wurde bereits in den 30er Jahren offensichtlich, als die beiden Länder, die zuerst aufrüsteten (Deutschland und Japan) ebenso die ersten waren, die sich von den Auswirkungen der Krise erholten und Vollbeschäftigung erreichten. Länder wie Großbritannien und USA kamen zum selben Ergebnis, aber erst mit dem Beginn des Zweiten Weltkrieges und ihrer Wendung hin zur Kriegswirtschaft.

Aber erst gegen Ende des Zweiten Weltkrieges, mit dem Auftauchen der sogenannten „permanenten Rüstungswirtschaft„, die aus der militärischen Konkurrenz zwischen Ost und West entstand, entwickelte sich die Verschwendungsproduktion in vollem Umfang. Große Anteile des Bruttosozialproduktes der USA und Rußlands wurden für die Produktion und den Einsatz von Waffen verwendet; verglichen mit früheren „Friedenszeiten" waren sie gigantisch. Die stabilisierenden Folgen zeigten sich in einem Fall der organischen Zusammensetzung des Kapitals und stabiler oder steigender Profitraten. Der Weltkapitalismus erfreute sich eines in seiner

Länge und in seinem Ausmaß nie dagewesenen Aufschwungs.

Es sah so aus, als ob der lange Aufschwung für immer anhalten sollte. Der richtigen Handhabung von Staatshaushalten – durch Keynes wirtschaftlich populär gemacht – wurden wundersame Eigenschaften zugeschrieben, obwohl diese Methoden im Rahmen der Politik des „New Deal" unter Präsident Franklin Roosevelt nicht verhindern konnten, daß es 1937/38 zu einem noch tieferen Zusammenbruch kam als nach dem Zusammenbruch der Wall Street im Jahr 1929. Ein Schüler von Keynes, Michael Stewart, schrieb in seiner in Großbritannien in den achtziger Jahren populär gewordenen Einführung **Keynes and After**: „Der entscheidende Faktor ist, daß mit der Anerkennung der **Allgemeinen Theorie** [Keynes' Meisterwerks] die Tage der unkontrollierbaren Massenarbeitslosigkeit in den fortgeschrittenen Ländern vorbei sind. Andere wirtschaftliche Probleme mögen uns bedrohen; aber dieses eine gehört der Vergangenheit an."

Heutzutage, mit einer „unkontrollierbaren Massenarbeitslosigkeit" von über 30 Millionen in den „entwickelten Industriestaaten", wissen wir es besser. Die Zusammenbrüche in den siebziger und achtziger Jahren spiegeln die Tatsache wider, daß die Tendenz zur Krise, die Marx im **Kapital** aufdeckte, wieder erwacht ist.

Die Bürde der Rüstungswirtschaft war ungleich verteilt. Im Westen waren es die USA und Großbritannien, die den größten Anteil trugen. Das bedeutete, daß Länder wie Deutschland und Japan ihre gesamten verfügbaren Wirtschaftsmittel in groß angelegte produktive Investitionen lenken konnten, was ihnen ermöglichte, die anderen auf dem Weltmarkt auszustechen. Ab einem bestimmten Punkt konnte das amerikanische Establishment den Niedergang der Überlegenheit der USA nicht mehr hinnehmen. Die späten sechziger und frühen siebziger Jahre brachten eine bedeutsame Verringerung der US-Rüstungsausgaben, um Kapital in produktive Investitionen umzulenken. Das Resultat war ein enormer Schub weltweiter Konkurrenz, ein scharfes Ansteigen der organischen Zusammensetzung des Kapitals und ein Fall der Profitrate. Der ersten echten Weltrezession seit Mitte der dreißiger Jahre unmittelbar vorausgegangen war eine Vervierfachung der Ölpreise 1973/74.

Den klügeren Teilen der herrschenden Klasse sind die zugrundeliegenden Ursachen der Krisen sehr wohl bekannt. Die **Financial Times** gab kürzlich zu, daß „der Nachkriegsboom langsam in den späten 60ern versickerte, aber nicht, wie allgemein angenommen wurde, als ein Resultat des Ölschocks von 1973/74. Den deutlichsten Hinweis auf die zu Grunde liegenden Tendenzen geben die ... Profitraten. Sie verraten bereits Ende der sechziger Jahre einen ernsthaften wirtschaftlichen Rückschlag für die wichtigsten Industrieländer." (7. 9. 1982) Samuel Brittan, Redakteur Financial Times und einer der prominentesten Vertreter des Monetarismus, hat sich dazu bekannt, daß er nicht in der Lage sei, diesen weltweiten Fall der Profitrate zu erklären: „Warum sehen sich die Arbeitgeber gezwungen, ihre Preisaufschläge mit jedem Konjunkturzyklus herunterzusetzen? Ich bin weit davon entfernt, überzeugt zu sein, diesen Prozeß vollständig zu verstehen." (16. 9. 1982)

Nur in Marxens **Kapital** finden wir die Lösung des Problems, das den führenden bürgerlichen Gelehrten so zu schaffen macht. Der Druck des weltweiten Konkurrenzkampfes zwingt die kapitalistischen Unternehmen und Staaten in großem Umfang, in die neueste Technologie zu investieren. Die Kosten für Investitionen sind wesentlich schneller gestiegen als die Beschäftigtenzahlen. Und gerade weil die Arbeiter den Mehrwert, auf dem das System beruht, produzieren, ist die Profitrate gefallen.

Es gibt auch keinen einfachen Ausweg aus der Krise. Die kapitalistischen Volkswirtschaften, in ihrem momentan schwachen Zustand, hätten große Schwierigkeiten, den enormen Anstieg von Rüstungsausgaben aufrechtzuerhalten, der notwendig wäre, um denselben Anteil des Bruttosozialprodukts für Waffen bereit zu stellen, der z. B. in den USA in den fünfziger Jahren erreicht wurde. Und welcher Staat auch immer diese Bürde auf sich nähme, er würde im Konkurrenzkampf um Märkte darunter leiden.

Ferner ist mit der zunehmenden Reife des Systems die Größe der einzelnen Kapitalien gewachsen. Das bedeutet, daß Konkurse sehr kostspielig sein können, nicht nur für die direkt Betroffenen, sondern ebenso für eine gesamte Volkswirtschaft. Das klassische Beispiel ist British Leyland, dessen Bankrott die nationale britische Autoindustrie auslöschen und damit Tausende von Arbeitsplätzen vernichten würde. So schreiten Regierungen, egal welcher Parteizugehörigkeit, ein, um diese lahmen Enten wieder aufzupäppeln.

Das Ergebnis ist, daß die Zusammenbrüche nicht mehr länger ihre Funktion erfüllen, nämlich so viel Kapital zu zerstören, daß die Profitrate auf ein angemessenes Niveau zurückkehrt. Dieses spiegelt sich im Phänomen der ständigen Inflation wider. Früher stiegen die Preise während des Aufschwungs und fielen während der Abschwünge. Nun steigen sie kontinuierlich. Die einzige Veränderung ist die Inflationsrate, die zu Zeiten der Rezession geringer ist als in Zeiten der Expansion. Die Probleme, die in Zeiten von Aufschwüngen entstehen, werden in Zeiten von Abschwüngen nicht mehr gelöst. Dementsprechend sind die wirtschaftlichen Aufschwünge kurz, schwach und labil, Abschwünge hingegen lang, tief und allumfassend.

Die Fähigkeit der einzelnen Staaten, sich von den Auswirkungen der Weltwirtschaftskrise abzuschirmen, wird weitgehend durch den zunehmend internationalen Charakter des Kapitalismus untergraben. Nicht nur die multinationalen Konzerne sind dazu in der Lage, sich der Kontrolle der Regierungen durch Kapitalexport und Investitionsverlagerungen in andere Länder zu entziehen. Auch das Finanzsystem, das seit 1945 zum Nutzen dieser Firmen umgestellt wurde, ist zunehmend international verflochten und entzieht sich der Kontrolle der Nationalstaaten.

Manchmal kann dies von Vorteil sein: so z. B. als die westlichen Banken halfen, den Schaden zu begrenzen, der durch die Rezession 1974/75 verursacht worden war, indem sie große Summen von Krediten an die Dritte Welt vergaben. In den frühen achtziger Jahren schlug jedoch die Stunde der Wahrheit, als faule Kredite von Ländern wie Polen, Argentinien, Brasilien und Mexiko den Zusammenbruch großer westlicher Banken auszulösen drohten. Eine solche Entwicklung würde sicherlich zu einer noch tieferen Krise führen als zu den schlimmsten Zeiten der großen Weltwirtschaftskrise in den dreißiger Jahren. Die Ausführungen von Marx im Dritten Band des **Kapital**, denen zufolge das Kreditsystem die Widersprüche der Kapitalakkumulation nur hinauszögert und nicht aufhebt, haben sich somit bestätigt.

Die Arbeiterklasse

Ein drittes Argument, das heute gegen Marx angeführt wird, lautet, daß die Arbeiterklasse nicht mehr existiert, zumindest nicht mehr in der Form, wie Marx sie analysiert hatte. Die Klasse der Industriearbeiter bildet nun eine Minderheit der arbeitenden Bevölkerung, die, so wird behauptet, von Angestellten dominiert wird, die sich einen bürgerlichen Lebensstandard und Lebensstil leisten können, und auch die Reallöhne seien, im Gegensatz zu Marxens Erwartungen, im letzten Jahrhundert stetig angestiegen. Diese wirtschaftliche Entwicklung habe zu einem Zerfall der überkommenen Klassenaufteilung geführt, an die Stelle von sich unversöhnlich bekämpfender Bourgeoisie und Proletariat seien industrielle (oder besser „postindustrielle") Gesellschaften getreten, die sich zum größten Teil aus einem riesigen, amorphen Mittelstand zusammensetzen. Für solche Analysen haben „revisionistische" Theoretiker der Labour Party bereits in den fünfziger Jahren geworben, wie z. B. Crosland. Kürzlich wurden in England diese Vorstellungen von der SDP wiederbelebt, die von sich behauptet, eine radikale, klassenlose Partei zu sein, deren Politik der neuen Gesellschaft angemessener ist als die der untergehenden Labour Party. Ähnliche Positionen werden auch von einigen Marxisten vertreten, z. B. dem deutschen Sozialisten Rudolph Bahro, der kürzlich den „Abschied vom Proletariat" anbot.

Wie Kritiker dieser Analysen betonen, steht die Frage des Konsums im Mittelpunkt. Mit anderen Worten schlußfolgern sie, daß der Kapitalismus nicht mehr existiert, weil der Lebensstil der traditionellen Arbeiterklasse Teilen der Mittelschicht ähnlich wurde. Marx aber konzentrierte sich hauptsächlich auf die Produktionsverhältnisse und nahm diese zur Grundlage seiner Klassentheorie.

Es gibt einen gemeinsamen Anknüpfungspunkt. Für Marx bedeutet Klasse ein theoretisches Konzept, nicht eine beschreibende Kategorie. Mit anderen Worten, er bemühte sich, die zugrunde liegenden Realitäten der Gesellschaft aufzudekken, und nicht die Dinge nach ihrer Erscheinungsform zu beschreiben. Bislang haben die meisten seiner Kritiker sich auf verhältnismäßig oberflächliche Entwicklungen konzentriert, wie z. B. auf die Tatsache, daß viele Arbeiter Autos und Hypotheken besitzen. Sie haben sich nicht mit der fundamentalen Frage von Reichtum und Macht im gegenwärtigen Kapitalismus auseinandergesetzt.

Die Klassenzugehörigkeit einer Person, so Marx, wird von der Stellung, die er oder sie im Produktionsverhältnis innehat, bestimmt. Das setzt voraus, Klassen als gesellschaftliches Verhältnisse zu betrachten. Es handelt sich weniger darum, welche bestimmte Art von Arbeit jemand ausführt, sondern darum, welche Stellung er in den antagonistischen Ausbeutungsverhältnissen, die den Kern der Klassengesellschaft bilden, einnimmt. So zählt Marx jeden, der regelmäßig seine Arbeitskraft zur Verfügung stellen muß, um überleben zu können, zur Arbeiterklasse, auch wenn er nicht manuell tätig ist.

Das läßt sich an vielen Stellen belegen. Marx unterschied zwischen produktiver und unproduktiver Arbeit. „Nur der Arbeiter ist produktiv, der Mehrwert für den Kapitalisten produziert.“ (MEW 23, S. 532) Viele Lohnarbeiter produzieren keinen Mehrwert. Ein wichtiges Beispiel eines dieser unproduktiven Arbeiter zu Lebzeiten Marx war die Hausdienerschaft, damals die größte Einzelgruppe der arbeitenden Bevölkerung. Anstatt Mehrwert verkörpernde Waren zu produzieren, wurden sie aus den Einnahmen der besitzenden Klasse bezahlt, um diese mit Privatdiensten zu versorgen. Marxens Theorie über die produktive Arbeit birgt einige Schwierigkeiten, aber es ist ziemlich klar, daß er all die Lohnarbeiter, die in der Warenproduktion tätig waren, (einschließlich derjenigen, die für den Transport zum Ort des Endverbrauchs zuständig waren) als produktive Arbeiter bezeichnet.

Zwei wichtige Punkte sind festzuhalten. Erstens sind viele produktive Arbeiter keine manuell tätigen Arbeiter. Marx zeigt, daß mit der Entwicklung des Gesamtarbeiters „mehr und mehr *Funktionen von Arbeitsvermögen* unter den unmittelbaren Begriff der *produktiven Arbeit* und ihre Träger unter des Begriff der *produktiven Arbeiter,* direkt vom Kapital ausgebeuteter und seinem Verwertungs- und Produktionsprozeß überhaupt *untergeordneter* Arbeiter einrangiert" (Resultate, S. 146) werden. Als Beispiele zählte er leitende Angestellte, Ingenieure und Techniker auf.

Zweitens: „Jeder produktiver Arbeiter ist Lohnarbeiter, aber … nicht jeder Lohnarbeiter produktiver Arbeiter." (Resultate, S. 148) Deswegen umfaßt die Arbeiterklasse viele, die nicht produktive Arbeiter sind. Marx verdeutlicht dies mit dem Beispiel eines Angestellten eines Händlers, der keine Ware herstellt, aber dessen Arbeit seinen Arbeitgeber befähigt, einen Anteil des gesamten Mehrwerts an sich zu reißen, weil er eine bestimmte Rolle in der Warenzirkulation einnimmt:

> „Nach einer Seite hin ist ein solcher kommerzieller Arbeiter Lohnarbeiter wie ein andrer. Erstens, insofern die Arbeit gekauft wird vom variablen Kapital des Kaufmanns, nicht von dem als Revenue verausgabten Geld, und daher auch nur gekauft wird nicht für Privatbedienung, sondern zum Zweck der Selbstverwertung des darin vorgeschoßnen Kapitals. Zweitens, sofern der Wert seiner Arbeitskraft und daher sein Arbeitslohn bestimmt ist, wie bei allen andren Lohnarbeitern, durch die Produktions- und Reproduktionskosten seiner spe-

zifischen Arbeitskraft, nicht durch das Produkt seiner Arbeit. „(MEW 25, S. 303f.)

Weiterhin führt Marx aus, daß, je geringer die Kosten des Händlers, desto größer sein Anteil am anderswo produzierten Mehrwert, den er für sich abzwacken kann. Und deswegen hat er ein Interesse, die größtmögliche Menge an unbezahlter Arbeit aus seinem Angestellten auszupressen. So ist sein Angestellter, selbst wenn er nicht direkt Mehrwert produziert, in derselben Position wie der produktive Arbeiter.

Für Marx besteht daher die Arbeiterklasse keineswegs nur aus den klassischen Industriearbeitern, wie üblicherweise angenommen. Vielmehr zählte er zu ihr all jene, die durch ihre Lebensumstände gezwungen sind, ihre Arbeitskraft zu verkaufen, und die im Arbeitsprozeß dem ständigen Druck des Unternehmers ausgesetzt sind, der danach trachtet, das Maximum an unbezahlter Arbeit aus ihnen zu pressen. Die Definition der Arbeiterklasse richtet sich nicht nach der Art der Tätigkeit, sondern nach der Stellung in den Produktionsverhältnissen. Dies zu begreifen, ist besonders wichtig, da sich nämlich die Zusammensetzung der abhängig Beschäftigten seit Marx Lebzeiten dramatisch verändert hat. Die Statistiken über Großbritannien sind typisch für diesen Trend. 1911 machte die Industriearbeiterschaft 75 Prozent aller Beschäftigten aus, 1975 war ihr Anteil auf 48 Prozent gefallen. Diese Veränderung bedeutet, daß heutzutage ein Großteil der Lohnabhängigen Angestellte sind.

Seit dem Zweiten Weltkrieg haben zwei Gruppen ihren Anteil an den abhängig Beschäftigten gesteigert. Die erste, an der Spitze der beruflichen Stufenleiter, besteht aus Akademikern, Managern und Verwaltungsexperten, die nahezu 30 Prozent der Beschäftigten ausmachen. Eine bedeutende Anzahl von ihnen sind Wissenschaftler, Ingenieure, Techniker, allesamt Gruppen, die in diesem Jahrhundert enorm angewachsen sind. Die meisten von ihnen sind, im Sinne von Marx, produktive Arbeiter. Die Mehrheit der einfachen Fachkräfte sind Lehrer und Krankenschwester, die aufgrund ihres

Lohnes und ihrer Arbeitsbedingungen mit Lohnarbeitern gleichzusetzen sind. Der Rest besteht aus der sogenannten „Neuen Mittelschicht“ oder „Dienstleistungsschicht„ deren Aufgabe darin besteht, die hochkomplexe Wirtschaft des fortgeschrittenen Kapitalismus zu verwalten. Ihr Einkommen und Macht über die dazugehörigen Arbeitnehmer macht sie zu einer Gruppe, die von der Arbeiterklasse losgelöst und entfremdet ist.

Die andere Gruppe, die sehr stark zugenommen hat, ist die der Büroangestellten, die im Jahre 1911 fünf Prozent der Beschäftigten ausmachten und 1979 bereits 16 Prozent. Die überwiegende Mehrheit besteht aus Frauen – fast 40 Prozent aller erwerbstätigen Frauen gehören dieser Gruppierung an. Als eine Gruppe von Lohnarbeitern sind sie in einer ähnlichen Position wie die Industriearbeiter. Sie verdienen sogar weniger als viele Industriearbeiter, während die „Mechanisierung der Büros“ in Verbindung mit einer massiven Einführung von neuen Technologien bedeutet, daß sich ihre Arbeitsbedingungen zunehmend denen der nur angelernten Arbeiter angleichen.

Daher ist es zu einer Veränderung der Zusammensetzung der Arbeiterklasse gekommen, nicht zu ihrem Verschwinden. Die Veränderungen, die ich beschrieben habe, sind eine zwangsläufige Folge der Tendenzen der kapitalistischen Entwicklung, wie Marx sie analysierte. Denn die gestiegene Arbeitsproduktivität und die damit einhergehende gestiegene organische Zusammensetzung des Kapitals, die nur der wertmäßige Ausdruck davon ist, bedeuten, daß eine kleinere Anzahl von produktiven Arbeitern eine viel größere Menge an Gütern produzieren kann als zu Beginn des Jahrhunderts.

Dieser Prozeß erklärt nicht einfach nur den Wechsel vom Industriearbeiter zum Angestellten, sondern auch die damit zusammenhängenden Veränderungen in der Wirtschaftsstruktur. Dem Phänomen der „Deindustrialisierung“, dem Niedergang eines Teils der Wirtschaft, nämlich der verarbeitenden Industrie und der Grundstoffindustrie, wie etwa des Bergbaus, wurde viel Aufmerksamkeit geschenkt. Die Mehrheit der Arbeiterschaft in Großbritannien befindet sich heute im Dienstleistungssektor, in dem Dienstleistungen und nicht Güter, die konsumiert werden können, produziert werden. Diese Wirtschaftszweige mögen in Privatbesitz sein, wie z. B. Hotels oder Gaststätten, oder in Staatsbesitz, wie das staatliche Gesundheitswesen, aber eine Besonderheit haben sie gemein, nämlich, daß sie im allgemeinen nicht in den physischen Produktionsprozeß eingebunden sind.

Auch diese Entwicklung spiegelt die steigende Arbeitsproduktivität wider. Das bedeutet, daß trotz des höheren Lebensstandards (im Vergleich zu vor hundert Jahren) wesentlich weniger Menschen für die materielle Produktion nötig sind.

Dafür mußte jedoch ein hoher Preis gezahlt werden. Höhere Produktivität bedeutete ein höheres Arbeitstempo, „Rationalisierung„, das Verschwinden vieler Qualifikationen in der Industrie. Der Anteil an Industriearbeitern, die ungelernt sind, ist höher als zu Beginn des Jahrhunderts, ungeachtet beträchtlicher Verbesserungen in der öffentlichen Erziehung und einer sehr viel weiter fortgeschrittenen technologischen Vervollkommnung des Arbeitsprozesses heutzutage.

Viele un- und angelernte Arbeiter sind nicht viel mehr als Überwacher von Maschinen, die, wenn überhaupt, dann nur einige Wochen Anlernzeit benötigen, um ihre Jobs auszuführen.

Ferner sind die Arbeiter in den neuen Dienstleistungsbereichen weit davon entfernt, eine privilegierte Elite zu sein. So sind z. B. Hotels für niedrige Bezahlung und Gewerkschaftsfeindlichkeit bekannt. Die Masse der Arbeiter im öffentlichen Dienst sind Schreibkräfte, Müllarbeiter, Krankenpfleger, Krankenschwestern und Reinigungskräfte, allesamt keine besonders gut bezahlten Gruppen. Eine der bedeutendsten Entwicklungen in den letzten 15 Jahren war der Wandel von Beschäftigten des öffentlichen Dienst zu einer der kämpferischsten Teile der Gewerkschaftsbewegung.

Auch die Tatsache, daß die Löhne im letzten Jahrhundert beachtlich gestiegen sind, widerspricht der Analyse von Marx nicht. In früheren Kapiteln habe ich dargelegt, daß er das „eherne Lohngesetz„, das besagt, daß Arbeiter nicht mehr als das bloße physische Existenzminimum verdienen können, zurückwies. Zur Diskussion über die wichtigste Tendenz innerhalb der kapitalistischen Produktion, dem Ansteigen der organischen Zusammensetzung des Kapitals, schrieb Marx: „Es folgt nicht daraus, daß der Anteil, woraus die Arbeiter ihr Einkommen ziehn, absolut vermindert wird; sondern nur relativ im Verhältnis zum totalen Gesamtergebnis ihrer Produktion." (MEW 26.2, S. 568) Das ist genau das, was seit Marxens Lebzeiten geschehen ist: die enorme Zunahme der Arbeitsproduktivität bedeutet, daß der Lebensstandard der Arbeiter in absoluten Verhältnissen zugenommen hat, obwohl ihr Anteil, an dem, was sie produzieren, sank. So kam zum Beispiel eine Studie über die US-amerikanische Nachkriegswirtschaft zu der Schlußfolgerung, daß die Mehrwertrate beträchtlich angestiegen ist.

Analysen über die Verteilung des gesellschaftlichen Reichtums sind sehr ungenaue Ratgeber in diesen Angelegenheiten, weil die reichen Leute ein sehr starkes Interesse daran haben, ihren Reichtum aus Angst, mehr Steuern bezahlen zu müssen, zu verbergen. Eine Schätzung kam zu dem Ergebnis, daß in Großbritannien im Jahre 1911 die vermögendsten fünf Prozent der Bevölkerung 87 Prozent des persönlichen Reichtums besaßen, 1960 waren es 75 Prozent. 1954, zum Zeitpunkt als Crosland und Strachey das Absterben des Kapitalismus verkündeten, besaßen ein Prozent aller Aktienbesitzer 81 Prozent der Anleihen und Aktien. Es ist keine Frage, daß eine kleine Minderheit weiterhin die Wirtschaft kontrolliert.

Die kapitalistische Klassengesellschaft funktioniert noch immer. Die wichtigsten Veränderungen gab es in der Struktur der Arbeiterklasse, verbunden mit einer größeren Konzentration an ökonomischer Macht, die sich wiederum zuerst durch die Entwicklung des Monopolkapitals vollzog und jetzt durch das multinationale Kapital verursacht wird. Die Arbeiterklasse macht die überwiegende Mehrheit der Bevölkerung in den entwickelten Ländern aus. Selbst wenn man viele Akademiker, die unzweifelhaft Teil der Arbeiterklasse sind, ausklammert, so machten im Jahre 1979 Industriearbeiter und Angestellte 64 Prozent der britischen Arbeiterschaft aus.

Manche akzeptieren diese Analyse, entgegnen aber, daß es zukünftig Trends geben wird, die zu einer Auflösung der Arbeiterklasse führen werden. Dabei verweisen sie auf die Ausbreitung der Automation, den Einsatz von Robotern in vielen Fabrikationsprozessen und die Möglichkeit, daß angesichts der neuen Informationstechnologie, viele Arbeiter „telependeln“ werden, am eigenen Computerterminal zu Hause arbeitend.

Daß solche Trends existieren, ist unbestritten, aber ihre Bedeutung ist maßlos übertrieben. So dürfte „Telependeln“ zum Beispiel nicht mehr als eine kleine Minderheit von höchstbezahlten Angestellten betreffen. Und man kann sich schwer vorstellen, wie ein Bergarbeiter oder ein Krankenhauspförtner seine Arbeit zu Hause verrichten könnte.

Die Einführung von Robotern mag von größerer Bedeutung sein. In der Autoindustrie werden sie bereits für viele Aufgaben, wie z. B. Schweißen, eingesetzt. Aber selbst hier besteht die Gefahr, daß man den Trend überbewertet. Die bestehenden Roboter sind unflexibel und anfällig. Selbst wenn diese Schwierigkeiten überwunden werden, benötigen vollautomatische Fabriken Arbeiter, die sie beaufsichtigen und programmieren. Diese Arbeiter werden enorme ökonomische Macht besitzen.

Auf jeden Fall ist vieles von dem Gerede über „Deindustrialisierung„ in vielerlei Hinsicht einseitig. Denn die Rationalisierung der westlichen verarbeitenden Industrie ist Teil eines Prozesses der Verlagerung vielerlei Arten von Arbeiten in die „neu industrialisierten Länder“ der Dritten Welt, wo Arbeit billig und massenhaft vorhanden ist. Bei Industrien wie Stahl-, Schiffbau- und Textilindustrie ist dies bereits offensichtlich. Zu den Auswirkungen gehört, daß all die Widersprüche des Kapitalismus in diese Gesellschaften eingeführt werden. Über die letzten Jahre hinweg kam es in einer Reihe der fortgeschritteneren der „unterentwickelten“ Ländern zu großen sozialen Kämpfen, in denen die Arbeiterklasse eine wichtige Rolle übernahm, wie, um nur einige zu nennen, im Iran, in Polen, Brasilien, Südafrika, Südkorea und Indien. Unausweichlich führt die Expansion und die Reorganisation des Kapitalismus weltweit zur Organisierung und zum Widerstand der Arbeiterklasse, die er hervorbringt. In der Dritten Welt, so sicher wie in der Ersten oder Zweiten, schafft die Bourgeoisie ihre eignen Totengräber.

Schlußfolgerung

Der Kapitalismus hat sein Wesen nicht verändert. Er beruht immer noch auf der Ausbeutung der Arbeiterklasse und ist für die stetig wiederkehrenden Krisen verantwortlich. Die Schlußfolgerung, die Marx aus dieser Analyse zog, daß die Arbeiterklasse dieses System umstürzen und an seiner Stelle eine klassenlose Gesellschaft errichten muß, ist heute dringender als zu seinen Lebzeiten. Die militärischen Rivalitäten, die die Form darstellen, die die Konkurrenz zwischen den Kapitalien immer mehr annimmt, bedrohen heute das Leben an sich auf dem Planeten.

Kurz vor dem 100jährigen Todestag von Marx flackerten die Kriegsfeuer über dem ganzen Globus auf – im Libanon, Iran und Irak, Kambodscha, im südlichen Afrika, am Horn von Afrika, in Afghanistan und im Südatlantik. Die Ansammlung von riesigen Waffenarsenalen der Supermächte für die atomare Zerstörung, Raketengerassel im Kreml einerseits, das Gerede über den „begrenzten“ Atomkrieg in Washington andererseits, werfen einen Schatten auf die gesamte Menschheit.

Die sozialistische Revolution ist dringend notwendig, wenn wir die Welt, die von der Gewalt der Wirtschaftskrise und vom Kriegsfiebers erfaßt ist, verändern wollen. Eine Welt, in der im Westen 30 Millionen Menschen in Arbeitslosenschlangen vergammeln und in der Dritten Welt 800 Millionen Menschen hungern. Angesichts dessen haben die Ideen von Marx heute mehr Bedeutung als vor hundert Jahren. Seit 1883 hat der Kapitalismus seinen eisernen Griff um jeden Teil des Planeten fester gezogen, er ist überreif für seine

Abschaffung, entweder durch Selbstmord mittels eines Atomkriegs oder durch das Werk der Arbeiterklasse. Die Auswahl besteht zwischen Arbeitermacht oder der „gemeinsamen Vernichtung der widerstreitenden Klassen" – zwischen Sozialismus oder Barbarei.

Viele Menschen, die aufrichtig etwas tun möchten, um den momentanen Zustand der Welt zu verbessern, glauben, daß diese Betonung auf die Arbeiterklasse viel zu beschränkt ist. Die Existenz nuklearer Waffen bedrohe jeden, ob er Arbeiter oder Kapitalisten oder was auch immer ist. Sollten nicht alle Klassen an der Lösung des Problems, das alle angeht, beteiligt sein?

Diese Sichtweise aber beachtet nicht, daß das, was Edward Thompson „Exterminismus" nannte – die riesigen und konkurrierenden Militärapparate, die dem Rüstungswettlauf seine Richtung weisen – ein wesentlicher Bestandteil der Arbeitsweise des heutigen Kapitalismus ist. Kein vernünftiger Kapitalist wünscht sich einen Atomkrieg (obwohl einige Geisteskranke, die glauben, daß so ein Krieg ein Vorspiel für den Jüngsten Tag sei, in einflußreichen Positionen in Washington sitzen).

Aber ob geisteskrank oder nicht, jeder Kapitalist ist Teil eines ökonomischen Systems, das die militärische Konkurrenz hervorbringt. Nur eine Klasse, die das Interesse hat und die Macht besitzt, den Kapitalismus zu beseitigen, kann den Marsch ins Inferno aufhalten.

Marx betonte immer, daß die Arbeiterklasse die Klasse sei, deren eigene Emanzipation ebenso die Befreiung für die Menschheit sei. Die sozialistische Revolution, deren Sache er sein Leben widmete, kann nur in ein- und demselben Prozeß die Emanzipation der Arbeiterklasse und die Befreiung aller unterdrückten und ausgebeuteten Teile der Gesellschaft sein.

Diejenigen, die die Richtigkeit der Ansichten von Marx akzeptieren, dürfen sich nicht mit einer rein intellektuellen Sympathie zufrieden geben. Davon gibt es zu viele, Marxisten, die zufrieden vom intellektuellen Kredit des **Kapital** zehren, wie Trotzki sie beschrieb. Wir können nicht einfach die Welt beobachten, sondern müssen selbst, so wie Marx, die praktische Aufgabe anpacken, eine revolutionäre Partei, die inmitten des Lebens und der Kämpfe der Arbeiterklasse steht, aufzubauen. „Die Philosophen haben die Welt nur interpretiert", schrieb Marx, „es kommt darauf an, sie zu verändern". Wenn der Marxismus stimmt, müssen wir danach handeln.

Vorschläge zum Weiterlesen

Die Schriften von Marx und Engels

Die **Marx-Engels-Werke** (MEW) vom Dietz-Verlag Berlin sind immer noch die zugänglichste Quelle. Die meisten Bände sind noch erhältlich. In größeren Bibliotheken ist die MEW im allgemeinen vorhanden. Im selben Verlag sind noch eine Reihe einzelne Schriften in günstigen Ausgaben erschienen.

Der Kröner Verlag gibt die **Frühschriften** und **Das Kapital** heraus. Die vierbändige **Marx-Engels-Studienausgabe** des Fischer Taschenbuch Verlags enthält ausgewählte Schriften.

Wenn man Marx verstehen will, fängt man am besten mit dem **Kommunistischen Manifest** (MEW 4) an. Engels kleine Schrift **Die Entwicklung des Sozialismus von der Utopie zur Wissenschaft** (MEW 19) faßt die Ideen von Marx kurz zusammen und stellt sie in ihren geschichtlichen Zusammenhang.

Marxens materialistische Geschichtsauffassung wird im Vorwort zur **Kritik der politischen Ökonomie** (MEW 13) genau dargelegt. Bis zu einem gewissen Grad ist dieser Text eine Zusammenfassung des ersten Teils der Schrift **Die deutsche Ideologie** (MEW 3), in der der historische Materialismus erstmals in ausgereifter Form Gestalt annahm. (Den Rest der „Deutschen Ideologie“ sollte man meiden, es sei denn, man ist an Marxens unklaren Streitereien mit den Junghegelianern interessiert.)

Die kleine Schrift **Lohn, Preis, Profit** (MEW 16) ist die beste Einführung in die Marxsche Arbeitswerttheorie. Jeder, der in **Das Kapital** (MEW 23, 24 und 25), das Lebenswerk von Marx, hineinriechen will, sollte es mit dem ersten Band versuchen, der viel historischer und konkreter ist als die übrigen. Leser, die vom ersten Abschnitt „Ware und Geld„ eingeschüchtert sind, sollten zuerst „Lohn, Preis, Profit“ lesen, sodann den Rest des ersten Bandes des Kapital, und danach zum ersten Abschnitt zurückkehren.

Die Fähigkeiten von Marx als Schriftsteller und Anatom der bürgerlichen Gesellschaft zeigen sich nirgendwo besser als in seinen Schriften zu Frankreich, insbesondere in **Der achtzehnte Brumaire des Louis Bonaparte** (MEW 8). In **Der Bürgerkrieg in Frankreich** (MEW 17) ist seine Staatstheorie jedoch sehr viel weiter entwickelt, wie auch in Engels **Vom Ursprung der Familie, des Privateigentums und des Staates** (MEW 21).

Schwieriger ist es, Vorschläge zu machen, was zu Marxens Methode gelesen werden kann, da sie hauptsächlich aus seinen größeren Schriften zu erschließen ist. Die drei wichtigsten Arbeiten sind wahrscheinlich **Das Elend der Philosophie** (MEW 4), die Einleitung zu Marxens Schrift **Grundrisse der politischen Ökonomie** (MEW 42) und das Nachwort zur zweiten deutschen Ausgabe des ersten Bands des **Kapital** (MEW 23). Engels **Anti-Dühring** (MEW 20) ist ein wichtiger Versuch, die Marxsche Methode darzulegen und zu verteidigen.

Eine kritische Geschichte der bürgerlichen Ökonomie sind die **Theorien über den Mehrwert** (MEW 26.1, 26.2 und 26.3). Sie gehören allerdings zu den schwierigeren Arbeiten.

Allgemeine Einführungen

Chris Harmans **Das ist Marxismus** (VGZA e. V., Frankfurt/M. 1998) ist eine sehr gute, kurze, grundlegende Einführung. Hervorragend auch David Rjazanows **Marx und Engels, nicht nur für Anfänger** (Berlin 1973), der die Entwicklung der politischen Ideen in ihrem Bezug zur praktisch politischen Tätigkeit darstellt. Eine anspruchsvolle allgemeine Abhandlung gibt Karl Korsch in **Karl Marx** (Frankfurt/Main 1967). Eine neuere Darstellung der Marxschen Theorie geben Ossip K. Flechtheim und Hans Lohman in **Marx zur Einführung** (Hamburg 1988)

Kapitel 1: Das Leben eines Revolutionärs

Die klassische marxistische Biographie stammt von Franz Mehring: **Karl Marx - Geschichte seines Lebens** (Berlin 1960). Allerdings stimmen in ihr nicht alle zeitlichen Angaben. Werner Blumenbergs **Karl Marx** (Reinbek 1962) ist eine moderne Biographie, die immer noch gedruckt wird. Sie gibt auch eine brauchbare Einführung in die Gedankenwelt von Marx. Ihre Bibliographie ist sehr umfangreich und wurde 1996 neu überarbeitet. In **Karl Marx als Denker, Mensch und Revolutionär** (Frankfurt 1971) hat David Rjazanow verschiedene Aufsätze über Marx von zeitgenössischen und späteren Mitkämpfern gesammelt.

Engels wird lebendig in Gustav Meyers **Friedrich Engels** (Köln 1975). Engels Verhältnis zur SPD wird in einem Aufsatz von Jürgen Ehlers **Engels Einfluß auf die deutsche Sozialdemokratie** in der Zeitschrift „Sozialismus von unten", Nr. 4 (VGZA e. V., Frankfurt/M. 1995) behandelt.

Der philosophische Hintergrund von Marxens intellektueller Entwicklung wird u. a. dargestellt in dem Aufsatz **Zur philosophischen Entwicklung des jungen Marx** von Georg Lukács (Deutsche Zeitschrift für Philosophie, 11, Berlin 1954, in: Karl Löwith, Von Hegel zu Nietzsche, Stuttgart 1950) und in Herbert Marcuses **Vernunft und Revolution** (Neuwied 1962)

Die Persönlichkeit von Marx erschließt sich aus einer Montage verschiedenster Aufzeichnungen über persönliche Begegnungen mit Marx, die von Hans Magnus Enzensberger als **Gespräche mit Marx und Engels** (Frankfurt/M. 1981) herausgegeben wurden. Außerdem sind die Briefe von Marx in den Bänden 27 bis 39 der MEW erschienen. Schließlich sei noch auf Bert Andréas' **Briefe und Dokumente der Familie Marx** (Archiv für Sozialgeschichte, Hannover 1962) verwiesen.

Kapitel 2: Sozialismus vor Marx

Eine lesenswerte Einführung findet sich in Werner Hofmanns Ideengeschichte der sozialistischen Bewegung des 19.

und 20. Jahrhunderts (1979). In Ernst Blochs **Das Prinzip Hoffnung** (Frankfurt/M. 1959) werden im vierten Teil die utopischen Sozialisten dargestellt, Thilo Ramm hat in **Der Frühsozialismus** (Stuttgart 1968) Quellentexte herausgegeben. Wolfgang Abendroth stellt in seiner **Einführung in die Geschichte der Arbeiterbewegung** vor allem die deutsche Arbeiterbewegung dar (Distel Verlag, Heilbronn 1997).

Den geschichtlichen Hintergrund der Marxschen Epoche findet man in zwei Büchern von Eric Hobsbawm: **Europäische Revolutionen** (München 1978) und **Die Blütezeit des Kapitals** (München 1977), wie auch neuerdings in Hans-Ulrich Wehlers **Deutsche Gesellschaftsgeschichte** (München 1995)

Kapitel 3: Ricardo, Hegel, Feuerbach

Eine gute Arbeit über Ricardo ist uns auf Deutsch nicht bekannt. Deshalb verweisen wir auf Isaak Rubin, einen hervorragenden marxistischen Ökonomen, der von Stalin ermordet wurde. In seiner **A History of Economic Thought** (London 1979) stellt er die Entwicklung der ökonomischen Theorie vor Marx dar.

Engels Ludwig **Feuerbach und der Ausgang der klassischen deutschen Philosophie** (MEW 21) ist eine klare Diskussion Hegels wie Feuerbachs. Doch man kommt nicht darum herum, daß Hegel sehr schwierig ist. Charles Taylors **Hegel** (Frankfurt/M. 1993) bemüht sich, diesen sehr schwer verständlichen Philosophen sinnvoll darzustellen. Theodor W. Adornos **Drei Studien zu Hegel** (Frankfurt/M. 1963) helfen, einen Zugang zu gewinnen. Wenn man Hegel selbst lesen will, gewinnt man wohl die beste Übersicht mit der Lektüre der Vorrede zu seinem bedeutendsten Werk **Phänomenologie des Geistes** (Frankfurt/M.).

Kapitel 4: Marx Methode

Die meisten Arbeiten zur marxistischen Philosophie vereinfachen entweder ihren Gegenstand zu sehr, oder sie verdunkeln ihn. Teilweise ist das darauf zurückzuführen, daß ein sehr unverständliches Vokabular benutzt wird, zum andern Teil rührt das aber auch daher, daß es hartnäckige inhaltliche Kontroversen gibt. Alex Callinicos gibt in **Marxism and Philosophy** (Oxford 1983) einen Überblick. Die größte Arbeit über die marxistische Philosophie ist nach wie vor Georg Lukács **Geschichte und Klassenbewußtsein** (Darmstadt 1968).

Lesenswert ist auch Max Horkheimers Text **Traditionelle und kritische Theorie** (Zeitschrift für Sozialforschung, Jg. IV, Heft 2, Paris 1937, in: M. Horkheimer, Traditionelle und kritische Theorie, Fischer Verlag, Frankfurt/M. 1992) und Karl Korschs **Die materialistische Geschichtsauffassung** (Frankfurt/M. 1971).

Kapitel 5: Geschichte und Klassenkampf

In den letzten 20 Jahren wurde die Diskussion über die Geschichtstheorie von Marx verstärkt aufgenommen. Die Ursprünge dieser Debatte gehen auf den Versuch von Louis Althusser und Etienne Balibar in **Das Kapital Lesen** (Reinbek 1962) zurück, den historischen Materialismus systematisch zu rekonstruieren. Beiträge zur Diskussion in England waren unter anderem Edward Thompsons **Das Elend der Theorie. Zur Produktion gesellschaftlicher Erfahrung** (Frankfurt/New York 1980) und Chris Harmans **Base and Superstructure** (International Socialism 2:36, London 1986) sowie Alex Callinicos Werk **Making History** (Cambridge 1987). In Deutschland beteiligte sich Joachim Hirsch mit **Kapitalismus ohne Alternative** (Hamburg 1990). Teil der Diskussion sind auch Perry Andersons **Über den westlichen Marxismus** (Frankfurt/M. 1978) und das Buch **Rasse, Klasse, Nation** (Hamburg, Berlin 1992) von Etienne Balibar und Immanuel Wallerstein.

Britische Marxisten haben einige wunderbare historische Untersuchungen gemacht, z. B. Edward P. Thompson, Christopher Hill, Rodney Hilton, Maurice Dobb, Perry Anderson, Eric Hobsbawm. Sie sind zum Teil ins Deutsche übersetzt.

Michael Vester ist mit **Die Entstehung des Proletariats** als Lernprozeß (Frankfurt/M. 1970) dieser Tradition gefolgt.

Kapitel 6: Kapitalismus

Paul Sweezys **Theorie der kapitalistischen Entwicklung** (Köln 1959) ist, obwohl stellenweise falsch und politisch oft mißverstanden, ist immer noch ein sehr guter Leitfaden durch die marxistische politische Ökonomie. Isaak Rubins **Studien zur Marxschen Werttheorie** (Frankfurt/M. 1973) und Roman Rosdolskys Zur **Entstehungsgeschichte des Marxschen Kapital** (Frankfurt/M., 1973 und 1974) sind die besten Kommentare zum Kapital.

Der Abschnitt zur Krisentheorie von Callinicos stützt sich auf Chris Harmans **Explaining the Crisis** (London 1984).

Kapitel 7: Arbeitermacht

Marx und Engels Vorstellungen zur revolutionären Partei werden dargelegt und kritisch diskutiert in Chris Harmans **Partei und Klasse** (Frankfurt/M. 1989). Lenins Ansatz ist in dieser Schrift ebenfalls skizziert. Eine genauere Untersuchung liefert insbesondere der erste Band von Tony Cliff **Lenin - Building the Party** (London 1975).

Die Notwendigkeit der Revolution macht Rosa Luxemburg in ihrer bekannten Schrift **Sozialreform oder Revolution?** deutlich (in: O. K. Flechtheim (Hg.), Rosa Luxemburg, Politische Schriften, Frankfurt/M. 1987). Lenins **Staat und Revolution** ist im wesentlichen eine Untersuchung und Weiterentwicklung der Theorie von Marx und Engels über den Staat. Eine der besten akademischen Untersuchungen ist Hal Drapers **Karl Marx's Theory of Revolution** (4 Bände; New York 1977, 1978, 1986 und 1990). Chris Harmans **Staat und Kapitalismus heute** (Internationaler Sozialismus 1, Hannover 1992) ist ein wichtiger Beitrag zur marxistischen Staatstheorie.

Kapitel 8: Marx heute

Tony Cliff **Staatskapitalismus in Rußland** (Frankfurt/M. 1975) ist grundlegend, um die sich selber „sozialistisch" nennenden Länder zu verstehen. Chris Harman erweiterte diese Analyse in **Class Struggles in Eastern Europe** 1945-83 (London 1983) und benutzte sie, um die osteuropäischen Revolutionen in **The Storm Breaks** (International Socialism 2:46, London 1990) zu erklären. Chris Harman **Explaining the Crisis** (London 1984) ist die beste Einzeldarstellung des Nachkriegskapitalismus. In **Wohin treibt der Kapitalismus?** (VGZA e. V., Frankfurt/M. 1995) wiederholt und aktualisiert er seine Analyse. Volkhard Mosler, in **Die Rückkehr des deutschen Militarismus** (VGZA e. V., Frankfurt/M. 1996), und Alex Callinicos, in **Marxismus und Imperialismus** heute (Internationaler Sozialismus 1, Hannover 1992), analysieren die Weltlage nach dem Kalten Krieg.

Die Untersuchung der Arbeiterklasse des zwanzigsten Jahrhunderts von Harry Braverman **Die Arbeit im modernen Produktionsprozeß** (Frankfurt/Main, New York 1977) ist ein moderner sozialistischer Klassiker. Die Klassenstruktur des gegenwärtigen Kapitalismus wird von Alex Callinicos in seiner Schrift **Die sich verändernde Arbeiterklasse** (VGZA e. V., Frankfurt/M., o. D.) untersucht. Eine Darstellung der deutschen Verhältnisse gibt Volkhard Mosler in dem Artikel **Ende oder Wandel der Arbeiterklasse?** (Sozialismus von unten, Nr. 3, Frankfurt/M. 1995).

Personen- und Sachregister:

Chris Harman
Das ist Marxismus
8,- DM

Es gibt den weitverbreiteten Glauben, der Marxismus sei schwierig.
Dieser Glaube wird gehegt und gepflegt von den Feinden des Sozialismus, einschließlich Helmut Kohls, der es, wie er selbst sagte, niemals geschafft hat, mehr als die erste Seite von Marx´ Buch „Das Kapital“ zu lesen.
Dieser Glaube wird ebenso gestärkt von einer besonderen Sorte von Intellektuellen und Akademikern, die sich gerne als „Marxisten“ bezeichnen. Sie geben aber nur unverständliche Sätze von sich, um den Eindruck zu erwecken, sie wüßten mehr als alle anderen. Tatsächlich sind die grundlegenden Ideen des Marxismus erstaunlich einfach. Sie erklären die Gesellschaft in der wir leben, und das kann keine andere Gesellschaftstheorie.
Sie erklären, warum:

- ❑ die Welt von Krisen geschüttelt wird
- ❑ trotz größten wirtschaftlichen Reichtums die Bevölkerung unter Mangel leidet
- ❑ es Staatsstreiche und Militärdiktaturen gibt
- ❑ phantastische technische Erfindungen Millionen Menschen in die Arbeitslosigkeit treiben können
- ❑ „Demokratien“ Folterregimes unterstützen
- ❑ in den ehemaligen Ostblockstaaten die Arbeiter im Namen des Sozialismus ausgebeutet worden sind

ISBN 3-9806019-1-9
8,- DM + Porto
Zu bestellen über: T. ten Brink, Basaltstr. 43, 60487 Frankfurt